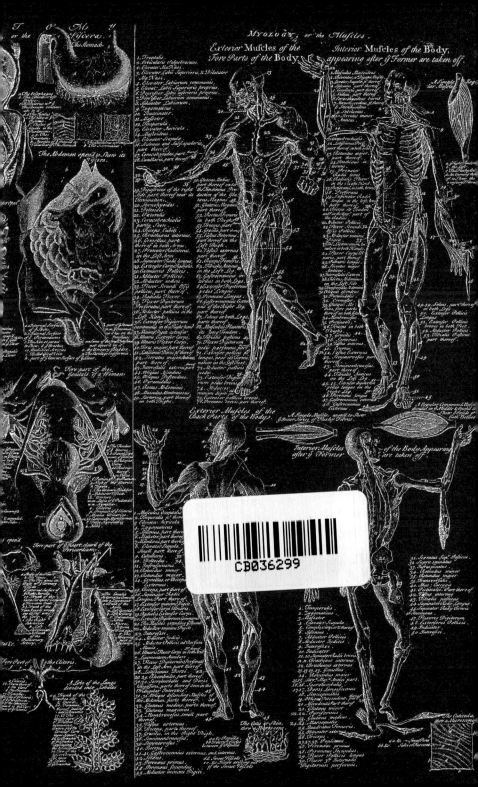

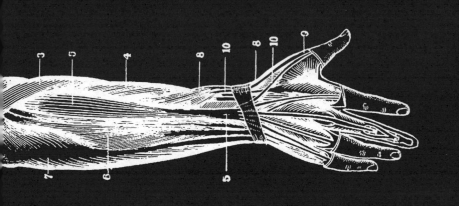

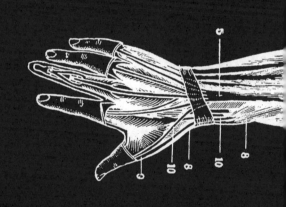

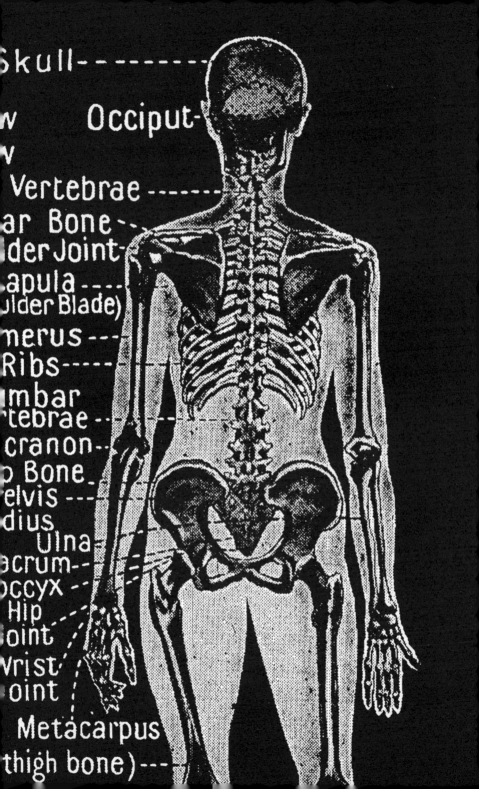

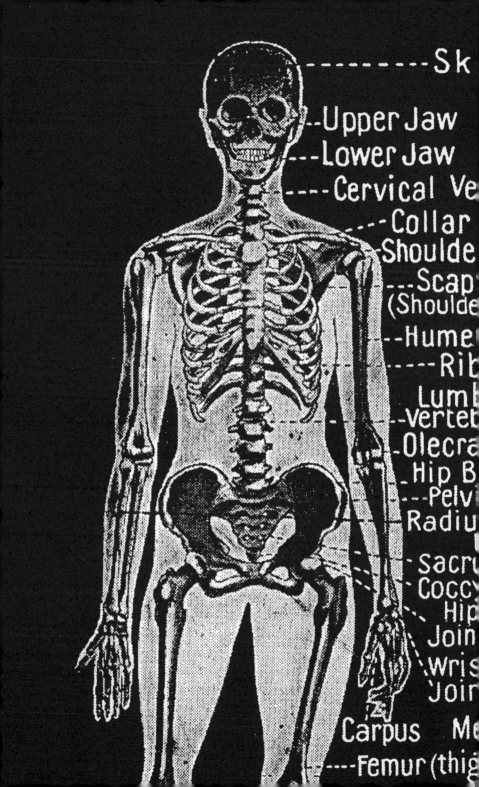

Copyright © 2014 by Caitlin Doughty

Publicado mediante acordo
com W.W. Norton & Company, Inc.

Tradução para a língua portuguesa
© Regiane Winarski, 2016

Título original
Smoke gets in your eyes:
and other lessons from the crematory

Diretor Editorial
Christiano Menezes

Diretor Comercial
Chico de Assis

Editor
Bruno Dorigatti

Capa e Projeto Gráfico
Retina 78

Designer Assistente
Pauline Qui

Revisão
Ana Kronemberger
Ulisses Teixeira

Impressão e acabamento
Gráfica Geográfica

DADOS INTERNACIONAIS DE CATALOGAÇÃO NA PUBLICAÇÃO (CIP)
Angélica Ilacqua CRB-8/7057

Doughty, Caitlin
 Confissões do crematório : lições para toda a vida /
Caitlin Doughty; tradução de Regiane Winarski. —
Rio de Janeiro :   DarkSide Books, 2016.
256 p.

ISBN: 978-85-9454-000-3
Título original: Smoke get in your eyes:
and other lessons from the crematory

1. Agentes funerários e funerárias – Estados Unidos – Biografia
2. Agentes funerários e funerárias – Crônicas
I. Título II. Winarski, Regiane

16-0474   CDD 363.75092

Índices para catálogo sistemático:

1. Agentes funerários e funerárias : Estados Unidos : Biografia

[2016]
Todos os direitos desta edição reservados à
DarkSide® *Entretenimento LTDA.*
Rua do Russel, 450/501 – 22210-010
Glória – Rio de Janeiro – RJ – Brasil
www.darksidebooks.com

CAITLIN DOUGHTY

CONFISSÕES DO CREMATÓRIO

TRADUÇÃO
REGIANE WINARSKI

DARKSIDE

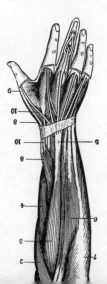

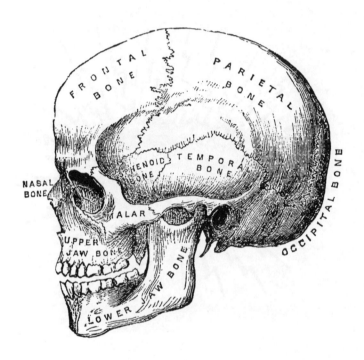

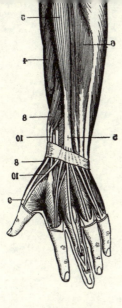

SUMÁRIO

013. NOTA DA AUTORA
017. BARBEAR BYRON
026. CACHORRINHOS SURPRESA
040. O BAQUE
051. PALITOS DE DENTE EM GELATINA
064. APERTE O BOTÃO
078. COQUETEL ROSA
095. BEBÊS DEMÔNIOS
107. DESCARTE DIRETO
122. NATURAL ARTIFICIAL
133. HÉLAS, POBRE YORICK
146. EROS E TÂNATOS
158. BOLHAR
171. GHUSL
181. ÚNICA TESTEMUNHA
192. AS SEQUOIAS
200. ESCOLA DA MORTE
211. VAN DE CORPOS
222. A ARTE DE MORRER
236. FILHA PRÓDIGA QUASE UM EPÍLOGO

245. NOTAS SOBRE AS FONTES
253. AGRADECIMENTOS

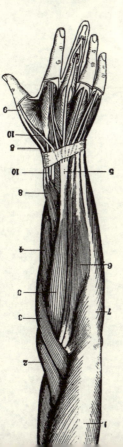

nota da autora

De acordo com o relato de um jornalista e também testemunha ocular, Mata Hari, a famosa dançarina exótica que virou espiã na Primeira Guerra Mundial, se recusou a ser vendada quando foi executada por um pelotão de fuzilamento francês em 1917.

"Tenho mesmo que usar isso?", perguntou ela, virando-se para o advogado quando viu a venda.

"Se a madame preferir não usar, não faz diferença", respondeu o oficial, virando-se apressadamente.

Mata Hari não foi amarrada e não foi vendada. Ficou olhando com firmeza para os executores quando o padre, as freiras e o advogado se afastaram dela.

Olhar diretamente nos olhos da mortalidade não é fácil. Para evitar isso, nós escolhemos continuar vendados, no escuro em relação às realidades da morte. No entanto, a ignorância não é uma bênção — é só um tipo mais profundo de pavor.

Podemos nos esforçar para jogar a morte para escanteio, guardando cadáveres atrás de portas de aço inoxidável e enfiando os doentes e moribundos em quartos de hospital. Escondemos a morte com tanta habilidade que quase daria para acreditar que somos a primeira geração de imortais. Mas não somos. Vamos todos morrer e sabemos disso. Como o grande antropólogo cultural Ernest Becker disse: "A ideia da morte, o medo dela, assombra o animal humano como nenhuma outra coisa". O medo da morte é o motivo de construirmos catedrais, de termos filhos, de declararmos guerras e de vermos vídeos de gatinhos na internet às três da madrugada. A morte guia todos os impulsos criativos e destrutivos que temos como seres humanos. Quanto mais perto chegamos de entendê-la, mais perto chegamos de entender a nós mesmos.

Este livro é sobre meus seis primeiros anos trabalhando na indústria funerária dos Estados Unidos. Quem não deseja ler descrições realistas da morte e de cadáveres pegou o livro errado. É aqui que você entrega as vendas metafóricas antes de entrar. As histórias são verdadeiras e as pessoas são reais. Vários nomes e detalhes (mas não os mais sórdidos, prometo) foram modificados para preservar a privacidade de certos indivíduos e para proteger as identidades dos falecidos.

AVISO!
ÁREA DE ACESSO LIMITADO

CÓDIGO DE REGULAMENTAÇÕES
DA CALIFÓRNIA TÍTULO 16,
DIVISÃO 12 - ARTIGO 3 - SEÇÃO 1221.

CUIDADOS E PREPAROS PARA UM SEPULTAMENTO
(a) Os cuidados e preparos para sepultamentos e outras providências relacionadas a restos humanos devem ser estritamente privados...

PLACA DE AVISO OBRIGATÓRIA
EM ESTABELECIMENTOS FUNERÁRIOS

CONFISSÕES DO CREMATÓRIO
LIÇÕES PARA TODA A VIDA

BARBEAR BYRON

Uma garota nunca esquece o primeiro cadáver que barbeia. É o único evento na vida dela mais constrangedor do que o primeiro beijo ou a perda da virgindade. Os ponteiros do relógio nunca vão se mover tão devagar quanto quando você está de pé junto ao corpo de um homem idoso com um aparelho de depilação de plástico rosa na mão.

Sob o brilho das luzes fluorescentes, fiquei olhando para o pobre e imóvel Byron pelo que pareceu ser uns bons dez minutos. Esse era o nome dele, ou ao menos era o que informava a etiqueta pendurada no dedão do seu pé. Eu não tinha certeza se Byron era um "ser" (uma pessoa) ou uma "coisa" (um corpo), mas parecia que eu devia ao menos saber o nome dele para executar um procedimento tão íntimo.

Byron era (ou foi) um homem na casa dos 70 anos com cabelo branco denso no rosto e na cabeça. Ele estava nu, exceto pelo lençol que deixei cobrindo a metade de baixo do seu corpo para proteger não sei bem o quê. Decoro póstumo, acho.

Os olhos dele, abertos para o nada, tinham se tornado vazios como balões murchos. Se os olhos de uma pessoa amada são um lago límpido numa montanha, os de Byron eram uma poça de água parada. A boca se abria em um grito silencioso.

"Hã... Ei, Mike!", falei, chamando meu novo chefe da sala de preparação do corpo. "Devo usar, tipo, creme de barbear ou...?"

Mike entrou, pegou uma lata de creme de barbear Barbasol em um armário de metal e me mandou tomar cuidado para não provocar cortes. "A gente não vai poder fazer nada se você abrir o rosto dele, então tome cuidado, tá?"

Sim, tomar cuidado. Da mesma forma que tomei cuidado todas as outras vezes que "barbeei alguém". Ou seja, nunca. Coloquei as luvas de borracha e cutuquei as bochechas frias e rígidas de Byron, passando a mão por vários dias de barba por fazer. Eu não me sentia importante o suficiente para estar fazendo aquilo. Cresci acreditando que agentes funerários eram profissionais, especialistas treinados que cuidavam dos nossos mortos para que o público não precisasse fazer isso. A família de Byron sabia que uma garota de 23 anos sem nenhuma experiência estava segurando um barbeador junto ao rosto do ente querido deles?

Tentei fechar os olhos dele, mas as pálpebras enrugadas se abriram como persianas, como se ele quisesse me ver executar a tarefa. Tentei de novo. Mesmo resultado. "Ei, não preciso que você me critique, Byron", falei, mas não obtive resposta.

Aconteceu o mesmo com a boca. Eu podia empurrar o queixo para fechá-la, mas ela só ficava fechada alguns segundos e se abria de novo. Não importava o que eu fizesse, o cadáver se recusava a agir da maneira adequada a um cavalheiro prestes a ser barbeado. Desisti e, de forma desajeitada, comecei a espalhar creme pelo rosto dele, da mesma forma que uma criança pintando um quadro com os dedos — uma criança vinda direta de *Além da Imaginação* — faria.

Ele é só uma pessoa morta, disse a mim mesma. Carne apodrecendo, Caitlin. Uma carcaça de animal.

Não foi uma técnica motivacional eficiente. Byron era muito mais do que carne apodrecendo. Ele também era uma criatura nobre e mágica, como um unicórnio ou um grifo. Era um híbrido de uma coisa sagrada e profana, preso comigo nessa estação entre a vida e a eternidade.

Quando concluí que esse não era o emprego para mim, já era tarde demais. Recusar-me a barbear Byron não era mais opção. Peguei minha arma cor-de-rosa, a ferramenta de um ofício sombrio. Contorcendo o rosto e emitindo sons agudos que só cachorros eram capazes de ouvir, encostei a lâmina na bochecha dele e comecei minha carreira como barbeira dos mortos.

Quando acordei naquela manhã, eu não esperava barbear nenhum cadáver. Não me entenda mal, eu esperava os cadáveres, só não a parte de barbear. Era meu primeiro dia como operadora de crematório na Westwind Cremation & Burial, uma casa funerária dirigida por uma família. (Ou *agência funerária* dirigida por uma família, dependendo de onde você mora. Casa, agência funerária — é tudo a mesma coisa. Lugares para os mortos.)

Pulei cedo da cama, coisa que nunca fazia, e vesti uma calça, coisa que nunca usava, além de botas com ponta de aço. A calça estava curta demais e as botas, grandes demais. Eu estava ridícula, mas, em minha defesa, não tinha um ponto de referência cultural para trajes apropriados para a queima de humanos falecidos.

O sol nasceu quando eu estava saindo do meu apartamento na Rondel Place, brilhando acima das agulhas descartadas e evaporando poças de urina. Um sem-teto usando saia de balé arrastava um velho pneu de carro pela rua sem saída, possivelmente para usá-lo como privada improvisada.

Quando me mudei para São Francisco, demorei três meses para encontrar um apartamento. E finalmente conheci Zoe, uma estudante de direito penal lésbica que estava oferecendo um quarto. Nós duas agora dividíamos o apartamento rosa de dois quartos dela na Rondel Place, no Mission District. A rua sem saída onde ficava nosso lar-doce-lar se localizava entre uma popular taqueria e o Esta Noche, um bar conhecido pelas *drag queens* latinas e música *ranchera* ensurdecedora.

Ao descer pela Rondel até a estação de trem BART[1] um homem do outro lado da rua abriu o casaco e me mostrou o pênis. "O que você acha disso, gatinha?", perguntou ele, balançando a coisa para mim de forma triunfante.

"Bem, cara, acho que você vai ter que se esforçar mais", respondi. A expressão dele se transformou. Eu já morava em Rondel Place havia um ano. Ele teria *mesmo* que se esforçar mais.

Da parada na Mission Street, o trem me levou pelo túnel submerso na baía até Oakland e me deixou a alguns quarteirões da Westwind. A visão do meu novo local de trabalho depois de uma caminhada de dez minutos da estação foi cruel. Não sei bem como eu estava esperando que uma funerária fosse — provavelmente como a sala da casa da minha avó, equipada com algumas máquinas de fumaça —, mas, de fora do portão de metal preto, a casa parecia muito normal. Era branca como casca de ovo, de um andar só, e podia muito bem passar por uma seguradora.

Perto do portão havia uma plaquinha: favor tocar a campainha. Então, reunindo toda a minha coragem, obedeci. Depois de um momento, a porta se abriu de leve, e Mike, o gerente do crematório e meu novo chefe, apareceu. Eu só o tinha visto uma vez e cometi o engano de pensar que ele era totalmente inofensivo, um homem branco calvo na casa dos 40 anos, de altura e peso normais, usando uma calça cáqui. De alguma forma, apesar da afável calça cáqui, Mike conseguiu ser apavorante, me avaliando com argúcia por trás dos óculos, tentando calcular o tamanho do erro que cometeu ao me contratar.

[1] Bay Area Rapid Transit — Sistema de Transporte Rápido da Área da Baía, sistema ferroviário que conecta as diversas cidades no entorno da baía de São Francisco. [As notas são da Tradutora.]

"Oi, bom dia", disse ele. O "oi" e o "bom dia" saíram sem inflexão, indistinguíveis, sussurrados, como se o objetivo fosse que só ele ouvisse. Mike abriu a porta e saiu andando para longe.

Depois de alguns segundos de constrangimento, decidi que ele queria que eu fosse atrás, então passei pela entrada e percorri vários corredores. Um rugido abafado ecoava e ia ficando cada vez mais alto conforme eu avançava.

O exterior comum da casa abria espaço atrás para um galpão enorme. O rugido vinha de dentro do aposento amplo, especificamente de duas máquinas grandes e achatadas ocupando o centro de forma orgulhosa, como Tweedledum e Tweedledee da morte. Eram feitas de metal corrugado com chaminés que iam até o alto e saíam pelo teto. Cada máquina tinha uma porta de metal que deslizava para cima e para baixo, as bocas inquietas de uma fábula infantil industrial.

São os fornos crematórios, pensei. Tem pessoas lá dentro agora, pessoas *mortas*. Eu ainda não estava vendo nenhuma daquelas pessoas mortas, mas saber que elas estavam tão perto provocou euforia.

"Então esses são os fornos crematórios?", perguntei a Mike.

"Eles ocupam o aposento todo. Você ficaria bem surpresa se *não fossem* os fornos, não ficaria?", respondeu ele, passando por uma porta próxima e me abandonando de novo.

O que uma garota boazinha como eu estava fazendo em um galpão de descarte de corpos como aquele? Ninguém em perfeitas condições mentais escolheria um emprego de incineradora de cadáveres em vez de, digamos, caixa de banco ou professora de jardim de infância. E poderia ter sido mais fácil ser contratada como caixa de banco ou professora de jardim de infância, considerando o quanto a indústria da morte ficou desconfiada da mulher de 23 anos desesperada para entrar nela.

Encoberta pelo brilho da tela do meu laptop, eu me candidatara a empregos através dos termos de busca "cremação", "crematório", "mortuário" e "funerário". A resposta aos meus questionamentos sobre os empregos — quando eu recebia alguma resposta — era: "Você tem experiência com cremação?". As agências funerárias pareciam *insistir* em experiência, como se as habilidades para queimar cadáveres estivessem ao alcance de todos, fossem ensinadas em aulas do ensino médio das escolas comuns. Demorei seis meses, montes de currículos e de diversos "Desculpe, encontramos uma pessoa mais qualificada" para ser contratada pela Westwind Cremation & Burial.

Meu relacionamento com a morte sempre foi complicado. Desde a infância, quando descobri que o destino final de todos os humanos era a morte, o puro terror e a curiosidade mórbida lutavam pela supremacia na minha mente. Quando garotinha, eu ficava deitada durante *horas* esperando os faróis do carro da minha mãe aparecerem em frente de casa, convencida de que ela estava caída, ferida e ensanguentada no acostamento da estrada, com pedacinhos de vidro estilhaçado presos nas pontas dos cílios. Eu me tornei "funcionalmente mórbida", obcecada pela morte, por doenças e por trevas, mas ainda era capaz de passar por uma estudante quase normal. Na faculdade, parei de fingir, escolhi estudar história medieval e passei quatro anos devorando trabalhos acadêmicos com títulos como "Necrofantasia & mito: A interpretação da morte entre os nativos de Pago Pago" (dra. Karin Baumgartner, Yale University, 2004). Eu me sentia atraída por todos os aspectos da mortalidade: os corpos, os rituais, o luto. Os trabalhos acadêmicos serviram para acalmar a sede, mas não foram o bastante. Eu queria coisas mais pesadas: corpos de verdade, morte de verdade.

Mike voltou empurrando uma maca com rodinhas que chiavam, trazendo meu primeiro cadáver.

"Não temos tempo para você aprender a operar os fornos de cremação hoje. Então, pode me fazer um favor? Barbeie este cara", pediu ele com indiferença. Aparentemente, a família do morto queria vê-lo mais uma vez antes de ele ser cremado.

Fazendo sinal para eu acompanhá-lo, Mike empurrou a maca até uma sala branca estéril adjunta ao crematório e explicou que era onde os corpos eram "preparados". Ele andou até um armário grande de metal e pegou um depilador descartável rosa. Depois de me entregar, Mike se virou e saiu, desaparecendo pela terceira vez. "Boa sorte", disse ele, ainda de costas.

Como mencionei, não esperava ter que barbear um cadáver, mas lá estava eu.

Mike, embora ausente da sala de preparação, me observava com atenção. Aquilo era um teste, minha apresentação à filosofia rigorosa de treinamento dele: afundar ou nadar. Eu era a garota nova que foi contratada para queimar (e eventualmente barbear) cadáveres. Ou eu (a) seria capaz de lidar com a situação, ou (b) não seria. Ninguém seguraria minha mão, não haveria curva de aprendizagem nem período de experiência.

Mike voltou alguns minutos depois e parou para olhar por cima do meu ombro. "Olhe, aqui... não, na direção que os pelos crescem. Movimentos curtos. Isso."

Quando limpei o restinho de creme de barbear do rosto de Byron, ele parecia um bebê recém-nascido, sem nenhum corte ou arranhão pelo rosto.

Naquela mesma manhã, a esposa e a filha de Byron foram vê-lo. Ele foi levado até a sala de visitação da Westwind e enrolado em lençóis brancos. Uma luminária de piso com uma lâmpada rosada lançava um brilho tranquilizador no rosto exposto, bem mais agradável do que as cruéis lâmpadas fluorescentes da sala de preparação.

Depois que barbeei Byron, Mike fez algum tipo de mágica funerária para fechar os olhos e a boca aberta dele. Agora, sob a luz rosada, o cavalheiro parecia quase sereno. Eu ficava esperando ouvir gritos da sala de visitação — coisas como "Meu

Deus, quem o barbeou assim?" —, mas, para o meu alívio, não houve nenhum.

Através da esposa dele, soube que Byron foi contador durante quarenta anos. Por ter sido um homem meticuloso, ele provavelmente teria gostado da barba feita com capricho. Perto do fim da batalha contra o câncer de pulmão, ele não conseguia sair da cama nem para usar o banheiro, e menos ainda segurar um barbeador.

Quando a família foi embora, era a hora de cremá-lo. Mike levou Byron até a boca de um dos fornos crematórios e girou os botões no painel da frente com uma destreza impressionante. Duas horas depois, a porta de metal se ergueu mais uma vez e revelou os ossos de Byron, reduzidos a brasas vermelhas brilhantes.

Mike levou para mim uma vara de metal com uma parte achatada na ponta. Demonstrou os longos movimentos necessários para tirar os ossos do forno. Quando o que sobrou de Byron caiu no recipiente que o aguardava, o telefone tocou. O som explodiu pelos alto-falantes no teto, instalados especificamente para serem ouvidos acima do trovejar das máquinas.

Mike jogou os óculos de proteção para mim e disse: "Termine de tirar ele daí. Tenho que atender ao telefone".

Enquanto eu raspava o corpo de Byron para fora do forno, vi que o crânio dele estava intacto. Depois de olhar para trás para ver se alguém, vivo ou morto, estava olhando, eu o puxei com cuidado na minha direção. Quando o crânio estava perto o bastante da entrada da câmara, estiquei a mão e o peguei. Ainda estava quente, e consegui sentir a textura lisa e poeirenta com as luvas de qualidade industrial.

As órbitas oculares sem vida de Byron me encaravam enquanto eu tentava me lembrar de como era o rosto dele antes de ser colocado nas chamas apenas duas horas antes. Depois do nosso relacionamento de barbeira e cliente, era um rosto que eu devia conhecer bem. No entanto, aquele rosto, aquele humano, não existia mais. A Mãe Natureza, como [o poeta inglês Alfred] Tennyson disse, é "vermelha em dentes e garras" e destrói todas as coisas bonitas que já criou.

Os ossos, reduzidos apenas aos elementos inorgânicos na cremação, ficam muito frágeis. Quando virei o crânio de lado para poder olhar melhor, a coisa toda se desfez na minha mão e os pedaços caíram no pote entre meus dedos. O homem que foi Byron — pai, marido e contador — agora estava todo no pretérito.

Cheguei em casa naquela noite e encontrei minha colega, Zoe, no sofá, chorando. Ela estava magoada por causa do homem casado pelo qual se apaixonou em uma viagem recente pela Guatemala (um golpe tanto no seu ego quanto no seu lesbianismo).

"Como foi seu primeiro dia de trabalho?", perguntou Zoe entre lágrimas.

Contei sobre a avaliação silenciosa de Mike e sobre a apresentação à atividade de barbear um cadáver, mas decidi não contar sobre o crânio de Byron. Esse era um segredo meu, junto com o poder estranho e perverso que senti naquele momento como a esmagadora de crânios do universo infinito.

Enquanto o som da música *ranchera* do Esta Noche me embalava o sono, pensei no crânio que havia dentro da minha cabeça. A forma como ele um dia apareceria depois que tudo que podia ser reconhecido como Caitlin — olhos, lábios, cabelo, pele — não existisse mais. Meu crânio talvez fosse esmagado também, fragmentado pela mão enluvada de uma infeliz de vinte e poucos anos como eu.

CONFISSÕES DO CREMATÓRIO
LIÇÕES PARA TODA A VIDA

CACHORRINHOS SURPRESA

No meu segundo dia na Westwind, eu conheci Padma. Não que Padma fosse nojenta. "Nojenta" é uma palavra muito simples, com conotações simples. Padma estava mais para uma criatura de filme de terror, escalada para o papel de "Bruxa Vodu Ressuscitada". O mero ato de olhar para o corpo dela deitado na caixa de papelão de cremação provocou ataques internos de "Ah, meu Deus. *Caramba*, o *que* eu estou fazendo aqui? Que merda é essa? Por quê?".

Padma tinha ascendência cingalesa e norte-africana. A tez escura, em combinação com a decomposição avançada, deixara a pele dela preta como piche. O cabelo caía em mechas compridas e sujas, espalhadas em todas as direções. Uma camada de mofo branco e espesso, similar a uma teia de aranha, saía do seu nariz e cobria metade do rosto, se estendendo sobre os olhos e a boca aberta. O lado esquerdo do peito estava afundado, dando a impressão de que alguém tinha removido o coração dela em um ritual elaborado.

Padma tinha trinta e poucos anos quando foi vencida por uma doença genética rara. Seu cadáver foi mantido durante meses no hospital da Stanford University para que os médicos pudessem fazer exames e entender o que a matou.

Quando ela chegou na Westwind, o corpo estava com características que o aproximavam do surreal.

No entanto, por mais grotesca que ela parecesse aos meus olhos de amadora, eu não podia me encolher para longe do corpo dela como um filhote de cervo assustado. Mike, o gerente do crematório, tinha deixado claro que eu não estava sendo paga para ficar apavorada com os cadáveres. Eu estava desesperada para provar que podia compartilhar do distanciamento clínico dele.

Mofo no rosto como teia de aranha, é? Ah, sim, já vi isso milhares de vezes. Fico surpresa de esse caso ser tão brando, na verdade, eu diria, com a autoridade de uma verdadeira profissional da morte.

Até você ver um corpo como o de Padma, a morte pode parecer quase glamourosa. Imagine uma vítima de tuberculose da era vitoriana, morrendo com um único filete de sangue escorrendo do canto da boca rosada. Quando Annabel Lee, o amor de Edgar Allan Poe, é levada pelo frio da morte e enterrada, o apaixonado Poe não consegue ficar longe. Ele vai "se deitar ao lado da minha querida — minha querida — minha vida e minha noiva, no sepulcro dela perto do mar, no túmulo perto do ressonante mar".

O delicado cadáver de alabastro de Annabel Lee. Não há menção alguma ao estrago feito pela decomposição — que teria transformado deitar ao lado dela em um abraço rançoso para o sofrido Poe.

Padma não foi a única. As realidades diárias de trabalhar na Westwind eram mais brutais do que eu previra. Meus dias começavam às 8h30, quando eu ligava as duas "retortas" — o jargão da indústria para os fornos crematórios. Durante todo o primeiro mês, tinha sempre comigo uma cola sobre como ligar as retortas e a seguia enquanto girava desajeitadamente os botões, que pareciam coisa de ficção científica dos anos 1970, para acender as lâmpadas vermelha, azul e verde que determinavam a temperatura, acendiam os queimadores e controlavam o fluxo de ar. Os momentos antes de as retortas ganharem vida com um rugido eram os mais silenciosos e tranquilos do dia. Não havia barulho, calor ou pressão — só uma garota e um grupo de cadáveres recém-falecidos.

Assim que as retortas ganhavam vida, a paz desaparecia. O aposento virava um círculo do inferno, cheio de um ar quente e denso e do rugido do bafo do diabo. Uma coisa que parecia o forro prateado e acolchoado de uma espaçonave cobria as paredes do crematório, tornando o aposento acusticamente protegido e impedindo que o barulho chegasse aos ouvidos das famílias de luto na capela ou na sala de atendimento próximas.

O forno estava pronto para o primeiro corpo quando a temperatura dentro da câmara de tijolos da retorta chegava a 815 graus Celsius. Toda manhã, Mike empilhava várias autorizações do estado da Califórnia na minha mesa, que me diziam quem estava na fila para as cremações do dia. Depois de selecionar duas, eu tinha que localizar minhas vítimas no "frigorífico", a câmara de refrigeração de corpos onde os cadáveres esperavam. Em meio a um sopro gelado de ar, eu cumprimentava as pilhas de caixas de papelão com corpos, cada uma com o nome completo e a data de morte da pessoa.

O frigorífico tinha cheiro de morte no gelo, um odor difícil de identificar, mas impossível de esquecer.

As pessoas no frigorífico provavelmente não andariam juntas no mundo dos vivos. O homem negro idoso com infarto do miocárdio, a mãe branca de meia-idade com câncer de ovário, o jovem hispânico que levou um tiro a poucos quarteirões do crematório. A morte os levou até ali para uma espécie de reunião das Nações Unidas, uma discussão em mesa redonda sobre a não existência.

Ao entrar na câmara de refrigeração, fiz uma promessa modesta a alguma divindade de ser uma pessoa melhor se o falecido não estivesse na parte de baixo de uma pilha de corpos. Naquela manhã em particular, a primeira autorização de cremação era de um tal sr. Martinez. Em um mundo perfeito, o sr. Martinez estaria no alto, me esperando para levá-lo diretamente na minha maca hidráulica. Para minha grande irritação, eu o encontrei embaixo do sr. Willard, da sra. Nagasaki e do sr. Shelton. Isso queria dizer empilhar e reempilhar as caixas de papelão como um jogo de Tetris na câmara de refrigeração.

Quando finalmente o sr. Martinez foi manobrado até a maca, consegui prosseguir pelo curto trajeto até a câmara crematória. Os últimos obstáculos no caminho eram as grossas tiras de plástico (bastante populares em lava jatos e frigoríficos de açougues) que ficavam na porta para manter o ar frio na parte de dentro. As tiras eram minhas inimigas. Elas se enrolavam em todo mundo que passava, como os galhos assombrados na versão em desenho animado de *A Lenda do Cavaleiro Sem Cabeça*. Eu odiava tocar nelas, pois imaginava que havia hordas de bactérias grudadas no plástico e, como fazia sentido, as almas atormentadas daqueles que partiram.

Se você ficasse preso nas tiras, acabaria calculando errado o ângulo necessário para empurrar a maca pela porta. Dei um empurrão no sr. Martinez e ouvi um baque familiar quando errei a mira e meti a maca na moldura de metal.

Por acaso, Mike me viu tentando manobrar o sr. Martinez, indo para a frente, e para trás, e para a frente, e para trás, e para a frente, e para trás, e batendo com a maca, quando ele passou, se dirigindo para a sala de preparação. "Precisa de ajuda? Está tudo sob controle?", perguntou, com uma sobrancelha arqueada bem mais alto do que a outra, como quem diz *Está na cara o quanto você está por fora de como fazer isso.*

"Não, pode deixar!", respondi, animada, livrando meu rosto do tentáculo de bactérias e empurrando a maca para o crematório.

Eu fazia questão que minha resposta fosse *sempre* "Não, pode deixar!". Eu precisava de ajuda para molhar as plantas no pátio da frente? "Não, pode deixar!" Eu precisava de instruções mais detalhadas sobre como lubrificar a mão de um homem para fazer uma aliança passar pelo nó do dedo inchado? "Não, pode deixar!"

Com o sr. Martinez em segurança fora do frigorífico, era hora de abrir a caixa de papelão. Eu descobri que essa era a melhor parte do trabalho.

Para mim, equivalia a abrir um Puppy Surprise, aqueles bichos de pelúcia populares nos anos 1990. O comercial mostrava um grupo de garotas entre 5 e 7 anos reunidas em torno de uma cadelinha de pelúcia. As meninas davam gritinhos de alegria quando abriam a barriga de pelúcia e descobriam quantos filhotinhos de pelúcia moravam lá dentro. Podiam ser três, podiam ser quatro, até cinco! Essa, é claro, era a "surpresa".

Era assim com os cadáveres. Cada vez que se abria a caixa, uma surpresa me aguardava: podia ser uma mulher de 95 anos que morreu serenamente em casa sob cuidados hospitalares ou um homem de 30 anos que foi encontrado em uma lixeira nos fundos de uma loja de produtos para o lar Home Depot depois de oito dias de putrefação. Cada pessoa era uma nova aventura.

Se o corpo encontrado na caixa estivesse mais para o incomum (pense: mofo no rosto de Padma), minha curiosidade me levava a investigações sorrateiras (no melhor estilo detetive particular) pelo sistema eletrônico de registros de falecimentos, em busca de declarações de legistas e da certidão de óbito. Essas exigências burocráticas conteriam mais informações sobre a vida da pessoa e, mais importante, sobre a morte. Em suma, era a história de como elas deixaram o mundo dos vivos e foram se juntar a mim no crematório.

O sr. Martinez não era tão fora do comum no que dizia respeito a cadáveres. Era apenas um corpo com três cachorrinhos, eu diria, se me obrigassem a fazer uma classificação. Um cavalheiro latino no fim da casa dos 60 anos, que devia ter morrido de algum problema cardíaco. Embaixo da pele, em relevo, eu conseguia ver o contorno de um marca-passo.

Os rumores entre funcionários de crematório dizem que as baterias de lítio dentro dos marca-passos explodem na câmara crematória se não forem removidas. Essas pequeninas bombas têm o potencial de estourar na cara dos pobres e inocentes operadores de crematório. Ninguém nunca deixou um falecido assim na retorta por tempo suficiente a ponto de descobrir se o boato tem um fundo de verdade. Voltei para a sala de preparação em busca do bisturi do embalsamador para retirá-lo.

Encostei o bisturi no peito do sr. Martinez e tentei fazer dois cortes acima do marca-passo seguindo o desenho de um xis. O bisturi parecia afiado, mas não provocou nada na pele dele — nem um arranhão.

Não é difícil entender por que as faculdades de medicina usam cadáveres para treinar técnicas cirúrgicas, dessensibilizando os alunos ao processo de causar dor. Ao executar minha minioperação, eu sentia que o sr. Martinez devia estar certamente em sofrimento. Nossa identificação humana com os mortos sempre nos faz ter a impressão de que o falecido deve estar sentindo dor, embora o vazio nos olhos do homem me dissesse que ele tinha abandonado a propriedade proverbial havia muito tempo.

Mike havia demonstrado como remover um marca-passo uma semana antes, mas fez com que parecesse fácil. É preciso usar mais força com o bisturi do que alguém poderia imaginar; a pele humana é um material surpreendentemente firme. Pedi desculpas ao sr. Martinez pela minha incompetência. Depois de vários outros golpes malsucedidos com o bisturi e de ruídos de frustração, o metal do marca-passo se revelou embaixo do tecido amarelo caroçudo do peito. Com um puxão rápido, o aparelho se soltou.

Agora que o sr. Martinez foi identificado, relocado e estava desprovido de qualquer bateria potencialmente explosiva, ele estava pronto para ir ao encontro do seu ardente fim. Prendi a esteira rolante na retorta e apertei o botão que inicia o processo estilo linha de montagem de rolar um corpo para dentro do forno. Quando a porta de metal estalou ao fechar, voltei para os botões de ficção científica na frente da máquina, ajustei o fluxo de ar e acionei os botões de ignição.

Não há muito a se fazer enquanto um corpo queima. Fiquei de olho na temperatura oscilante do forno e abri a porta de metal alguns centímetros para espiar lá dentro e monitorar o progresso. A porta pesada estalou quando a abri. Eu a imaginei dizendo: *Cuidado com o que você vai descobrir, minha linda.*

Quatro mil anos atrás, os Vedas hindus determinaram que a cremação era necessária para que a alma aprisionada pudesse ser libertada do corpo morto impuro. No momento em que o crânio se abre, a alma é libertada e voa para o mundo dos ancestrais. Como pensamento é lindo, mas se você não está acostumado a ver um corpo humano queimar, a cena pode ser quase infernal.

A primeira vez que espiei um corpo em cremação pareceu uma transgressão abominável, apesar de ser exigido pelo protocolo da Westwind. Não importa quantas capas de discos de heavy metal você tenha visto, quantas gravuras de Hieronymus Bosch das torturas do Inferno ou mesmo a cena de *Indiana Jones* em que o rosto do nazista derrete — você não vai estar preparado para testemunhar um corpo sendo cremado. Ver um crânio humano em chamas é mais intenso do que os voos mais loucos da sua imaginação são capazes.

Quando o corpo entra na retorta, a primeira coisa que queima é a caixa de papelão (ou "contêiner alternativo", como é chamado no recibo funerário). A caixa se desintegra nas chamas na mesma hora e deixa o corpo indefeso no meio do inferno. Em seguida, o material orgânico queima, e uma mudança completa acontece no corpo. Em torno de 80% do corpo humano é feito de água, que evapora quase sem dificuldade alguma. As chamas então começam a trabalhar nos tecidos moles, queimando o corpo todo até ele ficar preto e duro.

Queimar essas partes, as que visualmente identificam você, é que toma mais tempo.

Eu estaria mentindo se dissesse que não tinha minha própria visão do que seria trabalhar como operadora de fornos crematórios. Eu esperava que o emprego envolvesse colocar um corpo em uma das máquinas gigantescas e me sentar com os pés para o alto para comer morangos e ler um livro enquanto o pobre homem ou mulher era cremado. No fim do dia, eu pegaria o trem para casa em um devaneio intenso por ter chegado a uma compreensão mais profunda da morte.

Depois de algumas semanas na Westwind, qualquer idílio envolvendo devaneios ao saborear morangos foi substituído por pensamentos bem mais básicos, como: que horas é o almoço? Será que vou conseguir ficar limpa algum dia? Você nunca fica limpo no crematório. Uma camada fina de poeira e fuligem se deposita em tudo, cortesia das cinzas de humanos mortos e do maquinário industrial. A poeira vai parar em lugares que você acharia impossível chegar, como o interior das suas narinas. Ao meio-dia, eu parecia a Pequena Vendedora de Fósforos do conto de Hans Christian Andersen, vendendo mercadorias em uma esquina no século xix.

Não há muito a ser apreciado em uma camada de ossos humanos inorgânicos em pó atrás da orelha ou acumulada embaixo de uma unha, mas as cinzas me transportavam para um mundo diferente do que eu conhecia fora do crematório.

Enkyō Pat O'Hara era a diretora de um centro zen-budista em Nova York na época dos ataques do Onze de Setembro, quando as torres do World Trade Center desabaram em um grito de caos e metal. "O cheiro permaneceu presente por várias semanas e dava a sensação de que você estava respirando pessoas", disse ela. "Era o cheiro de todo tipo de coisa que tinha se desintegrado completamente, inclusive pessoas. Pessoas, e coisas elétricas, e pedra, e vidro, e tudo."

A descrição é pavorosa. O'Hara, no entanto, aconselhava as pessoas a não fugirem dessa imagem, mas a repararem, a aceitarem que "isso é o que acontece o tempo todo, mas nós não vemos, e agora podemos ver, e cheirar, e sentir, e vivenciar". Na Westwind, pelo que pareceu ser a primeira vez, eu estava vendo, cheirando, sentindo, vivenciando. Esse tipo de confronto era um compromisso com a realidade que era precioso e que estava se tornando viciante em pouco tempo.

Voltando à minha primeira preocupação básica: quando e onde era o almoço? Eu tinha meia hora para almoçar. Não podia comer no saguão por medo de uma família me ver me esbaldando com comida chinesa. Um possível cenário: a porta da frente se abre, eu levanto a cabeça com os olhos arregalados e macarrão pendurado na boca. O crematório também estava fora de questão, não ia querer poeira se acumulando no meu pote de comida. Isso só deixava a capela (se não estivesse ocupada com um corpo) e o escritório de Joe.

Embora Mike agora cuidasse do crematório, a Westwind Cremation & Burial era a casa que Joe construiu. Eu não conheci Joe (nascido Joaquín), o dono da Westwind: ele se aposentou pouco antes de eu cremar meu primeiro corpo e deixou Mike no comando. Joe se tornou uma espécie de figura apócrifa. Fisicamente ausente, talvez, mas ainda um espectro na casa. Ele tinha um poder invisível sobre Mike, vendo-o trabalhar, certificando-se de que o subordinado se ocupasse. Mike tinha o mesmo efeito em mim. Nós dois nos preocupávamos com o olhar de ferro dos nossos supervisores.

O escritório de Joe ficava vazio. Era uma sala sem janelas cheia de caixas e mais caixas de velhas autorizações de cremação, registros de cada pessoa que fez sua última parada na Westwind. A foto dele ainda estava pendurada atrás da escrivaninha: era um homem alto com a pele marcada, cicatrizes no rosto e barba preta densa. Ele parecia alguém com quem você não ia querer se meter.

Depois de perturbar Mike por mais informações sobre Joe, ele me mostrou um exemplar apagado de um jornal semanal alternativo da região com a foto de Joe na primeira página.

Na foto, ele está na frente dos fornos crematórios da Westwind com os braços cruzados e parece, de novo, alguém com quem você não ia querer se meter.

"Encontrei isso no arquivo", disse Mike. "Você vai gostar. O artigo faz Joe parecer um cremador destemido e renegado que lutou contra a burocracia e venceu."

Ele estava certo, eu gostei mesmo.

"As pessoas de São Francisco *amam* esse tipo de história."

Antigo membro da força policial de São Francisco, Joe fundou a Westwind vinte anos antes da minha chegada. O plano de negócios original dele era ocupar o lucrativo nicho de espalhar cinzas no mar. Ele comprou um barco e preparou tudo para levar famílias pela baía de São Francisco.

"Acho que ele mesmo pilotava o barco. Da China, sei lá. Não lembro", disse Mike.

Em algum lugar no caminho, o cara que cuidava do barco de Joe cometeu algum erro horrível e a embarcação afundou.

Mike explicou: "Então Joe está ali de pé no cais, certo? Fumando um charuto e vendo seu barco afundar na baía. E ele pensa: 'Bem, talvez o lado bom disso tudo seja que vou usar o dinheiro do seguro para comprar fornos crematórios, então'".

Mais ou menos um ano depois, Joe se torna o dono de um pequeno negócio: a novata funerária Westwind Cremation & Burial. Ele descobriu que a San Francisco College of Mortuary Science tinha um contrato de muitos anos com a cidade de São Francisco para dar fim aos sem-teto e indigentes que morriam.

De acordo com Mike, "a definição da faculdade funerária de 'dar fim' era usar os corpos como ferramenta de aprendizagem para os alunos, embalsamando desnecessariamente todos os cadáveres e cobrando isso da cidade".

No final dos anos 1980, a faculdade funerária estava superfaturando as contas que mandava para a cidade em um valor de até 15 mil dólares por ano. Então, Joe, como cavalheiro empreendedor que era, fez a módica proposta de dois dólares por corpo e ganhou o contrato. Todos os mortos abandonados e indigentes agora iam para a Westwind. Esse gesto ousado deixou Joe malvisto pelo Departamento Legista de São Francisco. O legista da época, o dr. Boyd Stephens, era amigo de gente das funerárias e, de acordo com o artigo, não se opunha a receber bebida e chocolate em agradecimento aos serviços. O dr. Stephens também tinha amizades na San Francisco College of Mortuary Science, que Joe tinha vencido na hora de obter o contrato para dar fim aos mortos indigentes. Houve ameaças contra a Westwind, com fiscais da cidade aparecendo várias vezes por semana e encontrando violações superficiais. Sem motivo e sem aviso, a cidade cancelou o contrato com a funerária de Joe. Ele abriu um processo contra o Departamento Legista de São Francisco — e venceu. Mike terminou a história com um floreio, anunciando que a Westwind Cremation & Burial está *aberta* e em funcionamento, e que a San Francisco College of Mortuary Science está *fechada* desde então.

Após o almoço, aproximadamente sessenta minutos depois de enfiar o sr. Martinez na retorta, era hora de movê-lo. O cadáver tinha entrado no forno pelos pés, permitindo que a chama principal fosse disparada do teto da câmara e o atingisse na área superior do tronco. O tórax, a parte mais larga do corpo humano, é a que leva mais tempo para queimar. Agora que ele tinha encarado a chama, o corpo precisava ser movido, a fim de que a parte inferior pudesse passar pelo mesmo processo. Para isso, coloquei as luvas industriais e os óculos e peguei minha vara de metal de confiança com o rodo sólido e achatado na ponta. Levantei a porta da retorta uns vinte centímetros, inseri a vara nas chamas e puxei cuidadosamente o sr. Martinez pelas costelas. No começo, isso é um tanto difícil, mas, quando você pega o jeito, passa a acertar a costela mais firme logo na primeira tentativa. Quando ele estava bem preso, eu o puxei na minha direção em um movimento rápido. Esse puxão gerou uma explosão intensa de novas chamas, quando a parte inferior do corpo foi finalmente atingida pelo fogo.

Quando o sr. Martinez estava reduzido a brasas brilhantes (é importante que sejam vermelhas, pois preto quer dizer "cru"), desliguei o forno, esperei a temperatura descer até 260 graus e limpei a câmara. O rodo na ponta da vara de metal remove os pedaços maiores de ossos, mas um bom cremador usa uma vassoura com cerdas finas de metal para as cinzas difíceis de alcançar. Se você está com o humor certo, a remoção dos ossos pode chegar a um ritmo zen, de forma bastante parecida com os monges budistas que usam o ancinho em jardins de areia. Era varrer e deslizar, varrer e deslizar.

Depois de varrer todos os ossos do sr. Martinez para dentro do cesto de metal, eu os carreguei até o outro lado do crematório e os espalhei em uma bandeja comprida e achatada. A bandeja, parecida com as que são usadas em escavações arqueológicas, me ajudava a identificar os vários itens de metal que colocam em nossos corpos durante a vida. Os itens que eu procurava podiam ser qualquer coisa, desde implantes nos joelhos e quadris a dentaduras de metal.

O metal precisa ser removido porque o passo final no processo de cremação consiste em colocar os ossos no Cremulador. "Cremulador" parece nome de vilão de desenho ou de picape gigante, mas, na verdade, é a alcunha do que é, essencialmente, um liquidificador de ossos, mais ou menos do tamanho de uma panela elétrica grande.

Transferi os fragmentos de ossos da bandeja para o Cremulador e ajustei o controle para vinte segundos. Com um barulho alto, os fragmentos de ossos foram esmagados até virarem a maçaroca em pó uniforme que a indústria chama de restos mortais. Na Califórnia, subentende-se (e, na verdade, é lei) que a família do falecido deve receber cinzas brancas fofas na urna, não pedaços de ossos. Ossos seriam um lembrete cruel de que a urna continha não apenas um conceito abstrato, mas o que já tinha sido uma pessoa.

Nem toda cultura prefere evitar os ossos. No primeiro século da Era Comum, os romanos construíam piras crematórias altas usando troncos de pinheiros. O corpo não confinado era deitado em cima da pira e o fogo era ateado. Depois que a cremação terminava, as pessoas de luto recolhiam os ossos, os lavavam em leite com as próprias mãos e os colocavam em urnas.

Para que você não pense que lavar ossos é coisa só do passado antigo, os ossos também têm papel nos rituais da morte do Japão contemporâneo. Durante o *kotsuage* ("recolhimento dos ossos"), as pessoas de luto se reúnem em torno do forno crematório quando os ossos são tirados da câmara. Eles são colocados em uma mesa e as pessoas da família se aproximam com palitinhos compridos para pegá-los e transferi-los para a urna. A família primeiro pega os ossos dos pés e vai subindo na direção da cabeça, para que o falecido possa entrar na eternidade com a cabeça para cima.

Na Westwind, não havia família, só o sr. Martinez e eu. Em um famoso tratado chamado "The Pornography of Death" [A pornografia da morte, em tradução livre], o antropólogo Geoffrey Gorer escreveu: "Em muitos casos, ao que parece, a cremação é escolhida porque passa a impressão de se livrar dos mortos de forma mais completa e final do que o enterro". Eu não fazia parte da família do sr. Martinez e não o conhecia. No entanto, lá estava eu, a executora de todos os rituais e ações relacionados à morte dele. Eu era seu *kotsuage* de uma mulher só. No passado e em culturas por todo o mundo, o ritual que segue a morte é uma dança delicada executada por profissionais determinados em momentos determinados. Para mim, ser responsável pelos momentos finais daquele homem, sem treinamento além de algumas semanas operando um forno crematório, não parecia certo.

Depois de fazer o sr. Martinez virar cinzas no Cremulador, eu o coloquei em um saco plástico e fechei com arame de saco de pão. O plástico com o sr. Martinez foi para uma urna marrom, também de plástico. Nós vendemos urnas mais caras do que aquela na sala de atendimento na frente da casa, com detalhes dourados e decoradas com pombas de madrepérola na lateral, mas a família do sr. Martinez, como a maioria das famílias, preferiu não comprar uma.

Digitei o nome dele na máquina de etiquetas, que zumbiu e cuspiu a identificação que seria colada na frente da câmara que o guardaria pela eternidade. No meu último ato pelo sr. Martinez, coloquei-o em uma prateleira acima da mesa de cremação, onde ele se juntou à fila de soldados marrons de plástico, esperando obedientes que alguém fossem buscá-los. Satisfeita por ter feito meu trabalho e levado um homem de cadáver a cinzas, saí do crematório às cinco da tarde, coberta de uma fina camada de pó de gente.

O BAQUE

Dizem que o jeito de descobrir seu nome de ator ou atriz pornô é combinando o nome do seu primeiro bichinho de estimação com o nome da rua onde você cresceu. Por essa regra, meu nome de atriz pornô seria Superfly Punalei. Não tenho intenção de seguir carreira em pornografia, mas o nome é quase um motivo para tentar.

A Punalei Place é uma pequena rua sem saída em Kaneohe, Havaí, onde passei os primeiros dezoito anos da minha vida. Minha casa era mediana, no máximo, mas devido à sua localização em uma ilha tropical, tinha a boa sorte de ser ladeada por uma cadeia de montanhas épica e pela baía azul cintilante. Era preciso correr pelo caminho de entrada durante a época dos cocos para escapar de ser atingido na cabeça por um dos frutos maduros.

Em sua imobilidade lânguida, a Punalei Place era como um banho quente que nunca esfriava. Tudo continuava eternamente como sempre foi: as picapes com cabeças de guerreiros com penas penduradas nos retrovisores, os restaurantes locais de comida na chapa servindo carne teriyaki com salada de macarrão, ukuleles emitindo o som regular pela estação de rádio da ilha. O ar era mais denso do que deveria ser e dificilmente ultrapassava a temperatura do corpo.

Superfly chegou da Koolau Pet Store quando eu tinha 5 anos, carregado em um saco plástico com água filtrada. Ele morava na minha sala de jantar, em um aquário azul com cascalho laranja. Meus pais o batizaram de Superfly por causa do sucesso de Curtis Mayfield, mas duvido que meu peixe tivesse vivenciado os tempos agitados e as ruas do gueto descritos na música.

Pouco depois de ir morar na Punalei Place, Superfly desenvolveu *Ichthyophthirius multifiliis*. Conhecido como "íctio" no mercado de aquários, o parasita promete uma morte aquática lenta. Pontos brancos começaram a surgir nas escamas de Superfly. O nado antes alegre virou um flutuar patético. Certa manhã, depois de semanas da cor passando de dourado vibrante para branco sem vida, ele parou totalmente de nadar. Minha mãe acordou e encontrou o corpinho flutuando no aquário. Sem querer me alarmar, ela decidiu adiar a primeira conversa sobre mortalidade com a filha para quando voltasse do trabalho naquela tarde.

Mais tarde, minha mãe se sentou comigo e segurou minha mão solenemente. "Querida, tem uma coisa que preciso lhe contar sobre Superfly."

"Sim, mãe?"

Eu devo ter chamado ela de mamãe, mas nas minhas lembranças sou uma criança britânica muito educada e de modos requintados.

"Superfly ficou doente e isso o fez morrer. Vi esta manhã que ele não estava mais vivo", disse ela.

"Não, mãe. Isso não está certo", teimei. "Superfly está bem."

"Querida, sinto muito. Eu queria que ele não estivesse morto, mas está."

"Venha ver, você está errada!"

Levei minha mãe até o aquário de Superfly, onde um peixe branco imóvel boiava perto da superfície.

"Olhe, Caitlin, vou dar uma cutucada nele para mostrar o que quero dizer, tá?", disse ela, levantando a tampa.

Quando ela aproximou o dedo para tocar na pequena carcaça, Superfly disparou e nadou pelo tanque para fugir da humana que o cutucava.

"Jesus Cris...!", gritou ela, vendo-o nadar de um lado para o outro, bem vivo.

Foi nessa hora que ela ouviu meu pai rindo atrás dela.

"John, o que você fez?", perguntou minha mãe com a mão no peito.

O que meu pai fez foi acordar um pouco mais tarde do que ela, tomar a habitual xícara de café e se livrar de Superfly sem cerimônia nenhuma, usando a privada. Ele me levou até a Koolau Pet Store para comprar um peixe branco saudável com o tamanho e as dimensões exatas de Superfly. Esse novo peixe veio para casa e foi colocado no aquário azul de plástico, e o único propósito de sua curta vida de peixe foi provocar um ataque cardíaco na minha mãe.

Deu certo. Batizamos o novo bichinho de Superfly II e minha primeira lição sobre a morte foi a possibilidade de enganá-la.

Além do pobre Superfly (e de Superfly II pouco tempo depois), durante boa parte da minha infância, só vi a morte em desenhos e filmes de terror. Aprendi bem cedo na vida como avançar fitas de videocassete. Com essa habilidade, eu era capaz de pular a cena da morte da mãe de Bambi, a cena de morte ainda mais traumática da mãe de Littlefoot no filme *Em Busca do Vale Encantado* e a cena do "Cortem-lhe a cabeça" de *Alice no País das Maravilhas*. Nada me pegava de surpresa. Eu estava embriagada de poder, capaz de avançar em qualquer situação.

Então, chegou um dia em que perdi o controle sobre a morte. Eu tinha 8 anos na noite do concurso de fantasias de Halloween do Windward Mall, a quatro quarteirões da minha casa. Com a intenção de ser uma princesa, encontrei um vestido de baile de paetês em um brechó. Quando percebi que uma coisa tão clichê quanto "princesa" não me ajudaria a ganhar troféu nenhum, decidi, de olho no prêmio, que tinha que partir para o apavorante ou desistir.

Da caixa de fantasias saiu uma longa peruca preta, um adereço que eu usaria mais tarde para projetos artísticos vitais como uma apresentação constrangedora de "You Oughta Know", de Alanis Morissette, filmada com a velha câmera dos anos 1980 da família. Em cima da peruca coloquei uma tiara quebrada. O toque final foi sangue falso: alguns borrifos caprichados completaram a fantasia. Eu tinha me transformado em uma rainha do baile morta, fantasia feita por mim mesma.

Quando chegou minha vez no concurso, manquei e me arrastei pela passarela no átrio. O mestre de cerimônias me perguntou pelo alto-falante do shopping quem eu era, e respondi em um tom sem cadência, de zumbi: "Ele me abandonoooou. Agora, vai pagaaaaar. Sou a rainha do baile morta". Acho que foi a voz que conquistou os juízes. Meu prêmio em dinheiro foi 75 dólares, o bastante, calculei, para uma quantidade obscena de tazos. Se você era uma aluna do terceiro ano que morava no Havaí em 1993, estruturava toda a sua vida para conseguir dinheiro para comprar tazos.

Depois de tirar o vestido de paetês no banheiro de uma loja de departamentos, coloquei uma legging verde-néon e uma camiseta rosa-choque (também a cara do Havaí em 1993) e fui para a casa mal-assombrada do shopping com amigos. Eu queria encontrar meu pai na esperança de convencê-lo a me dar dinheiro para um pretzel gigante. Como muitos shoppings, esse tinha dois andares, com o piso amplo e aberto que permitia que as pessoas no andar de cima vissem a ação embaixo.

Vi meu pai cochilando em um banco na praça de alimentação. "Pai!", gritei do segundo andar. "Pretzel, pai! Pretzel!"

Enquanto gritava e balançava os braços, vi com o canto do olho uma garotinha subir para o local onde a escada rolante encontrava a grade do segundo andar. Enquanto eu olhava, ela passou por cima da grade e despencou dez metros, caindo de cara em uma bancada laminada com um baque horrível.

"Meu bebê! Não, meu bebê!", gritava a mãe dela, descendo pela escada rolante, empurrando violentamente as pessoas para o lado enquanto uma multidão se formava. Até hoje, nunca ouvi nada tão de outro mundo quanto os gritos daquela mulher.

Meus joelhos falharam, e olhei para onde meu pai estava, mas ele sumiu com a multidão. Onde antes ele estava, só havia o banco vazio agora.

Aquele baque, o barulho do corpo da garota batendo no laminado, se repetiria na minha mente sem parar, um baque surdo atrás do outro. Hoje, os baques podem ser chamados de sintomas de síndrome de estresse pós-traumático, mas, na época, eram só o batuque da minha infância.

"Ei, garota, *não* tente pular lá de cima. Desça pela escada rolante, ok?", disse meu pai, tentando falar com tom leve, com o mesmo sorriso bobo que deu para minha mãe depois do caso com Superfly.

Eu não achei nem um pouco engraçado. Acho que meus olhos disseram para ele que nada mais era engraçado.

Há um mito japonês que conta sobre a descida de Izanagi para o mundo inferior em busca de sua irmã, Izanami. Quando ele a encontra, ela diz que vai voltar com ele para o mundo dos vivos, mas — em paralelo com o mito ocidental de Orfeu — ele não pode olhar para ela em circunstância nenhuma. Izanagi fica impaciente e acende uma tocha para vê-la. A luz da chama revela o cadáver da mulher, apodrecendo e coberto de larvas. Ela tenta ir atrás do irmão, mas ele coloca uma pedra gigantesca entre os dois, e eles ficam separados para sempre. Por não ignorar mais a morte, Izanagi precisa usar a pedra para proteger-se dos próprios pensamentos, agora repletos dos horrores que ele descobriu.

Fiquei acordada até o amanhecer naquela noite, com medo de apagar a luz. Era como se a garotinha tivesse caído em um poço de medo no meio do meu corpo. Não houve violência e nem sangue; eu já tinha visto coisa pior na televisão. Mas aquilo era realidade. Até então, eu não tinha entendido de verdade que ia morrer, que todo mundo ia morrer. Não sabia quem mais tinha essa informação debilitante. Se as outras pessoas sabiam, questionei, como podiam viver com aquele conhecimento?

Na manhã seguinte, meus pais me encontraram encolhida no sofá da sala debaixo de vários cobertores, com os olhos arregalados. Eles me levaram para comer panquecas com pedaços de chocolate no Koa House Restaurant. Nós nunca mais falamos sobre o "incidente".

O mais surpreendente nessa história não é uma garota de 8 anos ter testemunhado uma morte, mas o fato de ela ter demorado oito anos inteiros para isso. Uma criança que nunca tinha visto a morte seria algo inédito há meros cem anos.

Os Estados Unidos foram construídos sobre a morte. Quando os primeiros colonizadores europeus chegaram, o que eles mais fizeram foi morrer. Se não era de fome, do frio congelante ou em batalhas com os nativos, era a *influenza*, a difteria, a disenteria ou a varíola que acabava com eles. No final dos primeiros três anos do povoado de Jamestown, na Virginia, 440 dos originais quinhentos colonizadores estavam mortos. Principalmente as crianças — elas morriam *o tempo todo*. Se você era mãe de cinco filhos, teria sorte se dois vivessem para além dos 10 anos de idade.

As taxas de mortalidade não melhoraram muito nos séculos XVIII e XIX. Uma cantiga popular para as crianças pularem corda dizia:

Vovozinha, vovozinha,
Fale a verdade.
Quantos anos
Vou viver?
Um, dois, três, quatro...?

A triste verdade era que muitos não viveriam mais do que alguns poucos pulos da corda. Durante os enterros, as crianças eram convocadas para servirem de carregadores de caixão para outras crianças, levando os caixõezinhos delas pelas ruas. Era uma tarefa deprimente, mas as longas caminhadas daquelas crianças até o túmulo não podiam ser piores do que os terrores que meu jovem cérebro conjurou depois de ver aquela garotinha despencar pelo ar.

Em um passeio das escoteiras até o quartel do corpo de bombeiros mais próximo alguns meses depois do episódio no shopping, reuni coragem para perguntar a um dos bombeiros o que aconteceu com a garota. "Foi ruim", disse ele, balançando a cabeça e olhando para o chão com desespero.

Isso não bastou para mim. Eu queria perguntar: "Ruim no sentido de que ainda não encontraram alguns órgãos dela ou ruim no sentido de ter sido um trauma horrível e que você ainda não consegue acreditar que ela sobreviveu?".

Eu nem sabia se ela estava viva ou morta — e, de qualquer forma, estava apavorada demais para perguntar. Rapidamente, esse fato parou de ter importância para mim. Oprah poderia ter me levado ao programa dela e, com as mãos balançando loucamente, anunciado: "Caitlin, você não sabe, mas aquela garotinha está vIIIIIVA e aqui está ELAAAA" e isso não teria mudado o medo que me infectara. Eu já tinha começado a ver a morte em todo lugar. Ela morava na extremidade da minha visão periférica, uma figura obscura e com capa que desaparecia quando eu virava o rosto para olhar.

Havia um aluno na minha turma, Bryce Hashimoto, que tinha leucemia. Eu não sabia o que era aquilo, mas um colega me disse que fazia você vomitar e morrer. Assim que ele descreveu a doença, soube na mesma hora que eu também sofria dela. Consegui senti-la me comendo de dentro para fora.

Com medo da morte, eu queria recuperar o controle sobre ela. Achei que ela *tinha* que ter pessoas favoritas; eu só precisava ter certeza de ser uma delas.

Para limitar minha ansiedade, desenvolvi uma série de comportamentos obsessivo-compulsivos e rituais. Meus pais podiam morrer a qualquer momento. *Eu* podia morrer a qualquer momento. Era meu trabalho fazer tudo certo — contando, batendo, tocando, verificando — para manter o equilíbrio no universo e evitar mais mortes.

As regras do jogo eram arbitrárias, mas não me pareciam irracionais. Eu precisava andar a área da minha casa três vezes seguidas antes de dar comida para o cachorro. Passar sem pisar em folhas frescas; em vez disso, colocar os pés diretamente sobre as folhas mortas. Verificar cinco vezes para ter certeza de que a porta estava trancada. Pular na cama a quase um metro de distância. Prender a respiração ao passar pelo shopping para que crianças pequenas não caíssem da grade.

O diretor da minha escola de ensino fundamental chamou meus pais para uma conversa. "Senhor e senhora Doughty, sua filha anda cuspindo na parte da frente da camiseta. É perturbador."

Durante meses, eu vinha levando a boca até a camisa e soltando a saliva no tecido, deixando a mancha molhada se espalhar lentamente como uma segunda gola. Os motivos para isso eram obscuros. De alguma forma, eu concluí que não babar na camisa enviava uma mensagem direta para os poderes governantes do universo de que não queria minha vida tanto assim e que eles podiam ficar à vontade para me jogar para os lobos da morte.

Existe um tratamento para o transtorno obsessivo-compulsivo chamado terapia cognitivo-comportamental. Ao expor a paciente aos seus piores medos, ela pode ver que o resultado desastroso que espera não vai acontecer, mesmo se não executar seus rituais. No entanto, meus pais cresceram em um mundo em que terapia era para os malucos e os perturbados, não para sua amada filha de 8 anos (que por acaso cuspia na gola da camiseta e batia obsessivamente os dedos na bancada da cozinha).

Conforme fui crescendo e os pensamentos constantes sobre morte diminuíram, os rituais terminaram, e os baques pararam de assombrar meus sonhos. Desenvolvi uma camada grossa de negação à morte para conseguir viver minha vida. Quando os sentimentos, as emoções e a dor vinham, eu os empurrava para o fundo, furiosa comigo mesma por permitir que chegassem perto. Meu diálogo interior era cruel: *Você está bem. Não está passando fome, ninguém bate em você. Seus pais ainda estão vivos. Existe tristeza de verdade no mundo e a sua é patética, sua vaca chorona e insignificante.*

Às vezes, penso em como minha infância teria sido diferente se eu tivesse sido apresentada diretamente à morte. Sido obrigada a conviver com a presença dela, apertar sua mão. Ouvido que ela seria uma companheira íntima, que influenciaria todos os meus gestos e todas as minhas decisões, sussurrando "Você é comida de larva" no meu ouvido. Talvez ela tivesse se tornado minha amiga.

Então, de verdade, o que uma boa moça como eu estava fazendo trabalhando em um crematório assustador como a Westwind? A verdade era que eu via aquele trabalho como uma forma de consertar o que aconteceu comigo quando eu tinha 8 anos. A garota que ficava acordada à noite com medo, encolhida debaixo da coberta, acreditando que, se a morte não pudesse vê-la, não poderia levá-la.

Além de me curar, eu também poderia desenvolver formas de aproximar as crianças da morte desde cedo, para que elas não acabassem tão traumatizadas quanto eu quando tivessem sua primeira experiência com a morte. O plano era simples. Imagine isto: uma casa de luto elegante, linda e moderna, mas com um charme do Velho Mundo. O nome seria La Belle Mort. "Bela morte" em francês. Pelo menos, tinha quase certeza de que queria dizer isso. Eu precisava verificar antes de abrir minha futura casa funerária, para não ser como uma daquelas garotas que acham que estão fazendo uma tatuagem do ideograma chinês de "esperança" no quadril quando, na verdade, é o ideograma para "posto de gasolina".

La Belle Mort seria um lugar onde as famílias poderiam ir para enfrentar o luto por seus mortos de formas novas e empolgantes e encontrar novamente a "diversão" em funerais. Talvez, argumentei, nosso medo patológico da morte viesse de a tratarmos de forma tão sombria e fatídica. A solução era acabar com toda a besteirada dos funerais "tradicionais".

Nada de caixões caros, coroas de flores bregas e corpos embalsamados de terno! Adeus, discursos enlatados com trechos como "Enquanto você anda pelo vale das coisas tristes" e pilhas de cartões com pores do sol e frases cheias de sacarina como "Ela está em um lugar melhor".

Nossas tradições nos dominaram por tempo demais. Era hora de sairmos de debaixo da nuvem da negação da morte e entrarmos no modo de celebração. Haveria festas e alegria em La Belle Mort. A casa receberia a nova era do funeral-espetáculo do século XXI. As cinzas cremadas de papai poderiam ser jogadas no espaço, ou colocadas em uma bala e disparadas com uma arma, ou transformada em um diamante usável. Eu provavelmente acabaria atendendo celebridades; Kanye West com certeza ia querer um holograma em laser dele mesmo ao lado de fontes de champanhe de três metros e meio de altura no seu velório.

De volta ao crematório da Westwind, enquanto esperava que um par de falecidos queimasse, fiz uma lista do que ia oferecer na Casa Funerária La Belle Mort: cinzas transformadas em quadros, trituradas em tinta de tatuagem, transformadas em lápis ou ampulhetas, disparadas de um canhão de purpurina. Meu caderno de La Belle Mort tinha uma capa preta simples, mas a primeira página era coberta de adesivos de animais de olhos gigantes como uma coisa saída de um quadro de Margaret Keane. Pensei que aquilo deixaria o conteúdo do caderno mais animador, porém, em retrospecto, deve ter aumentado em dez vezes o fator pavor.

"O que você está sempre escrevendo aí?", perguntou Mike, espiando por cima do meu ombro.

"Não se preocupe, chefe. É só a revolução da morte. Não se preocupe", respondi sem ironia, anotando as linhas gerais de um potencial pacote funerário em que um iate de espalhar cinzas levaria sua família para a baía de São Francisco enquanto um quarteto de cordas tocava um movimento de "A Morte e a Donzela", de Schubert.

Na minha imaginação, La Belle Mort aparecia como a terra prometida da experiência pós-moderna de funerais sob medida. Agora que eu finalmente conseguira um emprego funerário real na Westwind, só precisava acordar todos os dias e colocar minha ridícula calça que era curta demais e as botas com ponta de aço e cumprir meu dever nas trincheiras, incinerando corpos. Se eu trabalhasse duro o bastante, ninguém poderia dizer que nunca me esforcei para subir na indústria da morte.

Havia outras crianças de 8 anos no mundo, e se eu pudesse tornar a morte segura, limpa e bonita para elas, meus pecados seriam absolvidos e eu também emergiria dos fogos crematórios limpa.

CAITLIN DOUGHTY
CONFISSÕES DO CREMATÓRIO
LIÇÕES PARA TODA A VIDA

PALITOS DE DENTE EM GELATINA

Embora você possa nunca ter ido a um enterro, dois humanos do planeta morrem por segundo. Oito no tempo que você levou para ler essa frase. Agora, estamos em quatorze. Se isso é abstrato demais, considere este número: 2,5 milhões. Os 2,5 milhões de indivíduos que morrem nos Estados Unidos por ano. Os mortos separam esses momentos tão bem que os vivos quase não percebem que estão passando pela mesma transformação. Nós provavelmente prestaríamos mais atenção se ninguém morresse durante um ano e, de repente, no dia 31 de dezembro, a população inteira de Chicago caísse morta de uma hora para outra. Ou a de Houston. Ou a de Las Vegas e Detroit juntas. Em vez disso, a não ser que uma celebridade ou figura pública morra, costumamos fazer vista grossa para o número demográfico de mortos enquanto ele se perde na história.

Alguém precisa tomar conta desses cadáveres, pois eles são inúteis quando o assunto é cuidar de si próprios. Alguém precisa buscá-los em casas e hospitais e transportá-los para os lugares em que escondemos os corpos — necrotérios e institutos médicos legais. No *Inferno*, de Dante Alighieri, a tarefa cabia a Caronte, um demônio de papada e cabelo branco que levava os pecadores em um barco pelo rio Estige até o inferno.

Na Westwind, esse trabalho era feito por Chris.

Chris estava em seus cinquenta e tantos anos, era bronzeado e tinha cabelo branco denso e olhos tristes de basset hound. Ele estava sempre impecavelmente limpo e usava calça cáqui e camisa de botão — trajes formais na Califórnia. Gostei dele assim que o vi. Ele me lembrava de Leslie Nielsen, astro dos filmes *Corra Que a Polícia Vem Aí*, que eram os meus favoritos quando criança.

A voz de Chris era lenta e arrastada. Ele era solteiro — nunca se casou ou teve filhos. Alugava um pequeno apartamento para o qual voltava à noite para comer uma tigela de macarrão japonês e ver *Charlie Rose*. Chris era pessimista e quase azedo, mas de um jeito que me trazia felicidade. Era como ver um filme com Walter Matthau.

Como o motorista transportador de corpos, Chris tecnicamente trabalhava para Mike, apesar de ser mais velho do que o chefe e estar há mais tempo na indústria funerária. As conversas entre eles eram parecidas com comédias antigas. Chris entrava na sala de Mike e falava sem parar nos mínimos detalhes sobre a rota que planejou para buscar o recém-falecido sr. Kim em Berkeley, levando em consideração possíveis problemas de tráfego, construções e outros males do mundo moderno. Mike grunhia e dava um aceno leve, ignorando-o de forma elaborada, concentrado na tela do computador, preenchendo certidões de óbito sem prestar atenção.

Pegar uma pessoa que morreu em casa é conhecido como "visita domiciliar". Os médicos podem não fazer mais isso; no entanto, os agentes funerários ficam felizes de ir, dia ou noite. O protocolo na indústria funerária diz que uma pessoa pode ir sozinha buscar corpos em hospitais, em casas de repouso e no Instituto Médico Legal, mas uma equipe de duas pessoas precisa ir buscar alguém que morreu em casa. Quando chegava um pedido de visita domiciliar, eu seria a acompanhante de Chris.

Eu apreciava imensamente a regra das duas pessoas. A maca é a máquina mais não cooperativa e teimosa já criada pelo homem. Ela tenta, de forma sinistra, constranger você na frente do seu chefe, sendo desajeitada e inútil a cada curva. A maca é a única coisa no mundo que coopera menos do que os cadáveres presos a ela. A ideia de ter que operar uma maca sozinha na casa de alguém era apavorante.

A primeira visita domiciliar que fiz, uma semana depois de começar a trabalhar na Westwind, foi em South San Francisco. A falecida era a sra. Adams, uma mulher afro-americana com quase 50 anos que morreu de câncer de mama.

Para pegar a sra. Adams, Chris e eu entramos na van, sua versão do barco de Caronte. Essa van em particular, que Chris tinha havia mais de vinte anos, era um veículo branco sem janelas, como uma caixa, do tipo que aparecia em anúncios de utilidade pública para lembrar às crianças de não pegarem carona com estranhos. A Westwind tinha sua própria van de remoção, mais nova, azul-marinho, feita e equipada com características especiais para a remoção dos mortos. Mas Chris gostava de rotina. E gostava da van *dele*.

Enquanto dirigíamos pela enorme Bay Bridge que ligava Oakland a São Francisco, cometi o erro de comentar sobre o quanto a cidade estava linda naquele dia.

Ele ficou horrorizado. "É", disse ele, "mas você mora lá, então sabe que quando chega perto é só um inferno barulhento e sujo. Seria melhor se bombardeássemos a cidade toda. Isso *se* conseguirmos chegar lá."

"O que quer dizer com *se* conseguirmos chegar lá?", perguntei, ainda me ajustando à ideia do bombardeio.

"Pense na forma como essa ponte foi construída, Cat." Ele me chamava de Cat. "Até aqui em cima são 25 metros de placas de conífera enfiadas na lama. São como palitos de dente em gelatina, estruturalmente falando. Estamos oscilando aqui. As pernas poderiam se quebrar no meio como galhos a qualquer segundo, e aí estaríamos todos mortos."

Eu ri em um tom um pouco mais agudo do que o habitual e olhei pela janela para a longa queda até a baía abaixo.

Paramos em frente à casa dos Adams vinte minutos depois, sem nenhuma pompa e ostentação das carruagens funerárias de outrora. Em lugar de cavalos com plumas em um cortejo, só havia Chris e eu na sua van branca, comum e de 20 anos de idade.

Antes de entrarmos, fiz Chris repassar tudo de novo. Eu não queria fazer papel de trouxa na frente do marido dessa mulher.

"Não se preocupe, Cat. Um macaco poderia fazer esse serviço. Vou orientar você."

Quando chegamos mais perto da casa, ficou claro que não estaríamos lidando só com o marido. Pelo menos quinze pessoas estavam do lado de fora, nos olhando com desconfiança enquanto andávamos pelo caminho até a porta. Quando passamos pela porta da frente, nos vimos em uma sala de pé-direito alto, onde pelo menos quarenta pessoas se reuniam em torno do corpo de uma mulher. Como o som de uma agulha em um disco arranhado, as vozes de todos ficaram em silêncio na mesma hora e o grupo se virou para nos olhar.

Ah, que ótimo, pensei, as únicas duas pessoas brancas aqui chegaram para levar a amada matriarca para longe na nossa van itinerante de molestador de crianças.

Chris, porém, nem hesitou. "Oi, pessoal, viemos em nome da Westwind Cremation & Burial. Esta é a sra. Adams?", perguntou ele, indicando o corpo no centro da sala.

Era bem seguro supor que era, sim, a sra. Adams, mas o grupo pareceu gostar da pergunta. Um homem deu um passo à frente e se apresentou como o sr. Adams.

Querendo me mostrar útil, perguntei em tom solene: "Você era o marido?".

"Minha jovem, eu *sou* o marido. Não *era*", respondeu ele, me lançando um olhar fulminante, acompanhado de quarenta outros olhares fulminantes vindos de toda a sala.

Pronto, pensei. Já era. Envergonhei a mim mesma e à minha família e tudo está perdido.

No entanto, mais uma vez, Chris não se deixou afetar. "Eu sou Chris e esta é Caitlin", disse ele. "Estamos prontos para levá-la, tudo bem?"

Nesse ponto, a família normalmente sai da sala e deixa os funcionários da funerária fazerem o que for necessário para o corpo desaparecer. Contudo, essa família queria nos ver. Isso significava que minha primeira vez retirando um corpo de uma casa seria na frente de quarenta pessoas chorosas que me odiavam.

Foi nesse momento que descobri a magia de Chris. Ele começou a me orientar durante todo o processo com a mesma voz que contou a Mike sobre a elaborada rota de trânsito do dia. Ele explicou como retiraríamos a sra. Adams como se estivesse contando para o grupo.

"Agora vamos puxar a maca para o lado da cama, e Caitlin vai usar aquela alça ali para abaixar o lado dela. Vou segurar o lençol perto da cabeça da sra. Adams, enquanto Caitlin vai segurar o lençol junto aos pés e colocar embaixo dela. Caitlin vai colocar os pés da sra. Adams na maca em um, dois, três. Agora, vai enrolar o segundo lençol por cima dela e prender com firmeza."

Isso continuou até a sra. Adams estar envolta no lençol e presa com segurança na maca. As pessoas na sala prestaram atenção em todo o processo, seguindo a voz de Chris passo a passo. Fiquei grata por ele não me expor como uma fraude. Na verdade, eu nem me *senti* uma fraude. O jeito como ele explicava as coisas me fez acreditar que eu já sabia o que estava fazendo. Claro que nunca houve um momento em que eu não era uma especialista em embrulhar cadáveres.

Quando levamos a sra. Adams pela porta da frente, o filho dela se aproximou de nós. Ele era da minha idade e a mãe dele estava morta. Ele queria colocar uma flor na maca. Eu não sabia o que dizer, então falei: "Ela deve ter sido uma mulher incrível. Acredite, consigo saber essas coisas".

É claro que era mentira. Aquela era minha primeira visita domiciliar e eu nem sabia como embrulhar o corpo em um lençol direito, menos ainda medir a vibração de uma sala para determinar o quanto uma pessoa morta era "incrível" quando estava viva.

"Hum, é, obrigado", disse ele.

Quando estávamos indo embora da casa, com a sra. Adams sacudindo delicadamente na parte de trás, Chris me garantiu que eu não tinha estragado as coisas para sempre. "Olha, Cat, a gente vê as pessoas nos piores momentos delas. Se uma pessoa está comprando um carro novo ou uma casa nova, ela quer estar presente. Mas o que elas estão comprando de nós? Nada, estamos cobrando para *levar* alguém que elas amam. É a última coisa que querem no mundo." Com isso, eu me senti melhor.

Os dois fornos crematórios da Westwind conseguem suportar seis corpos (três em cada retorta) em um dia típico, das 8h30 às 17h — trinta almas por semana em épocas de mais movimento. Cada remoção demorava pelo menos 45 minutos, bem mais se o falecido estava do outro lado da ponte, em São Francisco. Chris e eu devíamos estar na rua buscando corpos constantemente. Chris *saía* constantemente, mas muitas vezes só para evitar Mike, se oferecendo para fazer tarefas menores como buscar certidões de óbito e ir ao correio. Eu ficava na Westwind e me concentrava na cremação, pois grande parte das buscas de corpos não exigia uma segunda pessoa. A maioria das mortes não acontecia mais em casa.

Morrer no ambiente higiênico de um hospital é um conceito relativamente novo. No final do século XIX, morrer em um hospital era um destino reservado a indigentes, as pessoas que não tinham nada nem ninguém. Quando tinha escolha, a pessoa queria morrer em casa na cama, cercada de amigos e familiares. Até o começo do século XX, mais de 85% dos americanos ainda morria em casa.

Os anos 1930 trouxeram o que é conhecido como "medicalização" da morte. A ascensão dos hospitais escondeu as visões, os cheiros e os sons desagradáveis da morte. Enquanto antes um líder religioso podia conduzir um moribundo e guiar a família na dor, agora são os médicos que acompanham os momentos finais de um paciente. A medicina passou a cuidar de questões de vida e morte, não os apelos aos céus. O processo da morte ficou mais higiênico e altamente regulado no hospital. Os profissionais da saúde acharam inadequado para consumo público o que o historiador da morte Philippe Ariès chamou de "espetáculo nauseante" da mortalidade. Virou tabu "entrar em um quarto com cheiro de urina, suor e gangrena, em que os lençóis estão sujos de fezes". O hospital era um lugar onde os moribundos podiam passar pelas indignidades da morte sem ofender a sensibilidade dos vivos.

Na minha escola de ensino médio, meus colegas e eu ouvimos em termos firmes que nunca entraríamos na faculdade, que jamais teríamos um emprego e que acabaríamos sem sucesso e sozinhos se não nos disponibilizássemos por uma certa quantidade de horas de trabalho voluntário no verão. Então, no verão entre meu primeiro e segundo ano, me candidatei como voluntária no Queen's Medical Center, um hospital no centro de Honolulu. Eles primeiro confirmaram que eu não era usuária de drogas e tinha notas decentes, depois me deram uma camisa polo amarela horrenda e um crachá e me mandaram me apresentar no escritório de voluntários.

O departamento de voluntários permitia que você selecionasse duas áreas do hospital pelas quais poderia revezar de semana a semana. Eu não tinha interesse em escolhas populares como a lojinha e a maternidade. Balões de "melhoras" e bebês chorando pareciam um jeito sufocante e meloso de passar o verão. Minha primeira escolha foi trabalhar na recepção da unidade de tratamento intensivo, imaginando um cenário glamouroso de enfermeiras secando testas febris da Segunda Guerra Mundial.

A UTI não era tão emocionante quanto eu esperava. No fim das contas, eles nunca chamavam a aluna do ensino médio da recepção para ajudar os médicos nos procedimentos salvadores de vidas. Na verdade, o trabalho envolvia horas vendo famílias incrivelmente preocupadas entrarem e saírem da sala de espera para usarem o banheiro e pegarem copos de café.

Tive mais sucesso com minha segunda escolha, o departamento de distribuição. Trabalhar para o departamento de distribuição significava entregar correspondência e memorandos em diferentes alas do hospital ou empurrar velhinhas até a calçada quando elas recebiam alta. Mas também significava levar corpos do local onde tinham falecido até o necrotério no porão. Eu ansiava pela tarefa. As pessoas que trabalhavam em tempo integral no departamento talvez não entendessem meu entusiasmo, mas quando havia um "código negro" pedindo a transferência de um corpo, elas eram generosas e me esperavam chegar.

Em retrospecto, parece estranho que a administração do hospital fosse dizer: "Claro, voluntária de 15 anos, você está encarregada da transferência de corpos". Não consigo imaginar que essa fosse uma função que eles costumassem passar para jovens voluntários. Na verdade, lembro-me de uma quantidade razoável de relutância inicial da parte da equipe, superada pelas minhas súplicas bem-sucedidas.

Kaipo, meu supervisor direto, um jovem havaiano da região, olhava no quadro e declarava com seu pesado sotaque pidgin: "Ei, Caitlin, quer ir buscar o sr. Yamasake na ala Pauahi?". Ah, sim, claro que eu queria buscar o sr. Yamasake.

Kaipo e eu chegamos no quarto do sr. Yamasake e o encontramos encolhido em posição fetal na cama imaculadamente branca de hospital. Ele parecia uma múmia de museu, a pele rígida como couro marrom. O homem pesava menos de quarenta quilos e estava dissecado pela doença e pela idade. Qualquer um de nós conseguiria levantá-lo e colocá-lo na maca com uma só mão.

"Caramba, esse cara é bem velho, hein?", disse Kaipo, com a idade do sr. Yamasake surpreendendo até mesmo um veterano da tarefa de transferência de corpos.

A maca que Kaipo e eu levamos conosco era na verdade uma caixa de metal vazia. Colocamos o sr. Yamasake e depois o cobrimos com uma plataforma de aço inoxidável, como uma tampa. Um lençol branco foi posto por cima. Kaipo e eu deixamos o quarto do sr. Yamasake empurrando o que parecia ser uma maca vazia.

Entramos no elevador com visitantes regulares do hospital segurando ursos de pelúcia e flores, nenhum deles ciente do cadáver secreto que havia lá. (Na próxima vez que você vir dois adultos empurrando uma maca desocupada em um hospital, pense no sr. Yamasake.) Os outros saíram do elevador bem antes de nós. Kaipo, o sr. Yamasake e eu continuamos para o subsolo.

O hospital se apresentava como um lugar positivo de cura com tecnologia recente e atraentes gravuras de arte havaiana nas paredes. Tudo a maca falsa, o necrotério secreto no porão — era cuidadosamente preparado para esconder a morte, para distanciá-la do público. A morte representava uma falha do sistema médico; não seria permitido perturbar os pacientes e suas famílias.

De certa forma, Kaipo e Chris, da Westwind, eram almas gêmeas: dois homens de dignidade silenciosa que transportavam as cascas daqueles que estiveram vivos há pouco tempo. Para eles, era um trabalho prosaico, enquanto para o cidadão comum a tarefa era intrigante e repugnante ao mesmo tempo.

As primeiras visitas domiciliares da Westwind me ensinaram que Chris era imperturbável, mesmo quando tinha que remover corpos nas condições apertadas e quase impossíveis das casas de São Francisco. Nós subíamos escadas perigosas e sinuosas, e Chris só suspirava e dizia: "Melhor pegar a portátil". A portátil era a maca portátil, do tipo que usam para carregar os mortos no campo de batalha. Chris e eu prendíamos o falecido naquele troço e descíamos com eles de lado, de barriga para baixo, de pé, por cima das nossas cabeças — qualquer coisa que fosse necessária para levá-los até a van.

"É como mover mobília de um lado para o outro", explicou Chris. "Geometria e física."

Chris ficava igualmente imperturbável frente a corpos em decomposição, acima do peso ou simplesmente bizarros. Por bizarros eu quero dizer como a vez em que chegamos em uma casa em Haight District e fomos acompanhados até um porão frio e decrépito por um cavalheiro que tinha o bigode pontudo e as mãos em garra do ator de filmes de terror Vincent Price. Apoiado no canto estava um homem morto, encolhido no chão e com um único olho de vidro nos encarando. "Bem, isso é esquisito, Cat. Ele está piscando para nós? Vamos buscar a portátil."

A coisa mais importante na remoção de corpos era nunca desistir. Pode soar batido, mas era o mantra de Chris. Ele contou uma história sobre um corpo de 180 quilos localizado acima de três lances de escada em uma casa lotada de coisas e infestada de baratas. Seu acompanhante naquele dia se recusou até de tentar a remoção, dizendo que seria impossível tirar a pessoa só com eles dois. "Perdi todo o respeito por ele naquela hora", disse Chris. "Odeio gente que não tenta."

Nas nossas longas viagens na van dele, aprendi mais sobre Chris, como sua obsessão pelos dois anos no final da década de 1970 em que ele passou trabalhando para um mestre de obras tirano no Havaí. Uma pesquisa no Google Maps mostrou que, durante o tempo que passou no Havaí, ele morou em um raio de três quarteirões tanto dos meus pais recém-casados quanto de um jovem Barack Obama. (Foi fácil inventar cenários fantasiosos bobos na minha cabeça em que todos estavam na mesma loja de esquina ou atravessando a rua no mesmo sinal de trânsito.)

Algumas semanas depois da nossa ida até a casa dos Adams, Chris e eu fizemos um atendimento domiciliar no Marina District em São Francisco, em uma casa elegante de uma rua com bastante trânsito. Estávamos conversando sobre o Havaí, ou sobre o tempo, ou sobre como Mike era brusco, quando paramos em frente ao local. "Sabe no que eu penso, Cat?", perguntou Chris enquanto pegávamos nossos pares de luvas de borracha. "Que somos como assassinos de aluguel. Que nem os caras de *Pulp Fiction*. Eles ficam sentados no carro conversando sobre um sanduíche e depois vão explodir a cabeça de alguém. Nós estamos aqui no carro batendo papo e agora vamos entrar para pegar um cadáver."

Quando batemos, uma mulher de cabelo escuro na casa dos 50 anos abriu a porta. Dei um grande sorriso sincero, pois, àquela altura, já tinha aprendido que um sorriso sincero era mais eficiente do que solidariedade fingida.

"Eu chamei vocês há horas!", gritou ela.

"Bem, madame, estamos na hora do rush e viemos de Oakland, como a senhora sabe", disse Chris com sua voz tranquilizadora de Chris.

"Não estou nem aí, minha mãe merece o melhor. Minha mãe ia querer que tudo fosse digno. Ela era uma mulher digna, isso não é digno", continuou ela, ainda gritando.

"Me desculpe, madame. Mas vamos cuidar bem dela", disse Chris.

Nós seguimos para um quarto e fomos encontrar a mãe. Quando pegamos o lençol para embrulhá-la, a mulher jogou seu corpo para cima da mãe, chorando dramaticamente. "Não, mãe, não, não! Eu preciso de você, mãe, não me deixe!"

É assim que uma emoção humana crua *devia* ser. Tinha todos os sinais: morte, perda, choro do fundo das entranhas. Eu queria me sentir emocionada, mas não fiquei. "Culpa", murmurou Chris baixinho.

"O quê?", sussurrei em resposta.

"Culpa. Já vi milhares de vezes. Ela não a visitava havia anos. Agora, está agindo como se não conseguisse viver sem a mãe. É baboseira, Cat", disse. E eu soube que ele estava certo.

A mulher finalmente se afastou do cadáver da mãe, e conseguimos enrolá-la e levá-la pela porta. Quando saímos com a maca para a rua movimentada, as pessoas pararam para olhar. Passeadores de cachorros pararam e mães naturebas foram mais devagar com seus carrinhos de bebês. Ficaram encarando como se fôssemos detetives ou legistas, tirando um corpo de uma cena de assassinato violento, não dois funcionários de funerária removendo uma mulher de 90 anos que morreu tranquilamente em casa, na cama.

Nem sempre houve esse tipo de escândalo envolvendo cenas de morte. Quando a peste bubônica assolou a Europa no século XIV, os corpos das vítimas ficavam nas ruas à vista do público, às vezes durante dias. As carroças de mortos acabavam coletando e levando os falecidos para a fronteira da cidade, onde valas foram cavadas para funcionarem como túmulos coletivos. Um escritor na Itália descreveu como os cadáveres eram colocados no chão, corpos e depois terra, corpos e mais terra, "assim como se faz lasanha, com camadas de massa e queijo".

Hoje, não ser obrigado a ver cadáveres é um privilégio do mundo desenvolvido. Em um dia comum em Varanasi, nas margens do Ganges, na Índia, algo entre oitenta e cem altares de cremação ardem. Depois de uma cremação bastante pública (algumas executadas por criancinhas da casta intocável da Índia), os ossos e as cinzas são soltos na água do rio sagrado. As cremações não são baratas — o custo da madeira cara, das mortalhas coloridas e de um cremador profissional somam um valor elevado. As famílias que não têm dinheiro para uma cremação, mas que querem que seus entes queridos mortos vão para o Ganges, colocam o corpo no rio à noite e o deixam lá para que se decomponha. Os visitantes de Varanasi veem cadáveres inchados passarem flutuando ou sendo comidos por cachorros. Há tantos corpos assim no rio que o governo indiano solta milhares de tartarugas carnívoras para engolir os "poluentes necróticos".

O mundo industrializado estabeleceu sistemas para impedir esses encontros desagradáveis com os mortos. Neste exato momento, cadáveres seguem por estradas e rodovias em vans brancas comuns como a dirigida por Chris. Corpos atravessam o planeta nos compartimentos de carga de aviões enquanto passageiros de férias viajam em cima. Nós colocamos os mortos embaixo. Não só debaixo da terra, mas também debaixo de tampos de macas falsas de hospital, dentro das barrigas das aeronaves e nas profundezas da nossa mente consciente.

Só quando os sistemas são corrompidos é que percebemos que eles existem. Depois do furacão Katrina, o dr. Michael Osterholm, do Center for Infectious Disease Research and Policy [Centro de Pesquisa e Política de Doenças Infecciosas], foi citado no *Washington Post* como tendo dito: "Uma das muitas lições que surgem depois do furacão Katrina é que os americanos não estão acostumados a ver cadáveres largados nas ruas de uma cidade grande". Essa foi a minimização do século, doutor.

Pelos poucos minutos que eu e Chris demoramos para levar "mamãe" pela porta da frente até os fundos da van, oferecemos uma emoção barata e contornável aos passeadores de cachorros e mães naturebas. Um traço de depravação, uma pequena amostra da mortalidade de si mesmos.

CONFISSÕES DO CREMATÓRIO
LIÇÕES PARA TODA A VIDA

APERTE O BOTÃO

CBS NEWS, SÃO FRANCISCO — Um homem, possivelmente com vinte e poucos anos, parece ter subido voluntariamente nos trilhos do Bay Area Rapid Transit antes de ter sido fatalmente atingido por um trem numa estação de São Francisco por volta do meio-dia de sábado, de acordo com os funcionários do BART.

Testemunhas alegaram que o homem "ficou de pé na frente do trem, esperando que ele o acertasse", disse o porta-voz do BART, Linton Johnson. "Ele não fez nenhuma tentativa de sair do caminho."

O homem foi atingido e arrastado embaixo do trem do BART na San Francisco Civic Center Station, provocando a paralisação de todos os trens naquela estação por quase três horas e causando amplos atrasos no sistema, de acordo com Johnson.

Jacob tinha 22 anos quando foi para os trilhos do BART e esperou que o trem acabasse com sua vida. Ele era só um ano mais novo do que eu. Não parecia uma pessoa que tinha sido arrastada embaixo de um trem. Parecia alguém que participou de uma briga de bar às duas da madrugada, com hematomas faciais leves e alguns cortes.

"O cara que recebemos aqui mês passado, o que foi empurrado debaixo do trem do MUNI[1] *aquele* cara estava partido no meio", disse Mike, nada impressionado.

O único dano digno de nota em Jacob era a ausência do globo ocular esquerdo, que supostamente sumiu nos trilhos. No entanto, se você virasse o rosto dele para o lado direito, Jacob parecia quase normal, como se pudesse abrir o olho que sobrou e iniciar uma conversa.

O filósofo romeno Emil Cioran disse que o suicídio é realmente o único direito que uma pessoa tem. A vida pode se tornar insuportável em todos os aspectos, e "este mundo pode tirar tudo de nós [...] mas ninguém tem o poder de nos impedir de acabar com a própria vida". Talvez não seja surpreendente, mas Cioran, um homem "obcecado com o pior", morreu insone e recluso em Paris.

Cioran podia ter predisposição para o negativismo, mas a loucura e o desespero podem nos tocar independente das nossas filosofias. Nietzsche, que é famoso por ter dito em *Crepúsculo dos Ídolos* "O que não me mata me fortalece", sofreu um colapso mental aos 44 anos. Ele acabou precisando dos cuidados em tempo integral da irmã, cujo marido cometera suicídio no Paraguai.

Por mais que muitos vejam o suicídio como algo cruel e egoísta, acho que meio que apoiei a decisão de Jacob. Se cada dia da vida dele era pura infelicidade, eu não podia exigir que o rapaz ficasse vivo e aguentasse mais desse sentimento. Era impossível para mim saber se foi doença mental ou uma sensação de permanente desespero que o levou ao suicídio. Não me cabia especular sobre os motivos dele. Mas eu podia fazer uma crítica ao método. Nisso, eu não estava nem um pouco do lado dele.

---

[1] Sistema de Veículo Leve Sobre Trilhos (VLT) que opera em São Francisco, Califórnia.

Havia algo no *jeito* como Jacob se matou que me perturbava. O espetáculo público de encarar um trem lotado. Na faculdade, gerenciei um café no campus da Universidade de Chicago. Meu assistente nesse emprego se enforcou no quarto depois de uma briga com a namorada. Isso aconteceu dois meses antes de eu começar na Westwind. A colega de apartamento dele entrou em casa e encontrou o corpo. O fato de que ele deixou aquelas duas mulheres com o peso eterno do seu suicídio me fez mal, mais ainda do que a morte dele em si. Se você vai tirar o time de campo, parece justo que encontre uma maneira que faça o mínimo de mal aos seus amigos, que saia pela porta dos fundos da festa da vida, garantindo aos outros convidados a possibilidade de não terem que sofrer por causa da sua escolha.

A maior parte do prejuízo que Jacob causou ao entrar na frente de um trem do BART naquele dia foi financeiro: milhares de pessoas se atrasaram para o trabalho, voos dos aeroportos de São Francisco e Oakland foram perdidos, compromissos importantes tiveram de ser desmarcados.

Todavia, para o condutor do trem — a pessoa que teve que olhar nos olhos de Jacob enquanto seguia a toda velocidade na direção dele, sem poder parar a tempo —, o prejuízo não foi financeiro. Um condutor de trem mata involuntariamente uma média de três pessoas durante a carreira. Não ter a escolha quanto a não matar alguém (ou vários alguéns) só pode ser o jeito mais rápido de perder o afeto por um emprego de modo geral estável e até mesmo desejável.

O prejuízo também não foi financeiro para as pessoas que estavam na plataforma. Elas tiveram que ficar lá gritando para Jacob sair do caminho. Ele não estava vendo que um trem se aproximava? Em seguida, veio o momento em que elas perceberam que Jacob sabia perfeitamente bem que o trem estava chegando e que seriam obrigadas a testemunhar o que viria em seguida. Obrigadas a viver com a imagem, os sons e seus próprios gritos confusos pelo restante da vida.

Mike observou que algumas daquelas pessoas invejariam a oportunidade que eu tinha de cremar Jacob. "Talvez elas dessem uns tapas nele primeiro", disse meu chefe. "Uma vingancinha leve."

No fim das contas, essas pessoas jamais veriam o corpo de Jacob. O rapaz nos trilhos manteria o poder sobre elas e assombraria seus sonhos.

Pensei nos anos que passei revivendo a garotinha despencando no chão do shopping e senti uma solidariedade ardente por aquelas pessoas. Eu queria abrir as portas do crematório para o condutor do trem e para os passageiros. Queria que eles estivessem comigo naquele dia, reunidos ao redor do corpo de Jacob, para que eu pudesse anunciar: "Olhem, aqui está ele; ele queria morrer. Está morto, mas vocês não. *Vocês não estão mortos*".

Era totalmente ilegal, essa minha fantasia de abrir as portas da funerária. O Código de Regulamentações da Califórnia declara que "o cuidado e o preparo para enterros e outras providências relacionadas a restos humanos devem ser estritamente privados".

No final do século XIX, os cidadãos de Paris iam ao necrotério aos *milhares* diariamente para ver os corpos de mortos não identificados. Os espectadores faziam fila por horas para entrar enquanto ambulantes vendiam frutas, doces e brinquedos. Quando chegavam no início da fila, eram levados para uma sala de exibição, onde os cadáveres estavam expostos em placas por trás de uma vitrine grande. Vanessa Schwartz, especialista em história da Paris *fin-de-siècle*, chamou o necrotério da cidade de "um espetáculo do real".

Por fim, as exibições acabaram ficando populares *demais* entre os cidadãos de Paris e foram fechadas ao público. Os necrotérios continuam por trás de portas fechadas, talvez porque os que cuidam de regulamentar a morte acreditam que o povão ficaria interessado demais e que um interesse desse tipo é inerentemente errado. Fechem os necrotérios se quiserem, mas outra atração sempre vai surgir para ocupar o vazio. A popularidade desenfreada de *Body Worlds*, a exposição itinerante de Gunther von Hagens com corpos humanos preservados por meio de plastinação, nos mostra que o desejo humano de ver cadáveres expostos continua tão intenso quanto sempre foi. Apesar da controvérsia de que alguns dos corpos que Von Hagens obteve são de prisioneiros políticos chineses, *Body Worlds* é a atração itinerante mais popular do mundo (tendo atraído 38 milhões de pessoas até o começo de 2014).

Jacob morava no estado de Washington e foi visitar São Francisco por motivos desconhecidos. Os pais acertaram a cremação por telefone, mandaram os formulários exigidos para a Westwind por fax e passaram o número do cartão de crédito para cobrir os gastos. Como de costume, éramos só Jacob e eu quando o coloquei no forno crematório, com aquele único olho fixado em mim.

Por causa da morte violenta, o corpo de Jacob esteve no Instituto Médico Legal antes de ser levado para a Westwind. O Instituto Médico Legal é a versão moderna do Departamento Legista e é dirigido por médicos treinados para investigar mortes suspeitas ou violentas. Sempre que a Westwind Cremation ia pegar um corpo, a equipe nos passava os itens pessoais que tivessem chegado com o falecido. Isso normalmente queria dizer roupas, joias, carteiras e assim por diante.

Jacob veio com uma mochila. Os pais não queriam que ela fosse enviada pelo correio para Washington, então o único lugar para ela era nas chamas, junto com Jacob.

Coloquei a mochila na mesa e abri o zíper. Bingo, pensei, um vislumbre de compreensão sobre a mente de um homem deprimido a caminho. Mas cada coisa que eu tirava era mais obscenamente normal do que a seguinte. Mudas de roupas, artigos de higiene, uma garrafa de kombucha, bebida feita a partir da fermentação de chá rico em cafeína. E então: uma pilha de cartões de papel. Finalmente! Rabiscos de um lunático suicida? Não. Cartões de estudo de ideogramas chineses.

Fiquei decepcionada. Eu esperava respostas naquela mochila, insights sobre a condição humana.

"Ei, Caitlin, coloque a carteira aí dentro antes de cremar a mochila", disse Mike da sala dele.

"Espere aí, tem uma carteira?", perguntei.

"Estou olhando para a identidade do rapaz agora. Tem a carteirinha da faculdade, a habilitação de motorista, a passagem do ônibus Greyhound para São Francisco. Ah, e um mapa do sistema de trens do BART; que deprimente. Ele escreveu uma coisa no mapa. Palavra do dia: 'antropofagia'. O que isso quer dizer?"

"Não faço ideia. Vou pesquisar no Google. Soletre", pedi.

"A-N-T-R-O-P-O-F-A-G-I-A."

"Merda. Quer dizer canibalismo. É sinônimo de canibalismo", eu respondi.

Mike riu do humor negro da definição. "Não acredito. Você acha que isso significa que ele tinha um desejo insaciável por carne humana? A passagem de ônibus diz que o rapaz entrou em São Francisco no dia anterior ao que morreu. Por que não cometer suicídio em Washington?"

"Isso mesmo", acrescentei. "Por que vir até São Francisco para ficar de pé na frente de um trem do BART?"

"Talvez ele não estivesse tentando morrer. Só ser um palhaço e desviar do trem, sei lá. Como aquele garoto em *Conta Comigo*."

"Corey Feldman?"

"Não, o outro."

"River Phoenix?"

"Não, também não é esse", disse Mike. "Não importa, se era isso que ele estava tentando fazer, então, merda, não fez um trabalho muito bom."

Quando coloquei Jacob nas chamas, só o que sabia sobre ele era que viera de Washington, que tinha 22 anos, que estudava chinês e, talvez, ao menos no dia em que morreu, que estava interessado em canibalismo. Algumas semanas antes, parte do meu primeiro salário havia sido investida na caixa de DVDs de *A Sete Palmos*, a série de TV da HBO, o amado programa sobre uma funerária gerenciada por uma família. Em um episódio, Nate, o diretor de enterros, visita um jovem solitário e moribundo para combinar a cremação dele. O homem está zangado e amargo por causa da morte iminente e pela falta de apoio da família. Ele pergunta a Nate quem vai apertar o botão do forno crematório quando ele morrer.

"A pessoa que você especificar", responde Nate. "Os budistas escolhem sempre alguém da família, e algumas pessoas não escolhem ninguém. Nesse caso, é a pessoa do próprio crematório que aperta."

"Escolho esse cara."

Era eu. A pessoa do crematório. Eu era "esse cara" para Jacob. Apesar do que fez, não queria que ele ficasse sozinho.

O grande triunfo (ou tragédia horrível, dependendo de como você encara) de ser humano é que nosso cérebro evoluiu ao longo de centenas de milhares de anos para compreender nossa mortalidade. Infelizmente, somos criaturas conscientes. Mesmo que passemos o dia encontrando jeitos criativos de negar nossa mortalidade, por mais poderosos, amados e especiais que nos sintamos, sabemos que estamos fadados à morte e à decomposição. Esse é um peso mental compartilhado por poucas e preciosas espécies na Terra.

Digamos que você é uma gazela, pastando em uma planície africana. A trilha sonora de *O Rei Leão* está tocando ao fundo. Um leão faminto vigia você de longe. Ele corre para atacar, mas hoje você consegue correr mais do que ele. Por instinto, pela reação de lutar ou fugir, você sente uma ansiedade momentânea. A experiência e a genética lhe ensinaram a correr e fugir do perigo, e seu coração demora um tempo para parar de bater com tanta força. No entanto, em pouco tempo você pode voltar a pastar alegremente, como se nada tivesse acontecido. Você mastiga com alegria, até que o leão volta para uma segunda rodada.

Os batimentos humanos podem desacelerar depois que a caçada do leão terminou, mas *nunca* deixamos de saber que o jogo já está perdido. Sabemos que a morte nos espera e isso afeta tudo que fazemos, inclusive o impulso de tomar um cuidado caprichado dos nossos mortos.

Há 95 mil anos, um grupo de *Homo sapiens* enterrou seus corpos em um abrigo rochoso conhecido como caverna de Qafzeh, localizada no que hoje é conhecido como Israel. Quando arqueólogos escavaram a caverna em 1934, eles descobriram que os corpos não foram apenas enterrados; foram enterrados propositalmente. Alguns dos restos encontrados em Qafzeh mostram manchas de ocre vermelho, uma argila naturalmente tingida. Os arqueólogos acreditam que a presença do ocre significa que nós executamos rituais com os mortos bem no começo da história da espécie humana. Um dos esqueletos, uma criança de 13 anos, estava enterrado com as pernas dobradas para o lado e um par de chifres de cervo nos braços. Não entendemos o que essas pessoas pensavam sobre a morte, a vida após a morte e o cadáver, mas essas pistas nos dizem que elas *pensavam* alguma coisa.

Quando as famílias iam à Westwind para cuidar das providências de cremações e enterros, elas se sentavam na nossa sala de atendimento e bebiam água em copos de papel com muito nervosismo, infelizes pela morte que as levou até lá e frequentemente ainda mais infelizes de terem que pagar por tudo. Às vezes, elas pediam uma visitação na nossa capela, para poderem ver o corpo pela última vez. Em alguns dias, cem pessoas podiam estar na capela chorando com acordes de música gospel; em outros, era uma única pessoa de luto, sentada em silêncio por meia hora antes de ir embora.

As famílias passavam pela capela ou pela sala de atendimento, até mesmo pelo escritório da frente, mas o crematório em si era o meu espaço. Na maioria dos dias, eu ficava sozinha "lá atrás", como Mike dizia.

Na nossa lista de preços, oferecíamos uma coisa chamada "cremação com testemunhas", mas ninguém aceitou essa oferta nas primeiras semanas que passei na Westwind. E então, um dia, a família Huang apareceu. Quando cheguei no trabalho às 8h30, já havia umas doze mulheres orientais idosas no armário de provisões, montando um altar improvisado.

"Mike?", chamei, andando na direção da sala dele.

"O que foi?", respondeu ele, com a indiferença de sempre.

"Por que tem gente no armário de provisões?", perguntei.

"Ah, é, elas estão aqui para testemunhar esta tarde. Não vai ter espaço na capela para todas as coisas, então dei o armário de provisões para servir de altar", disse ele.

"Eu... eu não sabia que ia haver testemunhas", falei, apavorada com a invasão do meu espaço e da minha rotina.

"Pensei que Chris tivesse avisado, cara. Não se preocupe, eu cuido dessa", disse ele.

Mike não teve inquietação alguma com os eventos do dia. Talvez ele fosse capaz de executar uma cremação com testemunhas com a mão amarrada nas costas, mas a premissa toda me pareceu incalculavelmente perigosa. Uma cremação com testemunhas seguia uma sequência: a família tinha um tempo na capela com o falecido, o corpo era levado para o crematório e o processo de incineração começava com a família toda ali, de pé. *Com a família toda ali.* Havia o mesmo espaço para erro que o do transporte de armas nucleares.

Quando a cremação ocidental evoluiu de piras abertas para fornos industriais fechados, os primeiros fornos novos foram construídos com buracos nas laterais para as famílias poderem espiar e ver o processo, como um show horrendo. Algumas funerárias até *exigiam* que os parentes do falecido estivessem lá para testemunhar na hora que o corpo era colocado no forno. Porém, com o passar do tempo, os buracos foram cobertos e selados, e as famílias foram deixadas do lado de fora do crematório.

Ao longo das últimas décadas, a indústria funerária desenvolveu uma variedade de métodos para distanciar a família de qualquer aspecto possivelmente ofensivo da morte, e não só no crematório.

Quando a avó da minha amiga Mara sofreu um derrame fatal, ela pegou o voo seguinte para a Flórida para fazer uma vigília no leito de morte. Ao longo da semana, Mara viu sua avó lutar para respirar, não conseguir engolir e nem se mover ou emitir sons. Quando a morte teve a misericórdia de levar a velha senhora, Mara esperava ficar lá durante todo o funeral também. Mas não ficou. Recebi a seguinte mensagem dela: "Caitlin, só ficamos lá ao lado de um túmulo vazio. O caixão dela estava lá, e a terra estava coberta de grama sintética. Eu ficava pensando que iam descer o caixão para o túmulo, mas não fizeram isso. Tivemos que ir embora com o caixão ainda ali, não enterrado".

Só depois que a família de Mara saísse do cemitério é que o caixão da avó dela seria colocado no túmulo e as escavadeiras amarelas seriam levadas para jogar terra em cima.

Essas estratégias modernas de negação ajudam a direcionar as pessoas em sofrimento para as "celebrações" positivas da vida — pois a vida é bem mais comercializável do que a morte. Uma das maiores corporações de funerárias deixa forninhos perto das salas de atendimento, para que os aromas de biscoitos recém-assados possam consolar e distrair as famílias ao longo do dia — juro que os biscoitos com gotas de chocolate escondem as nuances olfativas das substâncias químicas e da decomposição.

Passei novamente pelo armário de provisões da Westwind, assentindo para as mulheres que estavam fazendo um progresso incrível no altar. Elas arrumaram várias tigelas de frutas e coroas de flores na base de uma fotografia ampliada do falecido sr. Huang, o patriarca da família. A fotografia era no estilo de retrato de shopping center, a cabeça e os ombros de um chinês idoso com terno elegante e bochechas anormalmente rosadas. Nuvens pintadas decoravam o fundo.

Por instruções de Mike, Chris e eu levamos o caixão de madeira do sr. Huang para a capela. Quando abrimos a tampa, o sr. Huang nos esperava com seu melhor terno. Ele tinha a aparência rígida e encerada de um corpo embalsamado, não mais o sonhador sério no retrato cheio de nuvens.

Ao longo da manhã, mais e mais pessoas da família do sr. Huang chegaram, levando frutas e presentes para o altar no armário de provisões. "Você", disse uma mulher mais velha para mim com reprovação, "por que você usa vermelho?"

A cor vermelha, associada com a felicidade, é inadequada em um funeral chinês. Meu vestido vermelho-cereja parecia gritar: "Rá, sofredores! Eu rio na cara de toda essa sensibilidade cultural!".

Tive vontade de protestar e dizer que não sabia que a família Huang estaria lá hoje, principalmente para uma coisa tão apavorante quanto uma cremação com testemunhas. Em vez disso, murmurei um pedido de desculpas e saí andando com a tigela de laranjas dela.

Mike já tinha ido para os fundos, para preaquecer uma das retortas. Quando chegou a hora da cremação do sr. Huang, ele me pediu para segui-lo até a capela. Passamos em meio às multidões de parentes do sr. Huang, que estalavam a língua de desprazer pelo meu vestido vermelho. O caixão foi levado da capela para o crematório. A família foi atrás da gente, trinta pessoas pelo menos, invadindo o que até o momento tinha sido meu espaço sagrado.

Conforme fomos entrando no crematório, todo mundo (inclusive mulheres idosas) caiu de joelhos no chão, chorando. O choro das pessoas em sofrimento se misturou com o rugido do forno. O efeito foi sinistro. Eu fiquei atrás, de olhos arregalados, me sentindo como uma antropóloga descobrindo um ritual desconhecido.

É uma prática chinesa contratar lamentadores profissionais para as cerimônias, com a finalidade de ajudar a facilitar o sofrimento e levar todos a um frenesi. Era difícil dizer se algumas daquelas pessoas no chão do crematório eram esses lamentadores profissionais, contratados pela família para promover a dor pelo excesso de emoção. Havia lamentadores profissionais disponíveis em Oakland? A dor das pessoas parecia genuína. Por outro lado, eu nunca tinha estado em uma situação assim, em que um grupo grande de pessoas se permitia ficar emocionalmente vulnerável. Não havia nenhum sentimento sendo contido ali.

De repente, um homem em quem eu não reparara antes começou a abrir caminho na multidão com uma câmera, filmando os lamentadores. Ele parava na frente de uma pessoa e levantava as mãos, indicando que queria *mais*, mais choro! A pessoa soltava um grito ainda mais alto e sofrido e batia no chão. Parecia que ninguém queria ser pego na câmera estando calmo ou estoico.

A família Huang estava mergulhada em um ritual no sentido clássico da palavra, misturando crença com ação tática e física. Andrew Newberg e Eugene D'Aquili, dois pesquisadores do cérebro humano da Universidade da Pensilvânia, explicaram que, para um ritual funcionar, os participantes precisam envolver "todas as partes do cérebro e do corpo, precisam misturar comportamento com ideias". Pelo choro, pela postura de joelhos e pela dor, a família do sr. Huang estava ligada a alguma coisa maior do que eles mesmos.

O caixão do sr. Huang deslizou para a câmara crematória, e Mike gesticulou para o filho do sr. Huang apertar o botão e dar início às chamas. Era um gesto simbólico, mas de poder incrível.

Mike disse para mim depois: "Você *tem* que deixar que eles apertem o botão, cara. Eles amam o botão".

O sr. Huang teve uma coisa crucial que Jacob não teve: uma pessoa que ele amava, não uma operadora aleatória do crematório com seu vestido culturalmente insensível, apertando o botão que o levaria para longe do mundo.

Quando a porta se fechou, trancando o sr. Huang na câmara de fogo, Chris entrou para colocar uma vela grande acesa na frente do forno. Mike e Chris já tinham feito essa parte juntos antes. Os Huang já tinham chorado de dor antes. Eu era a única deslocada.

O sr. Huang me obrigou a pensar no que eu faria se meu pai morresse. Sinceramente, não fazia ideia. Havia uma boa chance de que nem todo mundo participando daquela cremação sentisse a intensidade de dor que demonstrava. Para algumas pessoas, pode ter sido mais performance do que dor genuína. No entanto, não importava; a família Huang tinha ritual. Eles sabiam o que fazer, e eu os invejava por isso. Eles sabiam como chorar mais alto, sofrer mais intensamente e aparecer com tigelas de frutas. Na hora da morte, eles eram uma comunidade, reunida em torno de ideias e costumes.

Meu pai era professor de história em uma escola pública de ensino médio havia mais de quarenta anos. Apesar de ele lecionar do outro lado da ilha, acordava às 5h30 todas as manhãs para me levar de carro num trajeto de uma hora até minha escola particular em Honolulu, depois dirigia mais uma hora para chegar à escola dele. Isso tudo para eu não precisar pegar o ônibus da cidade. Ele me levou por milhares de quilômetros... como eu poderia entregá-lo para outra pessoa quando ele morresse?

Enquanto ganhava mais experiência no crematório, fui parando de sonhar com os disfarces graciosos da funerária La Belle Mort. Comecei a perceber que nosso relacionamento com a morte era fundamentalmente falho. Depois de apenas alguns meses na Westwind, me senti ingênua por ter imaginado devolver a "diversão" aos funerais. Ter cerimônias de "celebração da vida" sem corpo presente ou conversas realistas sobre a morte, só as músicas antigas favoritas de rock 'n' roll do papai tocando enquanto todo mundo tomava ponche, parecia algo similar a colocar não um band-aid qualquer em cima de um ferimento de bala, mas um da Hello Kitty. Como cultura, era hora de ir atrás da bala.

Não, quando meu pai morresse, ele iria para um crematório. Não um armazém como a Westwind, mas um belo crematório com janelas enormes que permitiam a entrada de muita luz natural. E não seria bonito porque a morte estava escondida ou era negada; seria bonito porque a morte estava sendo aceita. Seria um lugar de experiência, com quartos para a família ir lavar seus mortos. Onde as pessoas poderiam se sentir seguras e confortáveis de estarem com um corpo até o momento final, inserido nas chamas.

Em 1913, George Bernard Shaw descreveu o que viu quando testemunhou a cremação da mãe. O corpo foi colocado em um caixão violeta e levado com os pés primeiro até as chamas. "E vejam!", escreveu ele. "Os pés explodiram milagrosamente em laços de uma chama linda de cor grená, sem fumaça e ansiosa, como línguas pentecostais, e quando o caixão inteiro entrou, ele se encheu todo de chamas; e minha mãe se tornou aquele fogo lindo."

Imaginei meu pai, a porta da câmara de cremação subindo e a reverberação enchendo a sala. Se eu ainda estivesse viva quando ele morresse, estaria lá para vê-lo se tornar "aquele fogo lindo". Não queria que outra pessoa fizesse isso. Quanto mais aprendia sobre a morte e a indústria da morte, mais a ideia de outra pessoa cuidando dos cadáveres da minha família me apavorava.

CAITLIN DOUGHTY
CONFISSÕES DO CREMATÓRIO
LIÇÕES PARA TODA A VIDA

COQUETEL ROSA

Era uma vez, no passado remoto, um povo chamado Wari' que vivia nas florestas do oeste do Brasil, sem contato nenhum com a civilização ocidental. Mais tarde, no começo dos anos 1960, o governo brasileiro chegou no território Wari' acompanhado de missionários cristãos, e os dois grupos tentaram estabelecer relações. Os intrusos levaram com eles uma série de doenças (malária, *influenza*, sarampo) que o sistema imunológico dos Wari' não tinha precedência para combater. Ao longo de poucos anos, três de cada cinco índios estavam mortos. Os que sobreviveram ficaram dependentes do governo brasileiro, que fornecia remédios ocidentais para eles lutarem contra as novas doenças ocidentais.

Para receber remédio, comida e ajuda do governo, os Wari' foram obrigados a abrir mão de um aspecto importante da sua vida: o canibalismo.

O filósofo renascentista Michel de Montaigne escreveu no ensaio convenientemente intitulado *Dos Canibais* que "cada homem chama de barbárie aquilo que não é hábito seu". Nós certamente *chamaríamos* o canibalismo de barbárie, e *não* é nosso hábito, muito obrigada. Consumir carne humana é para sociopatas e selvagens, conjura imagens de caçadores de cabeças e Hannibal Lecter.

Podemos ter confiança de que o canibalismo é para os perturbados e os desumanos porque estamos presos no que o antropólogo Clifford Geertz chamou de "teias de significados". Desde o momento em que nascemos, somos doutrinados por nossa cultura específica sobre os jeitos como a morte é "feita" e o que constitui o "apropriado" e o "respeitável". Nossas parcialidades nesse assunto são inescapáveis. Por mais que nos vejamos como sendo pessoas de mentes abertas, ainda estamos aprisionados por nossas crenças culturais. É como tentar andar por uma floresta depois que aranhas passaram a noite lá tecendo teias entre as árvores. Você pode conseguir ver seu destino lá longe, mas se tentar andar na direção dele, as teias vão pegar você, grudar no seu rosto e se alojar na sua boca. Essas são as teias de significados que tornam tão difícil para os ocidentais entenderem o canibalismo dos Wari'.

Os Wari' eram canibais póstumos, o que quer dizer que a forma de canibalismo deles era um ritual executado na hora da morte. A partir do momento em que um integrante dos Wari' dava seu último suspiro, o cadáver não ficava sozinho. A família acalentava e aninhava o corpo com o som de um canto firme e agudo. Esse canto e choro anunciavam a morte para o restante da comunidade, e logo todo mundo se juntava ao som hipnótico. Parentes de outras tribos se apressavam para ir para perto do corpo e participar do ritual para o morto.

Para preparar a carne, os parentes andavam pela tribo e pegavam uma viga de madeira de todas as ocas, deixando os telhados tortos. A antropóloga Beth Conklin descreveu esse afundamento do telhado como um lembrete visual de que a morte tinha violado aquela comunidade. A madeira reunida das casas era amarrada junta, decorada com penas e usada como lenha para uma fogueira.

Por último, a família entregava o cadáver, e o corpo era cortado em pedaços. Os órgãos internos eram envoltos em folhas e a carne dos membros colocada diretamente no espeto para assar no fogo. As mulheres da tribo preparavam pão de milho, considerado um acompanhamento perfeito para carne humana.

O ato de cozinhar carne humana como se "não passasse de um pedaço de carne" não perturbava os Wari'. Os animais e a carne deles significavam (e ainda significam) uma coisa bem diferente para os integrantes da tribo do que para nós. Para os Wari', os animais têm espíritos dinâmicos. Eles não pertencem aos humanos e nem são inferiores a nós. Dependendo do dia, os humanos e animais alternam entre caça e caçador. Onças-pintadas, macacos e antas podem se ver como humanos e ver humanos como animais. Os Wari' têm respeito por toda a carne que consomem, seja humana ou animal.

As pessoas que realmente consumiam a carne assada não eram os parentes mais próximos do falecido, como esposas e filhos. Essa honra — e era mesmo uma honra — ia para as pessoas escolhidas que eram *como* parentes do falecido: sogros, parentes distantes e integrantes da comunidade, conhecidos como parentes por afinidade. Os parentes por afinidade não eram selvagens vingativos famintos por carne, desesperados pelo gosto de carne humana grelhada, e nem estavam atrás da proteína que a carne humana oferecia, dois motivos comuns atribuídos a canibais. Na verdade, o cadáver, que tinha sido deixado por vários dias no clima quente e úmido da floresta amazônica, costumava estar em vários estados de decomposição. Comer a carne devia ser uma experiência fedorenta e asquerosa. Os parentes por afinidade muitas vezes tinham que pedir licença para vomitar antes de voltar para comer mais. No entanto, eles se obrigavam a continuar, de tão forte que era sua convicção de que estavam executando um ato de compaixão pela família e pela pessoa que morreu.

Os parentes por afinidade não comiam o morto para preservar sua força vital ou seu poder; eles comiam para destruí-lo. Os Wari' morriam de medo da ideia de um corpo ser enterrado e deixado totalmente intacto na terra. Apenas o canibalismo podia oferecer a verdadeira fragmentação e destruição que eles desejavam. Depois que a carne era consumida, os ossos eram cremados. Esse desaparecimento total do corpo era um grande conforto para a família e para a comunidade.

Os mortos tinham que ser removidos para que a comunidade ficasse inteira de novo. Com o corpo destruído, os bens da pessoa morta, inclusive as plantações feitas por ela e a oca que construiu, também eram queimados. Com a destruição de tudo, a família do morto estava à mercê dos parentes e da comunidade, para que cuidassem dela e a ajudassem a reconstruir. E a comunidade *cuidava* da família, reforçando e fortalecendo os laços.

Nos anos 1960, o governo brasileiro obrigou os Wari' a abrirem mão dos rituais e começarem a enterrar os mortos. Colocar os mortos debaixo da terra para que apodrecessem era o oposto absoluto do que eles faziam e acreditavam. Enquanto o corpo físico permanecesse intacto, aquilo funcionava como um lembrete tortuoso do que foi perdido.

Se tivéssemos nascido na tribo Wari', o canibalismo que chamamos de barbárie seria nosso hábito consagrado, no qual nos envolveríamos com sinceridade e convicção. A prática funerária na América do Norte — embalsamar (a preservação do cadáver por um prazo maior) e enterrar o corpo em um caixão selado na terra — é ofensiva e estranha para os Wari'. A "verdade e dignidade" do estilo ocidental de enterro só é a verdade e a dignidade determinadas pelas nossas cercanias imediatas.

Quando comecei a trabalhar na Westwind, o embalsamamento moderno não era algo que eu pudesse definir claramente. Eu sabia que era o que era "feito" com os cadáveres, um fio na minha teia de significados. Quando eu tinha 10 anos, o pai do marido da minha prima morreu. O sr. Aquino era um bom católico, o membro mais velho de uma enorme família havaiana-filipina. O velório dele aconteceu em uma catedral em Kapolei. Quando chegamos, minha mãe e eu entramos na fila para passar pelo caixão. Ao nos aproximarmos do caixão, espiei pela beirada e vi o vovô Aquino deitado. Ele tinha tantos produtos no corpo que não parecia mais real. A pele cinza estava bem esticada, resultado do fluido embalsamante injetado no sistema circulatório. Havia centenas de velas acesas ao redor do caixão, e a luz das chamas se refletia nos lábios brilhantes e rosados, contorcidos em uma careta. Ele era um homem digno em vida, mas parecia uma réplica de cera de si mesmo na morte. Essa é uma experiência que compartilho com milhares e milhares de outras crianças americanas, passar por um caixão e ter essa visão breve e encerada da morte.

Quanto ao tipo de pessoa que escolheria uma carreira executando esse processo deprimente, eu imaginava vagamente um homem cadavérico com bochechas profundas, alto e magro como o Tropeço de *A Família Addams*. Eu misturava a visão do personagem com a do arquétipo de coveiro de um filme dos anos 1950, usando jaleco e vendo líquido verde-neon escorrer de tubos para dentro de um cadáver.

O embalsamador na Westwind Cremation não poderia estar mais distante dessa imagem. Bruce, o embalsamador autônomo que ia várias vezes por semana preparar os corpos, era um homem afro-americano com cabelo grisalho e rosto de menino, positivamente querubínico. Ele parecia um Gary Coleman de 1,80 metro, com 50 anos e carinha de vinte. A voz variava imensamente em tom e ritmo e se espalhava pelo crematório. "Oi, Caitlin!", ele me cumprimentava com entusiasmo.

"Oi, Bruce, como vai?"

"Você sabe como é, garota, só mais um dia. Só mais um dia com os mortos."

Tecnicamente, eu estava sendo treinada para ser operadora de crematório por Mike, mas Bruce era instrutor assistente de embalsamamento na San Francisco College of Mortuary Science, a escola que fechou as portas pouco depois que a Westwind tirou deles o contrato para cuidar dos mortos sem-teto e indigentes. Apesar de não haver mais faculdade funerária em São Francisco, Bruce ainda tinha o professor dentro de si e ansiava por compartilhar os segredos da área. Não que ele tivesse *tanto* respeito assim por faculdades funerárias nos últimos tempos.

"Caitlin, quando você aprendia essas coisas antigamente, era uma arte", disse ele. "Embalsamar significava preservar um corpo. Sério, estou começando a me perguntar o que *ensinam* para as pessoas nessas faculdades funerárias. Os alunos saem de lá sem nem saber encontrar uma veia para drenar. Nos anos 1970, você trabalhava com corpos todos os dias. Tudo o que você fazia eram corpos. Corpos, corpos, corpos, corpos."

Existe uma história, criada basicamente pela indústria funerária norte-americana, que situa as práticas modernas do embalsamamento como uma tradição antiga, uma forma de arte passada através dos milênios desde os egípcios, mestres originais da preservação de corpos. O diretor funerário atual age como portador dessa sabedoria milenar.

É desnecessário dizer que essa história tem um monte de problemas. Os embalsamadores podem alegar que o negócio deles vem da época dos faraós, mas isso negligencia o espaço enorme entre a era de Tutancâmon e o período em que os americanos começaram a fazer embalsamamentos, no começo dos anos 1860.

O embalsamamento praticado pelos antigos egípcios era *bem* diferente do que é praticado na funerária vizinha do fim da rua. Uns 2.500 anos atrás, os corpos da elite egípcia eram tratados com um processo pós-morte elaborado que levava meses para ser concluído. Em contraste, o embalsamamento nas funerárias vizinhas leva de três a quatro horas do começo ao fim. Quer dizer, isso se você tiver sorte de conseguir três ou quatro horas do tempo de um embalsamador. As maiores corporações do ramo vêm comprando as agências funerárias familiares há anos, mantendo os nomes antigos nos quais a comunidade confia, mas subindo os preços e centralizando o embalsamamento. Isso dá à preparação dos corpos a atmosfera de uma linha de montagem, com os embalsamadores pressionados para cuidar de um cadáver inteiro em tempo recorde.

Os egípcios embalsamavam por motivos religiosos, por acreditarem que cada passo do processo deles — desde a remoção do cérebro pelo nariz com um gancho comprido de ferro até a colocação dos órgãos internos em vasos com cabeças de animais (chamados de vasos canópicos) e à secagem do corpo durante quarenta dias com sal de natrão — tinha profunda significância. Não existem ganchos para o cérebro e nem jarros para o armazenamento de órgãos no embalsamamento moderno norte-americano, que envolve a remoção do sangue e de fluidos da cavidade corporal e a substituição por uma mistura de produtos químicos conservadores fortes. Mais importante, o embalsamamento moderno nasceu não da religião, mas de forças ainda mais poderosas: o marketing e o consumismo.

Nesse dia em particular, deitado na mesa de embalsamamento de Bruce, estava um homem de uma condição social bem diferente da dos cidadãos privilegiados embalsamados pelos egípcios. O nome dele era Cliff, um veterano da Guerra do Vietnã que morreu sozinho no hospital da Veterans' Administration (VA) em São Francisco. O governo americano paga pelo embalsamamento e pelo enterro (em um cemitério nacional) de veteranos como Cliff — os homens e, ocasionalmente, as mulheres que morrem sem amigos ou família.

Bruce se aproximou com um bisturi e o levou até a base do pescoço de Cliff. "A primeira coisa que você tem que fazer é tirar o sangue. Drenar o sistema. É como drenar o radiador de um carro."

Bruce fez uma incisão. Eu estava esperando que sangue jorrasse como em um filme de terror, mas o ferimento ficou seco. "Esse cara não está exatamente fresco; o VA guarda os corpos por muito tempo", explicou ele, balançando a cabeça com frustração.

Bruce me mostrou como preparar o coquetel rosa-salmão que substituiria o sangue de Cliff: uma mistura de formaldeído e álcool jogada em um tanque grande de vidro. Bruce enfiou os dedos enluvados no buraco no pescoço de Cliff e abriu a carótida, depois inseriu um pequeno tubo de metal lá. O tubo de metal era ligado a um tubo maior, de borracha. Bruce virou um interruptor na base do tanque, e ele começou a vibrar e zumbir enquanto o líquido rosa subia pelo tubo, disparando substâncias químicas pelo sistema circulatório de Cliff. Conforme o líquido foi fluindo para a artéria dele, o sangue deslocado foi empurrado pela jugular e escorreu pela mesa até o ralo.

"Não é perigoso o sangue descer pelo ralo assim?", perguntei a ele.

"Não, não é nada perigoso. Você sabe o que mais vai para o esgoto?", retrucou Bruce. Tive que admitir que, em comparação, isso tornava o sangue bem menos nojento.

"Nem é tanto sangue, Caitlin. Você devia ver quando eu embalsamo um caso que sofreu autópsia. Você fica *coberto* de sangue, e nem tudo é bonito e arrumado como na TV. É como com O.J."

"Espere, O.J. Simpson? Como assim?"

"Eu sou agente funerário, certo? Às vezes, quando abro as pessoas, fico *coberto* de sangue. Você corta uma dessas artérias das quais o sangue jorra para todo lado... bem, você sabe como o sangue é. Disseram que O.J. cortou duas pessoas vivas e saiu andando, mas só havia três gotas de sangue no carro."

"Tudo bem, Bruce, mas alguém não tinha que ter matado aquelas pessoas?", perguntei.

"Quem fez aquilo tinha que estar usando uma roupa de proteção dos pés à cabeça. Quando você fica encharcado de sangue, ele não sai com uma lavada. Ele mancha. Você viu a cena do crime na CNN? Era uma bagunça de sangue. Só estou dizendo que devia ter havido uma trilha."[1]

Enquanto Bruce agia como detetive forense, ele estava ao mesmo tempo ensaboando e massageando delicadamente os membros de Cliff para espalhar a substância pelo sistema vascular. Era uma imagem bizarra — um homem adulto dando um banho de esponja em um cadáver —, mas àquela altura eu já estava acostumada às cenas peculiares da Westwind.

A inclinação na mesa de porcelana de embalsamamento ajudou o sangue de Cliff a escorrer pelo ralo enquanto a solução de formaldeído se espalhava pelo corpo. O formaldeído, um gás sem cor em sua forma pura, foi classificado como cancerígeno. O cadáver de Cliff já tinha passado do ponto de se preocupar com câncer, mas Bruce seria um alvo fácil se não tomasse as devidas precauções. O National Cancer Institute descobriu que embalsamadores funerários correm risco maior de ter leucemia mieloide, um crescimento anormal na medula óssea, um câncer do sangue. A ironia é que os embalsamadores ganham a vida drenando o sangue dos outros, mas acabam sofrendo um motim do próprio.

O que estava acontecendo com Cliff, essa conservação química do corpo, não tinha espaço nos costumes americanos relacionados à morte antes da Guerra de Secessão em meados do século XIX. A morte nos Estados Unidos começou como uma operação totalmente caseira. Uma pessoa morria na própria cama, cercada pela família e pelos amigos. O cadáver era lavado e coberto com uma mortalha pelo indivíduo mais próximo do homem ou da mulher e exposto por vários dias na casa para um velório, um ritual batizado a partir da

---

[1] Para maiores informações sobre o caso O.J., ver *O Povo Contra O.J. Simpson* (DarkSide® Books, 2016).

palavra do inglês antigo para "vigília",[2] não, como se costuma acreditar, pelo simples medo de que o cadáver pudesse acordar de repente.

Para impedir a decomposição enquanto o corpo ficava em casa, inovações como panos encharcados de vinagre e cubas de gelo embaixo do cadáver foram desenvolvidas no século XIX. Durante o velório, havia comida para ser consumida, álcool para ser ingerido e uma sensação de libertação da pessoa morta do lugar que ocupava na comunidade. Como Gary Laderman, acadêmico das tradições de morte americanas, enunciou: "Apesar de o corpo ter perdido a chama que o animava, as convenções sociais profundas exigiam que ele recebesse o respeito apropriado e cuidados dos vivos".

Durante o velório, um ataúde de madeira era construído pela família ou talvez pelo marceneiro local. O caixão hexagonal era mais estreito embaixo, indicando que era o recipiente de um humano morto, diferentemente da reformulação atual tanto da forma (um retângulo simples) quanto do nome (féretro). Depois que vários dias se passavam, o cadáver era colocado no ataúde e carregado nos ombros de integrantes da família até um túmulo próximo.

Em meados do século XIX, cidades maiores e industriais como Nova York, Baltimore, Filadélfia e Boston ficaram grandes o bastante para sustentar indústrias de morte. Diferentemente de fazendas e cidades pequenas, as cidades grandes tinham negócios especializados. O agente funerário surgiu como profissão, embora o serviço não envolvesse muito mais do que vender adereços e decorações funerárias. O agente funerário local podia construir um ataúde, alugar um rabecão ou carruagem funerária ou vender roupas e joias

---

[2] *Wake*: velório, em que um defunto é velado; ligado ao verbo "velar" (do latim *vigilare*), que significa "vigiar, ficar acordado". Pode também significar "cuidar". *Keeping watch*: vigília, do latim *vigilia*, "ato de de velar, de prestar atenção", de *vigil*, "acordado, cuidando, vigilante". Origina-se do indo-europeu *weg-*, "ser forte, ativo".

para o luto. Eles costumavam ter esse emprego para complementar a renda, o que levava a alguns anúncios divertidos do século xix: "John Jense — agente funerário, arrancador de dentes, acendedor de lampiões, construtor de molduras, ferreiro, carpinteiro".

Depois, veio a Guerra de Secessão Americana, o conflito mais mortal na história dos Estados Unidos. A Batalha de Antietam, no dia 17 de setembro de 1862, tem a honra duvidosa de ter sido o dia mais sangrento da Guerra de Secessão (e da história americana), durante o qual 23 mil homens morreram no campo de batalha, com os corpos inchados e cheios de larvas no meio dos corpos igualmente inchados de cavalos e mulas. Quando o 137º Regimento da Pensilvânia chegou no local quatro dias depois, o líder pediu que seus homens tivessem permissão de consumir bebidas alcoólicas enquanto enterravam os corpos, pois só havia um estado no qual era possível fazer o serviço: bêbado.

Durante os quatro anos de batalhas entre o Norte e o Sul, muitas das famílias dos soldados não tinham como recuperar seus filhos e maridos mortos dos campos de batalha. Os cadáveres podiam ser transportados de trem, mas depois de alguns dias no calor de verão do Sul, os mortos entravam nos mais profundos estados de decomposição. O cheiro que emanava de um corpo deixado ao sol era muito pior do que uma mera inconveniência olfativa.

De acordo com o relato de um médico do exército da União, "durante a Batalha de Vicksburg, os dois lados pediram um breve armistício devido ao fedor dos cadáveres se desintegrando no sol quente". Transportar corpos por centenas de quilômetros nessa condição horrível era um pesadelo para os condutores de trem, até mesmo para os mais patrióticos entre eles. As ferrovias começaram a se recusar a transportar cadáveres que não estivessem selados em caros caixões de ferro — o que não era uma opção viável para a maioria das famílias.

A situação despertou os impulsos empreendedores de alguns homens, que, contanto que a família pudesse pagar, executariam um novo procedimento de preservação chamado embalsamamento — ali mesmo no campo de batalha. Eles seguiam as lutas e os confrontos procurando trabalho, os primeiros *ambulance chasers*[3] dos Estados Unidos. A competição era acirrada, com histórias de embalsamadores queimando as barracas uns dos outros e colocando anúncios em jornais locais, dizendo: "Corpos embalsamados por nós NUNCA FICAM PRETOS". Para divulgar a eficiência dos seus serviços, os embalsamadores exibiam corpos conservados de verdade que eles tiraram do meio dos mortos sem identificação, deixando-os de pé em frente às barracas para demonstrar seu talento.

As barracas embalsamadoras nos campos de batalha costumavam ter só uma tábua de madeira em cima de dois barris. Os embalsamadores injetavam substâncias químicas no sistema circulatório dos recém-falecidos, suas misturas especiais de "arsênico, cloreto de zinco, bicloreto de mercúrio, sais de alumina, açúcar de chumbo e uma variedade de sais, álcalis e ácidos". O dr. Thomas Holmes, ainda visto por muitos na indústria funerária como padroeiro do embalsamamento, proclamava que durante a Guerra de Secessão ele pessoalmente embalsamou com essa técnica mais de 4 mil soldados mortos, por um custo de cem dólares o corpo. A opção com desconto, para os que não eram tão inclinados aos métodos eruditos de substâncias químicas e injeções, podia ser a evisceração de órgãos internos e o preenchimento da cavidade corporal com serragem. Esvaziar o corpo dessa maneira era considerado pecado tanto pelos protestantes quanto

---

[3] Caçadores de ambulâncias, em tradução literal.
Diz respeito a um advogado barato que, no próprio
local de um acidente ou no pronto-socorro,
oferece seus serviços a uma vítima de um acidente
ou qualquer outro problema causado por uma empresa.
De certa forma, equivale à nossa expressão
"advogado de porta de cadeia".

pelos católicos, mas o desejo de ver mais uma vez o rosto de um ente querido às vezes superava a ideologia religiosa.

A evisceração completa da cavidade corporal não é muito diferente do método que é utilizado hoje, exceto pela serragem. Talvez o segredo mais sujo do processo de embalsamamento moderno seja o uso oculto de uma peça de metal fino do tamanho de um sabre de luz conhecida como trocarte. Bruce levantou o trocarte como a espada Excalibur e empurrou a ponta fina no estômago de Cliff, perfurando-o embaixo do umbigo. Ele enfiou o trocarte, rompendo a pele, e começou a furar os intestinos, a bexiga, os pulmões e o estômago de Cliff. A função do trocarte no embalsamamento é sugar qualquer fluido, gás ou resíduo na cavidade do corpo. O líquido marrom deslizou pelo tubo do trocarte com um ruído desconfortável, gorgolejando e sugando, antes de cair no ralo da pia e ir para o esgoto. Em seguida, o trocarte mudou de direção, não mais sugando, mas levando o coquetel rosa-salmão, de uma concentração química ainda mais forte desta vez, para a cavidade peitoral e o abdome. Se houvesse qualquer dúvida de que Cliff estava morto, o trocarte acabou com ela.

Bruce permaneceu estoico enquanto perfurava o cadáver violentamente com o trocarte. Como Chris, que comparava o transporte de corpos com "mover mobília", Bruce via o embalsamamento como um ofício que ele dominou ao longo de muitos anos. Dedicar-se emocionalmente a cada corpo não seria de grande ajuda. Bruce conseguia executar o trabalho com o trocarte sem hesitação, o tempo todo conversando comigo como se fôssemos dois velhos amigos tomando uma xícara de café.

"Caitlin, sabe o que eu preciso entender?" Uma perfurada. "A porcaria das pombas. Você sabe do que estou falando, aquelas pombas brancas que soltam em enterros?" Outra perfurada. "É lá que está o dinheiro, com certeza. Preciso comprar umas pombas." Uma, duas, três perfuradas.

Sem dúvida nenhuma, havia um elemento prático no embalsamamento da Guerra de Secessão. As famílias queriam ver os corpos dos parentes mortos — um aspecto importante nos rituais e na sensação de dar um fim àquilo tudo. O embalsamamento oferecia essa oportunidade. Até hoje o processo ainda pode ser útil para o cadáver que precisa ser deslocado. Como Bruce falou: "Veja bem, o embalsamamento é necessário? Não. Mas se você quer que o corpo tenha um grande dia no estilo *Um Morto Muito Louco*, passando por velórios e igrejas diferentes pela cidade, é melhor que ele esteja embalsamado". No entanto, o procedimento não fazia sentido para Cliff, que ia direto para debaixo da terra no dia seguinte, no cemitério dos veteranos de Sacramento.

Quando falamos de embalsamamento, os valores não são baixos. Apesar de não haver lei que o exija, embalsamar é o procedimento padrão na indústria funerária de bilhões de dólares dos Estados Unidos. É o processo ao redor do qual a profissão inteira gira nos últimos 150 anos. Sem ele, os agentes funerários talvez ainda fossem caras que vendem caixões, alugam rabecões e arrancam dentes nas horas vagas.

Então, como chegamos ao ponto em que veneramos o embalsamamento, a decoração dos nossos mortos como adereços coloridos e pintados, deitados sobre travesseiros fofos, como o pobre vovô Aquino? Ao ponto em que embalsamamos um homem como Cliff como procedimento padrão, sem sequer nos darmos ao trabalho de perguntar se ele precisa mesmo daquilo? Os agentes funerários do século XIX perceberam que o cadáver era o elo que faltava para o profissionalismo. O cadáver podia se tornar — e se *tornaria* — um produto.

Auguste Renouard, um dos primeiros embalsamadores americanos, disse em 1883 que "o público acreditou um dia que qualquer tolo podia se tornar um agente funerário. Embalsamar, todavia, deixa as pessoas impressionadas com o 'misterioso' e 'incompreensível' processo da preservação e as fez respeitar quem o executa".

Nos primeiros anos do embalsamamento, o público via o agente funerário como um idiota, pois a profissão não exigia padrões nacionais ou qualificações. "Professores" itinerantes iam de cidade em cidade dando cursos de três dias que terminavam com o homem tentando vender fluido embalsamador do fabricante que ele representava.

Porém, em poucas décadas, o embalsamador foi de mercenário atrás de dinheiro nos campos de batalha a "especialista". Os fabricantes dos produtos químicos usados no processo comercializavam agressivamente a imagem do embalsamador como um trabalhador altamente treinado e gênio técnico, um especialista tanto em saneamento quanto em arte, que criava belos corpos para a admiração do púbico. Em nenhum outro lugar a arte e a ciência se combinavam de forma tão profissional. As empresas divulgavam seu negócio em revistas como *The Shroud*, *The Western Undertaker* e *The Sunnyside*.

O recém-formado grupo de agentes funerários embalsamadores começou a delinear uma nova história. Eles diziam que, com o treinamento técnico, protegiam o público de doenças, e, com a arte, criavam uma "imagem final para a memória" da família. Claro, eles lucravam com os mortos. Mas os médicos também faziam isso. E os embalsamadores não mereciam ser pagos pelo bom trabalho que faziam? Não importava que os cadáveres tinham sido guardados em segurança em casa e preparados pela família por centenas de anos. O embalsamamento era o que trazia o profissionalismo para aquele ato — era o ingrediente mágico.

Shinmon Aoki, um agente funerário no Japão, disse que foi ridicularizado pela sociedade pelo seu emprego de lavar e botar os mortos em caixões. A família o renegou e a mulher não queria dormir com ele por ter sido "contaminado" por um cadáver. Então, Aoki comprou uma roupa cirúrgica, uma máscara e um par de luvas e começou a aparecer nas casas vestido com trajes médicos completos. As pessoas começaram a reagir de forma diferente — elas compraram a imagem que ele estava vendendo e o chamavam de "doutor". Os agentes funerários americanos fizeram algo similar: ao se tornarem "médicos", eles obtiveram legitimidade.

Ao ver Cliff passar pelo processo de embalsamamento, pensei na cremação com testemunhas da família Huang e na promessa que fiz de ser a pessoa que cremaria os membros da minha família.

"Andei pensando nessas coisas, Bruce, e acho que poderia cremar a minha mãe, mas eu não a embalsamaria assim de jeito nenhum."

Para minha surpresa, ele concordou. "De jeito nenhum, *de jeito nenhum.* Você pode achar que consegue, mas só até vê-la deitada ali, *morta* na mesa. Acha que consegue cortar o pescoço da sua mãe até chegar na veia? Acha que poder usar o trocarte nela? É da sua *mãe* que estamos falando. Você teria que ser bem durona para fazer isso."

E então, Bruce parou de trabalhar, me olhou nos olhos e disse uma coisa que me fez pensar, e não pela última vez, que ele via o trabalho dele como mais do que um ofício. Apesar de esconder as ideias por baixo de uma personalidade agitada e de esquemas de enriquecer por meio de pombas em enterros, Bruce era um filósofo. "Pense assim: a barriga da sua mãe foi onde você viveu por nove meses, foi como você chegou ao mundo, é sua origem, de onde você veio. Você vai enfiar um trocarte nela? Fazer um buraco lá? Destruir o local de onde veio? Quer mesmo fazer isso?"

No alto das montanhas do Tibete, onde o chão é rochoso demais para enterros e as árvores são poucas para fornecer madeira para piras crematórias, foi desenvolvido outro método para lidar com os mortos. Um *rogyapa* profissional, ou fragmentador de corpos, corta a carne do cadáver e mói os ossos que sobram com farinha de cevada e manteiga de iaque. O corpo é colocado em uma pedra alta e plana para ser comido por abutres. As aves se aproximam e carregam o corpo em direções diferentes pelo céu. É uma forma generosa de se livrar do corpo, com a carne que sobrou alimentando outros animais.

Cada cultura tem rituais de morte com poderes de chocar os não iniciados nela e desafiar nossa teia de significados pessoal, desde a carne torrada da tribo Wari' ao monge tibetano destruído pelos bicos dos abutres até o longo trocarte prateado perfurando os intestinos de Cliff. Contudo, existe uma diferença crucial entre o que os Wari' faziam e o que os tibetanos fazem com seus falecidos em comparação ao que Bruce fez com Cliff. A diferença é a crença. Os Wari' acreditavam na importância da destruição total do corpo. Os tibetanos acreditam que um corpo pode alimentar outros seres depois que a alma o deixou. Os norte-americanos *praticam* o embalsamamento, mas não *acreditam* nele. Não é um ritual que nos traz consolo; é uma cobrança adicional de 900 dólares na conta da funerária.

Se embalsamar era uma coisa que um profissional como Bruce jamais conseguiria fazer na própria mãe, eu me perguntei por que estávamos fazendo aquilo nas pessoas.

CONFISSÕES DO CREMATÓRIO
LIÇÕES PARA TODA A VIDA

BEBÊS DEMÔNIOS

> [...] lúgubre sonho de obscuras vertigens,
> De fetos cuja carne cresta os sabás,
> De velhas ao espelho e seminuas virgens,
> Que a meia ajustam e seduzem Satanás [...]
>
> CHARLES BAUDELAIRE
> *Os Faróis*

Isso pode ser chocante, mas, quando você se forma em história medieval, pouquíssimos empregadores batem na sua porta. Se você digitar "historiador" e "medieval" no Craiglist, a melhor opção de carreira que vai encontrar é garçonete no Medieval Times, um restaurante com temática da Idade Média. Para falar a verdade, sua única opção é fazer um mestrado e passar mais sete anos encarando pilhas empoeiradas de manuscritos franceses com iluminuras do século XIII. Você aperta os olhos para ler o latim apagado e desenvolve uma corcunda e reza para conseguir enganar a universidade até deixarem você dar aula.

Cheguei a pensar em uma carreira acadêmica, mas não tinha intelecto ou energia para isso. Era um mundo frio e difícil fora do confinamento da torre de marfim, e a única coisa que podia exibir dos meus anos na faculdade era uma tese de licenciatura de cinquenta páginas intitulada: "À nossa imagem: A supressão dos nascimentos demoníacos na teoria da bruxaria do fim da era medieval".

Minha tese, que na época considerei como sendo a grande obra de arte da minha vida, revolvia em torno dos julgamentos de bruxas do fim da Idade Média. Quando falo de bruxas, não estou falando daquelas retratadas nos cartões de Halloween com verrugas e chapéus pretos pontudos. Falo de mulheres (e homens) que foram acusadas de feitiçaria no final da Idade Média e queimadas em fogueiras. Essas bruxas. Os números são incertos, mas as estimativas históricas mais baixas giram em torno de 50 mil pessoas executadas na Europa ocidental por crimes de *maleficium*, a prática de magia perigosa. E essas 50 mil foram só as pessoas que chegaram a ser *executadas* por bruxaria: queimadas, enforcadas, afogadas, torturadas e assim por diante. Incontáveis outras foram acusadas de bruxaria e levadas a julgamento pelos seus supostos crimes.

Essas pessoas, a grande maioria mulheres, não foram acusadas de bruxaria simples e incipiente, como amuletos de patas de coelho ou poções do amor. Elas foram acusadas de pactuarem com Satã para espalhar morte e destruição. Como a Europa era amplamente analfabeta, o único jeito de uma aspirante a bruxa selar um pacto com o demônio era através de um ato sexual — uma espécie de assinatura erótica.

Além de se entregarem libidinosamente a Satã em uma missa negra, acreditava-se que as bruxas acusadas criavam tempestades, destruíam lavouras, tornavam homens impotentes e tiravam a vida de bebês. Qualquer evento impossível de ser controlado na Europa da era medieval e da Reforma podia muito bem ser o trabalho de uma bruxa.

É fácil uma pessoa do século XXI menosprezar essas crenças e declarar: "Caramba, esse pessoal da Idade Média é tão maluco com esses servos demoníacos voadores e pactos sexuais".

No entanto, a bruxaria era real para os homens e as mulheres medievais, assim como a forma arredondada da Terra e o fato de o fumo causar câncer são reais para nós. Não importava se as pessoas moravam em uma cidade ou em um vilarejo, se eram humildes camponeses cultivando a terra ou o próprio papa. Elas sabiam que bruxas *existiam* e que *estavam* matando bebês, destruindo lavouras e fazendo sexo depravado com o Diabo.

Um dos livros mais conhecidos do século XVI era um manual de caça às bruxas escrito por um inquisidor chamado Heinrich Kramer. O *Malleus Maleficarum*, ou *Martelo das Feiticeiras*, era o guia essencial para encontrar e se livrar de bruxas na sua cidade. É nesse livro que descobrimos, supostamente de um relato em primeira mão de uma bruxa na Suíça, o que elas faziam com recém-nascidos:

> Esta é a maneira de fazer. Preparamos nossa armadilha principalmente para bebês não batizados [...] e com nossos feitiços nós os matamos nos berços ou mesmo quando estão dormindo ao lado dos pais, de tal forma que depois acreditam que [os bebês] sufocaram ou morreram de alguma outra morte natural. Depois, nós os levamos secretamente dos túmulos e cozinhamos em um caldeirão, até a carne toda se soltar dos ossos, para fazer uma sopa que pode ser tomada com facilidade. Com a matéria mais sólida, fazemos um unguento que serve para nos ajudar nas nossas artes, nos prazeres e no transporte.

De acordo com as confissões — a maioria obtida por tortura prolongada —, as malfeitoras faziam todo tipo de coisa com os bebês assassinados. Ferviam um pouco, assavam um pouco, bebiam um pouco de sangue. O mais popular era moer os ossos que sobravam e transformá-los num unguento a ser esfregado nos cabos de vassouras para fazer com que elas voassem.

Estou contando essa história de bruxas matando bebês para mostrar que eu já estava escrevendo sobre bebês mortos antes mesmo de ter visto um. Quando você começa uma nova parte da vida, pensa que está deixando a antiga para trás. "Ao inferno com você, teoria acadêmica de bruxaria medieval; aos diabos com sua filosofia de morte, seus filhos da mãe pedantes e chatos! Chega de escrever coisas que ninguém nunca vai ler; eu vivo na prática agora! Eu suo, e sinto dor, e queimo corpos, e revelo resultados tangíveis!" Mas não existe forma de deixar o passado para trás. Meus pobres bebês mortos pelas bruxas me acompanharam.

Como mencionei, a primeira coisa que você repara quando entra na unidade de refrigeração da Westwind Cremation são as pilhas organizadas de caixas marrons de papelão, cada uma identificada e ocupada com um humano morto recentemente (ou não tão recentemente assim). O que você poderia *não* ver de cara são as miniaturas trágicas dos adultos, os bebês. Eles ficam em uma prateleira de metal separada no canto de trás, um pequeno jardim de tristeza. Os bebês mais velhos ficam embrulhados em um plástico azul grosso. Quando você tira o plástico, eles costumam estar como os bebês normalmente estão: de gorrinhos, pingentes de coração e luvinhas. "Apenas dormindo..." se não estivessem tão frios.

Os bebês mais novos — fetos, se quisermos ser mais precisos — não eram maiores do que a sua mão. Pequenos demais para o envoltório plástico azul, eles flutuam em recipientes com formaldeído marrom como em um experimento de feira de ciências da escola. Em inglês, com seus muitos eufemismos para assuntos difíceis, dizemos que uma criança assim é *stillborn* — "nascida imóvel" —, mas os falantes de outras línguas são mais diretos: natimorto, *nacido muerto, totgeboren, mort-né* — "nascido morto".

Esses bebês chegavam ao crematório vindos dos maiores hospitais de Berkeley e Oakland. Os hospitais ofereciam aos pais cremação gratuita se o bebê morria no útero ou logo depois do nascimento. É uma oferta generosa da parte deles: cremações de bebês, apesar de costumarem ter desconto nas casas funerárias, ainda podem custar centenas de dólares. Independente disso, com certeza essa é a última coisa que uma mãe deseja que o hospital dê a ela.

Nós pegávamos os bebês e levávamos para nosso pequeno jardim: às vezes só três ou quatro por semana, às vezes bem mais. Nós cremávamos feto por feto, e os hospitais nos mandavam um cheque. Diferentemente do procedimento para adultos, os hospitais emitiam certidões de óbito para os bebês com o estado da Califórnia antes dos corpos chegarem ao nosso crematório. Isso nos livrava de ter que fazer a uma mãe consternada as perguntas burocráticas necessárias ("Quando foi seu último período menstrual? Você fumou durante a gravidez? Quantos maços por dia?").

Certa vez, quando Chris estava do outro lado da baía, em São Francisco, pegando um corpo no Instituto Médico Legal, Mike me disse que eu seria enviada para buscar os bebês da semana. Pedi instruções bem específicas para ele. O trabalho parecia do tipo em que eu faria besteira facilmente.

"Você para a van nos fundos, na área de carga e descarga, e vai até a enfermaria e diz que foi buscar os bebês. Eles devem estar com a papelada e tudo o mais lá. É fácil", prometeu Mike.

Dez minutos depois, parei a van na área de carga e descarga atrás do hospital e puxei a maca. Era meio ridículo usar uma maca de tamanho adulto para alguns bebês, mas achei que andar pelos corredores com eles nos braços também não era um plano muito bom. Eu ficava imaginando que iria me enrolar toda e acabar derrubando tudo no chão, como uma mãe estressada carregando uma quantidade enorme de sacos de compras para não ter que fazer duas viagens até o carro.

Pelas instruções de Mike, minha primeira parada era na enfermaria. Naquela época, falar sobre morte ainda era uma dificuldade para mim. Minha inclinação natural quando conheço gente nova é um sorriso caloroso e um pouco de conversa, mas quando o objetivo é coletar cadáveres de bebês, qualquer sorriso parece errado e deslocado. "Como você está hoje? Vim buscar os cadáveres de bebês. E tenho que dizer, garota, esses seus brincos são *maravilhosos*." Por outro lado, se você ficasse de cabeça baixa e mãos cruzadas e declarasse com tristeza seu motivo de estar ali, acabaria se tornando a garota sinistra da funerária. Um equilíbrio delicado é necessário: feliz, mas não *tão* feliz.

Depois de as enfermeiras trocarem ideias e concluírem que eu tinha a autoridade adequada para sair com os bebês, fui escoltada pela segurança até o necrotério do hospital. A segurança em questão era uma mulher austera que sabia do meu propósito desleal e não queria ter nada a ver com aquilo. Depois de várias tentativas desajeitadas e esbarrões de leve na parede, consegui colocar a maca no elevador, e começamos nossa descida constrangida até o necrotério.

A primeira pergunta dela foi razoável: "Por que você trouxe essa maca?".

"Bem", respondi, "você sabe, hã, para levar os bebês."

A resposta dela foi rápida. "O outro cara traz uma caixa de papelão. Onde está ele?".

Uma caixa de papelão. Genial. Um meio de transporte capaz de levar vários bebês discreto, portátil e *sensato*. Por que Mike não mencionou aquilo? Eu já tinha fracassado.

A segurança destrancou o necrotério para me deixar entrar e ficou ali de braços cruzados, seu desprezo palpável. As fileiras de refrigeradores idênticos de aço inoxidável não me davam indicação de onde os bebês podiam estar. Por mais que me doesse, fui obrigada a perguntar onde estavam.

"Você não sabe?", foi a resposta dela. Ela levantou um dedo lentamente e apontou para um refrigerador. Em seguida, ficou me observando pegar os bebês um a um e prender na maca do jeito mais sem sentido do mundo. Rezei silenciosamente para que minha fada mortinha transformasse por mágica minha maca em uma caixa de papelão ou engradado ou *alguma coisa*, para que eu não tivesse que empurrar aqueles fetos no formaldeído pelo corredor em uma maca feita para um adulto.

Achei que ainda podia conseguir sair sorrateira com meus bebês, de cabeça baixa, mas com a dignidade intacta. Mas, então, ela deu o golpe final: "Senhora, você precisa assinar por eles". Eu me lembrei de levar uma caneta? Não, não lembrei.

Quando reparei que havia muitas canetas no bolso da camisa da guarda, perguntei: "Posso pegar uma emprestada?". Nessa hora, veio o olhar — talvez o mais zombeteiro e desdenhoso que já foi dirigido a mim. Como se eu tivesse tirado a vida de cada um daqueles bebês sem arrependimento.

"Talvez quando você tirar as luvas", disse ela, olhando para as minhas mãos, ainda cobertas com as luvas de borracha de transferir bebês.

Para ser justa, não sei se eu ia querer entregar minha caneta (um bem precioso em um ambiente burocrático como um hospital americano) para uma garota que estava mexendo em cadáveres de bebês. Porém, o jeito como ela falou me deu conhecimento palpável do medo que aquela mulher tinha da morte. Não importava quantas vezes eu sorrisse para ela ou expressasse minha condição de novata naquele emprego com desculpas murmuradas no estilo Hugh Grant. Aquela mulher decidiu que eu era suja e pervertida. Criada do submundo. Os deveres regulares dela como segurança não a incomodavam, mas essas viagens ao necrotério eram demais. Tirei as luvas, assinei os papéis da liberação e empurrei os bebês até a van, numa versão triste de um último passeio de carrinho.

As cremações de bebês eram executadas da mesma forma que as de adultos. Nós registrávamos os nomes, se eles tivessem um. Era comum que viessem marcados só como "Bebê Johnson" ou "Bebê Sanchez". Era mais triste quando tinham nomes completos, mesmo quando eram uma coisa terrível, como Caitlin escrito como KateLynne. Nomes completos mostravam o quanto os pais estavam prontos para eles nascerem e se tornarem parte da família.

Não há dispositivo mecânico de carregamento para colocar bebês direitinho nos braços quentes da câmara, da forma que há para adultos. Você, o operador do crematório, tem que aprimorar seu lançamento: o bebê precisava sair da sua mão e ir parar embaixo da chama principal, que descia do teto da retorta. Você tinha que ter certeza de que o bebê cairia no lugar certo. Com prática, era possível se tornar muito bom nisso.

As cremações de bebês eram feitas no fim do expediente. Os tijolos por dentro da câmara ficavam tão quentes no final do dia que os bebezinhos praticamente se cremavam sozinhos. Não era incomum Mike me pedir para não cremar mais um adulto e "dar cabo de alguns bebês" antes do fim do dia.

Os adultos podem demorar horas para serem cremados, incluindo a cremação em si e o processo de esfriamento. Bebês eram cremados em vinte minutos, no máximo. Eu me vi criando metas: *Tudo bem, Caitlin, que horas são? Três e quinze da tarde? Aposto que você consegue dar cabo de cinco bebês antes das cinco horas. Vamos lá, garota, cinco antes das cinco. Corra atrás dessa meta!*

Pavoroso? Sem dúvida. Mas se eu me deixasse ser sugada para a dor que envolve cada feto, cada vidinha desejada e perdida, eu ficaria louca. Acabaria como a segurança do hospital: sem humor e com medo.

Eu era partidária de desenrolar os bebês maiores, os que eram guardados no plástico azul. Eu os abria não para ficar olhando e me entregar à curiosidade macabra. Só me parecia errado não olhar para eles, jogá-los lá na retorta como se não tivessem existido, como se fosse mais fácil fingir que eram resíduos médicos, que não mereciam pensamentos prolongados.

Mais de uma vez abri o plástico e tive a surpresa horrenda de dar de cara com uma deformidade: uma cabeça grande demais, olhos sobrepostos, uma boca torta. Na Europa antes do Iluminismo, as deformidades despertavam todo tipo de explicações criativas, inclusive a natureza depravada da mãe ou a combinação dos pensamentos malignos da mãe e do pai. A monstruosidade da criança era um reflexo do pecado dos pais.

Ambroise Paré deu uma longa lista de motivos para defeitos de nascimento no seu tratado de meados do século XVI, *Des Monstres et Prodiges*: fúria de Deus, excesso de sêmen, problemas do útero e desejos descontrolados da mãe. Esses motivos parecem irrelevantes hoje em dia, a não ser que você conte abuso sério de drogas na gravidez como "desejo descontrolado" (o que pode descrever a situação perfeitamente, para falar a verdade).

Muitos desses bebês não eram desejados e sua mera existência era um fardo. Eles não eram as meninas ou os meninos dos olhos dos pais, pois por acaso pegaram o caminho errado em algum ponto na viagem biológica entre ser um feto e um bebê. Oakland tem uma taxa de pobreza bem maior do que a Califórnia como um todo — tem drogas, tem gangues. Os bebês chegavam à Westwind de todas as cores e raças; o comportamento atroz atinge muitas comunidades na cidade.

Os bebês deformados me olhavam com suas feições distorcidas. Sempre me perguntava se eram vítimas dos caprichos cruéis da biologia ou produtos de mães cujos vícios e estilos de vida eram impossíveis de ser abandonados mesmo com uma criança crescendo dentro delas. Tentar adivinhar qual das duas opções era a correta nunca ajudou, embora às vezes uma luz surgisse meses depois, quando, após vários telefonemas, ainda não havia ninguém disposto a ir buscar as cinzas do bebê.

Só chorei uma vez. Foi por um bebê um pouco mais velho. Entrei no escritório uma tarde para perguntar a Mike o que eu podia fazer enquanto esperava minha vítima da vez ser cremada. A resposta dele foi: "Sabe, na verdade, talvez você pudesse... ah, quer saber, esquece".

"Espera, como assim, esquece?", perguntei.

"Eu ia dizer que você podia raspar a cabeça de um bebê, mas não se preocupe, não vou mandar você fazer isso."

"Não, eu consigo!", garanti, ainda desesperada para mostrar meu vigor da aceitação da morte.

O bebê, uma menina, já tinha onze meses quando morreu de uma anomalia no coração. Ela era pesada e totalmente identificável como uma criatura do mundo. Os pais queriam o cabelo dela antes de a menina ser cremada, possivelmente para guardar e colocar em um medalhão ou anel no estilo vitoriano. Eu admirava o jeito como as pessoas faziam belas joias e lembranças com o cabelo dos mortos. Perdemos essa tradição em algum momento, e agora é considerado nojento guardar qualquer parte dos mortos, até uma mecha de cabelo.

Tive que aninhar o corpinho daquela menina nos braços por necessidade logística, pois era o melhor ângulo para cortar e raspar os cachinhos louros da cabeça dela. Coloquei as mechas em um envelope e a levei no colo até o crematório. Quando parei na frente do forno, prestes a colocá-la lá dentro, de repente comecei a chorar — uma raridade nesse ambiente de trabalho industrial em que a eficiência é essencial.

Por que esse bebê em particular me encheu de tanta dor?

Talvez tenha sido porque eu acabara de raspar a cabeça dela e de enrolá-la em um cobertor e estivesse prestes a entregá-la para as chamas crematórias, executando um ritual sagrado de algum lugar imaginário. Um lugar em que uma jovem é escolhida para coletar bebês mortos, raspar a cabeça deles e queimá-los para o bem da sociedade.

Talvez tenha sido por ela ser linda. Com lábios carnudos pequeninos e bochechas fofas, ela parecia um bebê da Gerber, empresa de produtos para bebês, da década de 1950 de todas as formas nas quais é possível se parecer com o bebê da Gerber estando morta ao mesmo tempo.

Talvez ela tenha funcionado como um símbolo de todos os outros bebês pelos quais não chorei. Os bebês pelos quais não

tive tempo de chorar se queria fazer meu trabalho e cremar cinco antes das cinco.

Ou talvez tenha sido porque os olhos azuis me lembraram de uma forma primitiva e narcisista de mim mesma e do fato de que eu, de alguma forma, vivia não para *ser* cremada, mas para cremar. Meu coração estava batendo e o dela, não.

Consegui entender por que Mike queria delegar a raspagem de cabeça de bebê para mim, mesmo hesitando para fazer o pedido. Mike tinha um filho, um garoto angelical de 5 anos. O processo de cremar crianças já era bem difícil para uma mulher de 23 anos sem filhos, e devia ser uma tortura para um pai amoroso. Ele nunca mencionou nada, mas houve momentos em que a casca rachou de leve e deu para ver como aquilo fazia mal a ele.

Durante meses, acreditei que Mike era puramente durão. No entanto, o ogro Mike que criei na minha cabeça não era nada parecido com o verdadeiro Mike. O verdadeiro Mike tinha uma esposa new-age chamada Gwaedlys, um filho pequeno adorável e um jardim orgânico no quintal. Ele aceitou o emprego no crematório depois de anos trabalhando para proporcionar anistia a refugiados. Eu o via como um ogro porque, por mais que eu trabalhasse, ele continuava austero, sem se impressionar com meus esforços. Não era que Mike me desse feedback negativo, mas a ausência de feedback é terrível para uma pessoa insegura da geração Y. Projetei nele o medo de que uma pessoa fraca como eu não seria capaz de lidar com o trabalho, não seria capaz de lidar com a morte verdadeira em cuja presença estava tão desesperada para estar.

Perguntei a Bruce sobre Mike não querer mexer nos bebês. Ele me olhou como se eu fosse maluca só por perguntar. "Mas é claro que Mike quer que você faça isso. Ele tem um filho. Você, não. A gente vê o nosso filho naquele bebê. Quando a pessoa fica mais velha, sua mortalidade começa a ficar mais evidente para ela. Você vai ver, crianças vão passar a incomodar você quanto mais velha ficar", disse ele, como um aviso.

Quando a cremação do meu bebê Gerber terminou, o que sobrou (o que sobrava de qualquer bebê que cremávamos) foi uma pilha pequena de cinzas e fragmentos de ossos. Os ossos de um bebê são pequenos demais para serem reduzidos a pó no Cremulador (moedor de ossos) que usamos para adultos. Porém, as expectativas culturais (e, novamente, a lei) ditavam que também não podíamos devolver um saquinho com ossos identificáveis e óbvios para os pais. Então, depois que os ossos esfriavam, cada bebê tinha que ser "processado" à mão. Usando um pedacinho de metal parecido com um socador pequeno, eu esmagava os miúdos fêmures e fragmentos de crânio até estarem uniformes. Os ossos produziam talvez um oitavo de xícara de restos cremados, mas os pais podiam enterrá-los, colocá-los em miniurnas, espalhá-los, segurá-los nas mãos.

Escrevi minha tese sobre bruxas medievais acusadas de assarem bebês mortos e moerem seus ossos. Um ano depois, me vi literalmente assando bebês mortos e moendo seus ossos. A tragédia das mulheres acusadas de bruxaria era que elas nunca moeram de fato os ossos dos bebês para ajudá-las a voarem para um sabá do Diabo à meia-noite. Contudo, foram injustamente mortas por esse motivo ainda assim, queimadas vivas na fogueira. Eu, por outro lado, moí ossos de bebês. Várias vezes, ouvi agradecimentos dos pobres pais por meu cuidado e minha preocupação.

As coisas mudam.

CAITLIN DOUGHTY
CONFISSÕES DO CREMATÓRIO
LIÇÕES PARA TODA A VIDA

DESCARTE DIRETO

Mark Nguyen tinha só 30 anos quando morreu. Seu corpo estava na refrigeração, esperando autópsia do Legista de São Francisco quando a mãe chegou para negociar a cremação dele na Westwind.

"Para a certidão de óbito... Mark era casado, sra. Nguyen?"

"Não, querida, não era."

"Ele tinha filhos?"

"Não, não tinha."

"E qual era a ocupação mais recente de Mark?"

"Não, ele não tinha nada disso. Ele nunca trabalhou."

"Eu sinto muito, sra. Nguyen", falei, pensando que uma mulher com um filho de 30 anos morto estaria compreensivelmente arrasada.

"Ah, querida", disse ela, balançando a cabeça com resignação, "acredite, foi melhor assim."

A sra. Nguyen havia lamentado a perda do filho muito tempo antes, quando ele começou a usar drogas, foi para a cadeia pela primeira vez, teve a primeira... a segunda... a sexta recaída. Cada vez que Mark desaparecia, ela ficava com medo de ele ter tido uma overdose. Dois dias antes, ela encontrou Mark morto no chão de um quarto de motel em Tenderloin

District, em São Francisco. Depois de encontrar o corpo, a sra. Nguyen não precisou mais se preocupar. Seus piores medos se tornaram realidade — e ela ficou aliviada.

Quando chegou a hora de pagar pela cremação, a sra. Nguyen me entregou um cartão de crédito, puxou de volta e disse: "Espere um minuto, querida, use este aqui. Eu ganho milhagem em uma companhia aérea com ele. Pelo menos Mark pode me dar umas milhas".

"Você devia ir para algum lugar tropical", falei sem pensar, como se ela tivesse ido a um agente de viagens. Afinal, quando você encontra seu filho morto em um quarto de motel vagabundo, não merece um drinque refrescante?

"Acho que seria ótimo, querida", disse ela enquanto assinava o recibo. "Eu sempre quis ir a Kauai."

"Sou de Oahu, mas passei a gostar muito do lado Hilo da ilha", respondi, e iniciamos uma conversa natural sobre os prós e os contras das diferentes ilhas do Havaí que a sra. Nguyen podia visitar usando as milhas conquistadas com a cremação do filho.

A sra. Nguyen foi meu primeiro pedido de milhas de companhia aérea, mas a Westwind Cremation & Burial não ignorava o casamento entre a tecnologia e a morte. Dentro da garagem da Westwind, na parede acima das caixas adicionais de urnas, ficava a licença de funcionamento para a Bayside Cremation. A garagem *tecnicamente* tinha um endereço diferente, e a Bayside Cremation era *tecnicamente* outro empreendimento, mas ambos operavam no mesmo local. A Bayside se distinguia oferecendo a opção inovadora de encomendar a cremação pela internet.

Se o seu pai morresse em um hospital da região, você podia entrar no site da Bayside Cremation, digitar a localização do corpo, imprimir alguns formulários, assiná-los, enviar por fax para o telefone fornecido e digitar o número do seu cartão de crédito no site. Tudo isso sem ter que falar com uma pessoa real. Na verdade, você não tinha permissão de falar com uma pessoa real mesmo que quisesse: todas as perguntas deveriam ser enviadas por e-mail para info@baysidecremation.com. Duas semanas depois, sua campainha tocaria e o carteiro entregaria as cinzas do seu pai, enviadas por carta registrada, sendo necessário assinar para receber. Sem funerária, sem caras tristes, sem necessidade de ver o corpo do seu pai — uma fuga total pelo preço de 799,99 dólares.

Nada era diferente nos bastidores. Chris ou eu ainda íamos buscar o cadáver, ainda preenchíamos a certidão de óbito, ainda cremávamos no mesmo forno crematório. A Bayside Cremation oferecia o modelo de cremação direta da Westwind — que já tinha bem pouca interação humana — mas agora com nenhuma interação humana.

Bruce, nosso embalsamador, tinha sentimentos intensos sobre a necessidade de humanos vivos reais cuidarem de humanos mortos. "Olha, Caitlin, um computador não consegue cremar um corpo." Ele tinha trabalhado em outro crematório antes da Westwind, onde faziam os funcionários comandarem os fornos crematórios usando temporizadores computadorizados. "Até parece uma boa ideia, não é, pela questão da eficiência e tudo mais? Mas não funcionava se o corpo não estivesse lá dentro com perfeição. Se não estivesse tudo perfeito, a máquina dizia: 'Pim-pim, a cremação acabou!', mas o corpo não estava cremado. Se você abrisse, tinha um corpo meio queimadinho lá dentro. É isso que acontece se você usa um computador, cara."

A maioria das famílias que escolhiam usar a Bayside Cremation estava procurando o preço mais baixo para se livrar do cunhado distante de 65 anos cujas providências a Califórnia exigia legalmente que fossem pagas por elas. Mark Nguyen poderia ser um caso ideal para o Bayside Cremation, um viciado em drogas com uma mãe que o tinha enterrado mentalmente muito antes da sua verdadeira morte. Mas havia casos perturbadores também. Um cavalheiro cremado pela Bayside tinha apenas 21 anos, uma idade bem próxima da minha na época. Vinte e um anos é tempo suficiente para se fazer merda, claro, mas não o suficiente para ser uma causa perdida.

Tentei imaginar meus pais recebendo a notícia da minha morte. Minha mãe se viraria para o meu pai e diria: "John, será que a gente consegue encontrar uma cremação baratinha na internet para a Caiti? Lembra como foi fácil pedir comida chinesa on-line semana passada? Como não precisamos discutir nenhuma questão ou preocupação sobre minha preciosa cria com um ser humano de verdade, tenho certeza de que a internet vai ser uma ótima opção".

Eu estava começando a duvidar que o meu corpo seria bem cuidado se eu por acaso morresse jovem. A mera ideia da Bayside Cremation me enchia de solidão. Fiquei incomodada com a ideia de que qualquer um dos meus amigos de Facebook era rápido em comentar "Que delícia!" em uma foto de salada que eu postava, mas não se aproximaria para secar o suor da minha testa moribunda ou limpar o cocô do meu cadáver.

Era minha função embrulhar as cinzas da Bayside Cremation para enviar pelo correio. O serviço de correios dos Estados Unidos exigia que as urnas fossem embaladas de uma certa forma, com fita marrom grossa de embrulho cobrindo todos os lados e o que pareciam ser uns quarenta adesivos diferentes. Quando havia vários pacotes prontos para serem enviados, eu ia até uma agência do correio e colocava tudo na bancada de linóleo. A senhora oriental por trás da bancada balançava a cabeça para mim enquanto cobria as caixas com o carimbo de "restos mortais".

"Olha, são as famílias que querem que elas sejam enviadas. Eu não crio as regras!", insisti.

A expressão de crítica dela não mudou, a mulher só continuou carimbando. Carimbando. Carimbando.

Mesmo com as caixas vedadas, encaixotadas e presas com fita adesiva como uma fortaleza, ainda havia membros da família tentando nos convencer de que receberam as urnas em condições precárias. *Qualquer coisa* para não terem que pagar. Um cavalheiro na Pensilvânia alegou que o irmão chegou em um pacote que estava com os restos vazando, uma situação que piorou ainda mais quando ele colocou o irmão no banco de trás do conversível e as cinzas voaram no ar enquanto ele dirigia pela rodovia. Apesar de gostar da homenagem a *O Grande Lebowski*, o homem parou com a história e deixou de nos ameaçar com processos quando falei para ele como a urna havia sido embrulhada. Acabamos descobrindo que ele nunca foi ao correio buscar a encomenda.

O fax emitia um som especial quando um pedido da Bayside Cremation chegava pela internet. Isso despertava uma reação pavloviana nos funcionários da Westwind, porque nos prometeram um jantar com coquetéis quando chegássemos aos primeiros cem casos de cremação on-line.

Em uma manhã de terça, o fax tocou, e Chris se levantou com o resmungo de sempre (festas e reuniões sociais não tinham atrativo nenhum para ele) e foi pegar.

"Ah, caramba, Cat, ela tem nove."

"Espera aí, Chris, ela tem o quê?"

"Ela tem nove."

"Nove anos?", perguntei, horrorizada. "Qual é o nome dela? Jessica?"

"Ashley", disse ele, balançando a cabeça.

"Meu Deus."

Uma garotinha de 9 anos chamada Ashley, que tinha acabado de terminar a terceira série, morreu em um hospital, onde os pais deixaram o corpo, depois foram para casa, digitaram o número do cartão de crédito em um site e esperaram duas semanas para que ela chegasse pelo correio em uma caixa.

Eu acabei falando com a mãe de Ashley pelo telefone, porque, independente de quantos e-mails nós trocássemos, o cartão de crédito que ela nos dava não passava. Acontece que ela estava tentando usar o cartão da loja de departamento

Sears para pagar pela cremação. Quem pode dizer que a Sears não vai oferecer uma cremação on-line comprada com um clique no futuro? Se oferecer, alguém vai pensar em um eufemismo para cremação, como "procedimento de fragmentação por calor", para nos poupar da realidade do serviço. Talvez os membros da família de Ashley fossem visionários da morte no futuro, não as pessoas indiferentes que imaginei que fossem.

A ideia de uma menina de 9 anos poder se transformar magicamente em uma caixa arrumadinha de restos é ignorante e vergonhosa para nossa cultura. É o equivalente a adultos pensando que os bebês são trazidos pela cegonha. No entanto, Joe, o dono da Westwind, achava que a Bayside Cremation era o futuro dos serviços funerários baratos. Não seria a primeira vez que a Califórnia testemunhava o futuro da morte.

A norte de Los Angeles fica a cidade de Glendale, lar de uma das maiores populações de armênios nos Estados Unidos, da cadeia de sorvetes Baskin-Robbins e possivelmente de um dos cemitérios mais importantes do mundo, o Forest Lawn. O Forest Lawn não é só um cemitério, mas um "parque memorial", com colinas amplas e nenhuma lápide em lugar nenhum. Seu solo abriga um Quem é Quem de celebridades de Hollywood: Clark Gable, Jimmy Stewart, Humphrey Bogart, Nat King Cole, Jean Harlow, Elizabeth Taylor, Michael Jackson e até o próprio Walt Disney (apesar da lenda, ele não foi congelado em criogenia).

Fundado em 1906, Forest Lawn ganhou um novo gerente geral em 1917, chamado Hubert Eaton, um empresário com intensa aversão ao modelo banal de morte europeu. Sua visão era criar um novo e otimista "parque memorial" americano, declarando guerra aos cemitérios tradicionais, que ele chamava de "jardim de lápides deprimentes". Eaton tirou as lápides de Forest Lawn e substituiu por identificadores no chão, pois "você não ia querer macular [o cemitério] com lápides.

Estragaria tudo". Ele encheu o terreno de Forest Lawn com arte e esculturas, às quais se referia como seus "vendedores silenciosos". Sua primeira grande compra foi uma escultura chamada *Duck Baby*, um bebê nu cercado de patinhos. Conforme as aquisições artísticas de Forest Lawn foram crescendo, ele ofereceu um milhão de liras para o artista italiano que conseguisse pintar "um Cristo radiante e olhando para cima com uma luz interior de alegria e esperança". Para ser mais específico, Eaton queria "um Cristo com rosto americano".

Eaton foi o primeiro agente funerário otimista. Seu objetivo era "apagar todos os sinais de sofrimento". Forest Lawn era a gênese de alguns eufemismos de negação da morte mais adorados pela indústria funerária norte-americana. A morte se tornou uma "partida", o cadáver se tornou "o ente querido", "os restos" ou "sr. Fulano de Tal", que, depois de um embalsamamento elaborado e de um tratamento cosmético, aguardava o enterro em uma câmara "de descanso" particular e bem mobiliada.

Um artigo em uma edição de 1959 da *Time* chamou Forest Lawn de "Disneylândia da Morte" e descreveu Eaton como um homem que iniciava o dia comandando a oração da equipe e lembrando a todo mundo que "eles estavam vendendo a imortalidade". Havia, claro, limites a quem tinha permissão de comprar a imortalidade. O mesmo artigo nos diz que "negros e chineses eram lamentavelmente recusados".

Forest Lawn se tornou conhecido pela política agressiva de bela morte a todo custo, satirizada em *O Ente Querido*, de Evelyn Waugh. O autor descreveu em verso como o exército de embalsamadores de luxo de Eaton garantia que todos os cadáveres que iam para Forest Lawn eram "conservados em formaldeído e pintados como prostitutas,/rosa-camarão, incorruptíveis, nem perdidas e nem mortas antes".

Hubert Eaton implementou seu plano da bela morte com ar ditatorial. Ele era conhecido pelos funcionários (por decisão própria) como "O Construtor". (Isso me lembra a nomenclatura surreal do meu ortodontista durante o ensino fundamental II, que mandava seus assistentes se referirem a ele não como "o doutor" e nem "dr. Wong", mas só "Doutor". O título ainda está impresso na minha mente, apesar dos meus dentes terem voltado para a configuração torta original há muito tempo. "Doutor vai receber você em um minuto", ou "Quando foi a última vez que você viu Doutor?", ou "Vou ter que perguntar a Doutor o que ele acha disso...")

Devido em grande parte à influência de Forest Lawn, a década de 1950 foi uma época glamourosa para a indústria da morte. Nos noventa anos desde o fim da Guerra de Secessão, os agentes funerários conseguiram mudar a percepção pública da sua ocupação. Eles foram de fazedores locais de caixão forçados a incrementar a renda de outras formas a profissionais médicos bem treinados, embalsamando corpos para o "bem da saúde pública" e criando exibições artísticas de cadáveres para a família. O fato de o boom econômico do pós-guerra ter dado às pessoas a renda viável para acompanhar as evoluções pós-mortes não atrapalhou.

Durante quase vinte anos depois do fim da Segunda Guerra Mundial, a taxa nacional de cremação ficou no âmbito escandalosamente baixo dos 3 a 4%. Por que uma família iria querer uma cremação quando podia impressionar os vizinhos com caixões chiques que lembravam Cadillacs, arranjos de flores, embalsamamentos e enterros elaborados? O corpo embalsamado era arte, descendo para o túmulo sobre travesseiros de cor pastel e trajes funerários leves e penteados bufantes. Era completamente *kitsch*, perfeito para a estética pós-guerra. Stephen Prothero, professor de religião e estudioso da indústria americana de cremação, explicou: "Os anos 1950 representaram uma excelente oportunidade para os excessos extravagantes".

Contudo, os "excessos extravagantes" não podiam durar para sempre, e no começo dos anos 1960 os consumidores começaram a se sentir enganados pelos preços absurdamente altos da indústria funerária. Embora antes as agências funerárias fossem consideradas o pilar de retidão da comunidade, as pessoas começaram a desconfiar que talvez os agentes funerários fossem charlatães inescrupulosos tirando vantagem de famílias em sofrimento. A líder indiscutível do movimento contra o status quo funerário foi uma mulher chamada Jessica Mitford.

Mitford foi uma escritora e jornalista nascida em uma família excêntrica de aristocratas ingleses. Ela tinha quatro irmãs famosas, uma delas nazista e "grande amiga de Hitler". Mitford influenciou todo mundo, desde Christopher Hitchens a Maya Angelou. J.K. Rowling a citou como sua maior influência como escritora.

Em 1963, ela escreveu um livro chamado *The American Way of Death*, que não foi nem um pouco gentil com diretores funerários. Comunista de carteirinha, Mitford acreditava que os diretores funerários eram capitalistas avarentos que conseguiram "perpetrar uma pegadinha enorme, macabra e dispendiosa no público americano". *The American Way of Death* vendeu absurdamente e ficou no topo da lista de mais vendidos do *New York Times* durante semanas. Em resposta ao livro, a autora recebeu milhares de cartas de cidadãos que se sentiam enganados pela indústria da morte. Ela encontrou aliados improváveis em membros do clero cristão, que achavam que o foco em funerais caros era "pagão".

Relutantemente, Mitford admitiu que Hubert Eaton "devia ter mais influência nas modas da indústria moderna de cemitérios do que qualquer outro ser humano" e, por isso, era o homem do mundo funerário que ela mais odiava.

Para protestar contra o mal produzido por Forest Lawn e seus similares, Mitford anunciou que, quando morresse, dispensaria os serviços funerários "tradicionais" e caros e escolheria uma cremação barata. É seguro dizer que 1963 foi o ano da cremação. *The American Way of Death* foi publicado naquele ano, o mesmo da revogação do papa Paulo VI da proibição da cremação pela Igreja Católica. Esses dois fatores mudaram a procura do país pela cremação. Quando *The American Way of Death* saiu, a grande maioria dos norte-americanos optava pelo embalsamamento seguido de enterro. Entretanto, as taxas de cremação subiram regularmente nos anos seguintes à publicação do livro de Mitford. Sociólogos acreditam que 50% dos americanos, se não a maioria, vai escolher a cremação na próxima década.

Quando Mitford morreu, em 1996, o marido cumpriu seu pedido e mandou o corpo para uma cremação direta — 475 dólares por uma cremação sem frescuras, sem velório e sem a presença da família. As cinzas foram colocadas em uma urna de plástico descartável. Na opinião de Mitford, a cremação direta era um jeito inteligente e barato de partir. Os veteranos da indústria da morte — a maioria homens — chamava esse tipo de cremação de "torrar e sacudir" ou de "descarte direto". O último pedido de Mitford foi uma alfinetada final nesse grupo que odiava tudo que ela defendia.

Apesar de ela ter crescido na Inglaterra, o segundo marido de Mitford era americano. Eles moraram por anos em Oakland, Califórnia. Então, onde ela conseguiu essa cremação direta por 475 dólares? Na velha e boa Westwind Cremation & Burial. Foi Chris quem buscou o corpo dela.

Trabalhar como a operadora do forno crematório que reduziu Jessica Mitford a cinzas me deixou satisfeita com meu lugarzinho na história da morte. Eu sabia que, como Mitford, não concordava com os funerais grandes, caros e tradicionais do passado. Também não acreditava na preservação eterna, apesar do entusiasmo aberto de Bruce pela arte do embalsamamento. Foi uma coisa admirável Mitford puxar a "cortina de formaldeído" do embalsamamento e revelar ao público que, nos bastidores, a pessoa morta comum era "em resumo, borrifada, cortada, perfurada, colocada em conserva, amarrada, aparada, coberta de espuma, raspada, pintada, maquiada e arrumada — transformada de um cadáver comum em uma Bela Imagem para a Memória".

A autora não teve medo de usar detalhes vívidos, ao ponto de o editor original avisar que ela tornou o livro "mais difícil de vender ao explicar demais e entrar em detalhes nojentos sobre o processo de embalsamamento". A favor dela, é preciso dizer que Mitford trocou de editor e seguiu em frente.

Porém, quanto mais eu trabalhava na Westwind, mais descobria que não estava totalmente de acordo com Mitford, embora parecesse traição questioná-la. Afinal, ela era, indiscutivelmente, a rainha da indústria funerária alternativa, uma defensora que amava o consumidor. Se o embalsamamento e os funerais caros eram ruins, então a preferência dela por funerais simples e acessíveis devia ser boa, certo?

No entanto, descobri uma coisa perturbadora sobre a cultura da morte baseada só na cremação direta. Apesar da Westwind oferecer embalsamamentos e enterros, a movimentação maior dos negócios era a cremação direta, de cadáver a cinzas por menos de mil dólares. Agora, a Bayside Cremation e o atendimento pela internet surgiram como os maiores aliados de Mitford na missão de cortar fora o diretor funerário.

Na capa da minha edição de 1998 de *The American Way of Death*, Mitford está sentada no corredor de um mausoléu. Ela usa um terno sóbrio, segurando uma bolsa sóbria e exibe uma expressão moderada e simples. Ela é a versão de meia-idade da mulher austera que aparece no programa de televisão *Supernanny*, no qual a "babá" foi importada da Inglaterra para dar um jeito em um bando de crianças americanas selvagens que gritam coisas como: "Mas, babá, bacon é legume!".

O fato de Mitford ser inglesa aparecia com evidência na escrita dela. Ela tinha orgulho das tradições da sua terra natal, tradições que nos tempos modernos significavam pouca interação com o cadáver na hora da morte. Ela cita uma inglesa que morava em São Francisco e foi a um velório americano de corpo presente e caixão aberto: "Fiquei abalada ao chegar e ver o caixão aberto e o pobre Oscar deitado lá com o terno marrom de tweed, base bronzeadora e o tom errado de batom. Se eu não gostasse tanto daquele sujeito, tenho a horrível sensação de que poderia ter gargalhado. Naquele momento, decidi que jamais enfrentaria outro funeral americano — nem morta".

O funeral na presença do corpo embalsamado se desenvolveu como norma cultural nos Estados Unidos e no Canadá, mas os britânicos (pelo menos dentre os colegas da alta classe de Mitford) preferiam ausência total do cadáver. É difícil dizer qual costume é pior.

Geoffrey Gorer, o antropólogo britânico, comparou a morte moderna na Grã-Bretanha com uma espécie de pornografia. Enquanto o sexo e a sexualidade eram o tabu cultural do período vitoriano, a morte e o morrer são o tabu do mundo moderno. "Nossos bisavós ouviram que os bebês eram encontrados embaixo de arbustos de groselha ou de repolhos; nossos filhos provavelmente vão ouvir que os que faleceram [...] viram flores ou descansam em lindos jardins."

Gorer argumentou que as "mortes naturais" por doença e velhice foram substituídas no século xx por "mortes violentas" — guerras, campos de concentração, acidentes de carros, armas nucleares. Se o otimismo americano levava a um embelezamento do cadáver com maquiagem e produtos químicos, o pessimismo britânico levou à retirada do corpo e do ritual de morte da sociedade educada.

No prefácio de Mitford em *The American Way of Death*, duas coisas chamaram minha atenção. Primeiro, a declaração dela de que o livro não abordaria "costumes antiquados de morte ainda praticados por certas tribos indígenas". Esses eram costumes que, incidentalmente, estavam longe de ser antiquados. Os índios norte-americanos tinham rituais de morte intensamente detalhados, inclusive o método dos Sioux, de Dakota, de construir plataformas de madeira entre

1,80 metro a 2,40 metros de altura e depositar o corpo para exposição aos elementos em uma cerimônia elaborada de luto. Segundo, a declaração firme da autora de que o público americano não podia ser culpado pela forma como as coisas se tornaram na indústria funerária. Ela declara com confiança: "Com base em provas atuais, tenho relutância em declarar o público culpado".

Porém, diferente de Mitford, eu *não* relutava em declarar o público culpado. Aliás, nem um pouco.

Ao encomendar um funeral na Westwind, a filha de uma mulher falecida me olhou nos olhos e disse: "Esse planejamento é difícil, principalmente porque a morte da mamãe foi tão inesperada. Você tem que entender que ela só estava em *hospice*[1] havia seis meses".

A mãe dessa mulher estava recebendo cuidados terminais em casa havia *seis meses*. Foram 180 dias com a mãe morrendo ativamente em casa. A mulher sabia que ela estava doente *muito* antes de a mãe começar a receber os cuidados em casa. Por que não procurou as melhores casas funerárias na região, comparou preços, perguntou a amigos e familiares, descobriu o que estava dentro da lei e, o mais importante, *falou com a mãe sobre o que ela queria quando morresse?* A mãe estava morrendo, e a filha sabia. Recusar-se a falar sobre o assunto e chamar a morte de "inesperada" não é uma desculpa aceitável.

Quando uma pessoa jovem morre de maneira inesperada, é bem provável que a família vai encarar o que Mitford chamava de "necessidade de comprar um produto que desconhece totalmente". A morte repentina de uma pessoa jovem é uma tragédia horrível. Na dor, a família não devia precisar se preocupar se uma agência funerária vai tirar vantagem e vender um caixão ou um pacote de serviços funerários mais caro. Porém, qualquer pessoa que trabalhe na indústria

---

[1] Consiste em dar atendimento físico e espiritual a um paciente terminal que permanece em casa.

da morte pode dizer na hora que os casos que envolvem a morte repentina de um jovem são minoria. A maioria das mortes chega depois de doenças longas e sérias ou de vidas bem grandes.

Se eu aparecesse em uma loja de carros usados e o vendedor dissesse "Este Hyundai 1996 custa 45 mil dólares" (sendo que o valor de mercado é 4.200 dólares) e eu comprasse, a situação seria culpa minha. Eu poderia fazer gestos feios o quanto quisesse para o golpista que me vendeu o Hyundai de 45 mil, mas todo mundo concordaria que tiraram vantagem de mim apenas porque não fiz minha pesquisa.

Mitford reconhecia que uma pessoa comum querendo comprar um carro leria o *Consumer Reports* (ou, no século XXI, navegaria pela internet). Mas fazer esse tipo de pesquisa na indústria da morte, bem, "não pareceria certo". Como o público em geral não gosta de pensar nas implicâncias da morte, "ele fica ansioso para dar cabo de tudo de uma vez". Em nenhum momento a autora protesta contra essa abordagem de enfiar a cabeça na areia.

The American Way of Death garante aos leitores que odiar a morte é algo perfeitamente normal: é *claro* que você fica ansioso para acabar logo com tudo e ir embora da funerária; é *claro* que seria mórbido sair por aí perguntando quais "agentes funerários de confiança" as pessoas contratam; é *claro* que você não sabe como é uma casa funerária e nem como ela funciona. Mitford nos garantiu com sua prosa tranquilizadora que nossa negação da morte, além de apropriada, era o estado natural das coisas. Ela autorizava isso.

A autora odiava o fato de que diretores funerários eram empresários. Contudo, para o bem ou para o mal, é isso que eles são. As agências funerárias na maioria dos países desenvolvidos são empresas privadas lucrativas. As pessoas que trabalham em casas funerárias corporativas não sofrem de falta de histórias em que contam como é sufocante a pressão para vender e empurrar produtos e serviços adicionais. Um antigo diretor funerário de uma das maiores casas funerárias corporativas me disse que quando tinha um mês ruim de vendas (talvez porque a clientela daquele período era de famílias de baixa renda ou porque os clientes preferiram ser cremados), "de repente, havia alguém da corporação do Texas ao telefone perguntando se havia alguma coisa errada na sua vida, perguntando se você entendia que não ia ganhar o bônus".

Como jornalista, Mitford era especialista em mexer nas coisas e expor os males escondidos do mundo. Não havia dúvida de que a indústria funerária americana precisava mudar. Mas o que ela conseguiu foi uma tática de terra arrasada. A escritora acendeu um fósforo, jogou por cima do ombro e saiu andando. Atrás de si, deixou um público indignado exigindo alternativas funerárias mais baratas.

Ao escrever *The American Way of Death*, Jessica Mitford não estava tentando melhorar nosso relacionamento com a morte, estava tentando melhorar nosso relacionamento com o preço no varejo. Foi aí que ela errou. A indústria funerária estava roubando a *morte* do público, não o dinheiro. A interação realista com a morte e a chance de encarar a própria mortalidade. Apesar das boas intenções de Mitford, a cremação direta só piorou a situação.

CONFISSÕES DO CREMATÓRIO
LIÇÕES PARA TODA A VIDA

NATURAL ARTIFICIAL

"Como você se atreve a tentar nos cobrar por isso?", gritou ela com um pesado sotaque do leste europeu.

"Me desculpe, sra. Ionescu", tentei explicar, "mas nós temos que cobrar os 175 dólares."

A sra. Ionescu, filha da falecida Elena Ionescu, estava sentada na minha frente à mesa da sala de atendimento da Westwind Cremations. O cabelo castanho denso espiralava em cachos pelas laterais da cabeça, e as mãos, carregadas de anéis de ouro, gesticulavam loucamente.

"Você está tentando nos extorquir. Não entendo por que está fazendo isso, só queria ver minha mãe uma última vez."

Se essa fosse minha primeira experiência com o negócio do "uma última vez", eu talvez tivesse cedido aos pedidos dela. Mas sabia que Mike não ia gostar que eu deixasse de lado a cobrança só porque esperava evitar um confronto. Era comum as famílias quererem "ver mamãe uma última vez" antes de ela ser cremada ou enterrada. Porém, elas não queriam ter que pagar os 175 dólares pelo privilégio. Era difícil explicar por que nós sugeríamos que pagassem.

As pessoas mortas parecem muito, muito mortas. É difícil captar o que isso quer dizer, pois é improvável que qualquer um de nós dê de cara com um grupo ambulante de cadáveres soltos na natureza. Vivemos em um mundo em que as pessoas raramente morrem em casa, e, se morrem, são levadas para uma funerária no segundo seguinte ao último suspiro. Se um americano já *viu* um cadáver, provavelmente este estava embalsamado, maquiado e vestido com as melhores roupas de domingo como resultado do trabalho de um empregado de funerária.

Os programas policiais de TV raramente ajudam. Os corpos mortos da televisão, descobertos por empregadas, funcionários de manutenção ou gente correndo no Central Park aparecem deitados como se já tivessem sido preparados para um velório, com os olhos e os lábios fechados, cobertos de uma maquiagem branca-azulada que nós, espectadores, interpretamos como "morte". As vítimas desses programas são interpretadas por modelos e atores jovens que estão percorrendo o circuito de cadáveres de *csi* e *Lei e Ordem* enquanto esperam ser convocados para atuar no piloto de algum programa novo. Estão muito longe da maioria dos cadáveres de uma funerária — velhos, retorcidos e marcados por anos de doenças como câncer e cirrose.

Havia uma lacuna enorme entre o que a família Ionescu *esperava* e o que a família Ionescu *veria* se tirássemos Elena diretamente do refrigerador para encontrar a família que a aguardava. Essa expectativa se tornou um problema para as funerárias, sob constante ameaça de processo por parte das famílias quando um corpo não está do jeito que esperam que esteja. É claro que é um desafio sentir pena da indústria funerária, pois a ascensão do embalsamamento foi o que criou essa lacuna.

Quando não é tratado, o rosto de uma pessoa fica horrível, ao menos para nossas expectativas culturais limitadas. Os olhos abertos e vazios ficam caídos e enevoados. A boca, escancarada como em *O Grito*, de Edvard Munch. A cor abandona o rosto. Essas imagens refletem os processos biológicos normais da morte, mas não são o que uma família quer ver.

Como parte da lista de preços, as agências funerárias costumam cobrar entre 175 e 500 dólares para "ajeitar as feições". É assim que os cadáveres acabam parecendo "tranquilos", "naturais" e "em repouso".

O fato cruel era que Elena Ionescu, uma romena de 90 anos, ficou no hospital por dois meses antes de morrer. A combinação entre ficar na cama por oito semanas e presa a soluções intravenosas e máquinas fez o corpo dela se transformar em um grande edema, uma condição pós-morte em que os fluidos incham embaixo da pele. Ela estava inchada como um boneco da Michelin, com o edema tendo dominado a parte inferior das pernas, os braços e as costas. A pele vazava fluidos. E, para piorar, a umidade do edema acelerou a decomposição.

Onde a decomposição teve início e os fluidos se acumulam, a temida "perda de pele" se transforma em uma possibilidade real. O nome técnico é descamação, mas na prática se chama pele frouxa, uma expressão que tem o crédito de significar exatamente o que diz. O processo de decomposição fez a pressão e os gases aumentarem dentro de Elena, afrouxando a pele e a camada superior até ela escorregar e soltar, como se quisesse pular fora do barco. Se essa situação acontecesse com uma pessoa viva, a pele acabaria voltando a crescer e se regeneraria. Porém, para Elena, era o fim: até a cremação, a pele ficaria saudável, rosada e coberta de uma camada fina de gosma.

Era seguro dizer que o corpo de Elena não estaria como sua irada filha imaginava. Ainda assim, a Westwind Cremation & Burial não tinha direito algum de manter Elena Ionescu trancada na câmara de refrigeração. Por lei, os cadáveres são quase uma propriedade. A família de Elena era *dona* do corpo dela até o enterro ou a cremação. O que nos leva a outro motivo popular para processar casas funerárias — os processos nascem depois que algum diretor funerário pouco honrado segura ilegalmente um corpo como garantia até a família poder pagar.

Se a filha de Elena dissesse "Entregue-a neste minuto, vou colocar mamãe no banco de trás do carro e levá-la deste lugar ímpio", eu teria feito o que ela pediu sem perguntar nada. Havia dias em que eu poderia aplaudir uma decisão dessas.

"Sra. Ionescu, me desculpe. A senhora pode ficar à vontade para procurar qualquer outro lugar, até sugiro que faça algumas ligações. Mas acho que vai descobrir que a cobrança de 175 dólares será a mesma aonde quer que vá por aqui" argumentei, fazendo uma última tentativa.

"Acho que não temos escolha, temos?", replicou ela, com os anéis tilintando enquanto assinava o contrato.

Duas horas depois, Elena Ionescu estava deitada na minha frente na mesa da sala de preparação, prestes a ficar "natural" para a visita do dia seguinte. É um segredo da indústria funerária não muito bem guardado que os processos usados para fazer uma pessoa parecer natural costumam ser altamente *artificiais*.

Parei na frente do mesmo armário de metal onde vários meses antes Mike me deu minha primeira lâmina de barbear para cadáveres. Peguei dois "tapa-olhos", que pareciam pequenas naves espaciais de plástico, redondos e da cor da pele. Várias pontinhas projetadas na superfície do plástico faziam com que parecesse um miniaparelho de tortura da Inquisição. Os objetivos das tampas plásticas são dois: primeiro, ao colocar uma embaixo da pálpebra de Elena, os olhos dela pareceriam redondos, e isso mascararia os globos oculares afundados e achatados escondidos embaixo; segundo, as pontinhas tinham a função importante de segurar a parte de trás das pálpebras, o que impedia que se abrissem em uma piscadela pós-morte.

Com cotonetes e algodão, limpei o nariz, as orelhas e a boca de Elena — uma tarefa bastante desagradável. Nas dores finais da vida, a higiene básica costuma ser ignorada. Isso é compreensível, mas a explicação não torna o que vem depois menos repugnante. Ao mover um cadáver, sempre existe a chance de haver uma explosão repentina de "expurgo", um líquido espumoso marrom-avermelhado expulso dos pulmões e do estômago. Eu não tinha inveja das enfermeiras, cujos pacientes vivos produziam esses fluidos desagradáveis diariamente.

Sem a dentadura, que ficou mergulhada em um copo de água ao lado da cama do hospital, os lábios de Elena se curvavam sobre gengivas vazias. Para compensar isso, usamos uma forma bucal, um pedaço de plástico curvo que parece um tampão de olho, mas maior (e com formato de boca). Levantei delicadamente o lábio inferior para inserir a forma bucal, mas o objeto era grande demais para uma mulher idosa, fazendo com que ela parecesse um macaco ou um jogador de futebol americano usando um protetor bucal. Assustada, retirei rapidamente o objeto e o aparei com uma tesoura grande.

Em seguida veio a pistola injetora. Era uma pistola para fechar a boca, um dispositivo de metal usado para disparar fios nas gengivas da falecida para que pudessem ser amarrados e manter a boca fechada. Comecei escolhendo um grampo fino com um fio comprido preso na ponta, como um girino pequeno de metal. Era colocado na ponta de uma agulha grande, que disparou o fio nas gengivas de cima e de baixo. Nosso injetor na Westwind era de qualidade meio duvidosa e já estava um tanto enferrujado. Não injetava com o entusiasmo desejável. Isso quis dizer que tive que subir em cima de Elena e usar todo o peso do meu corpo para injetar os fios com um poderoso grito de "Hoo-ah!".

Aos 90 anos, Elena tinha uma certa deficiência no quesito gengivas, o que exigiu várias tentativas para que os fios ficassem no lugar. Quando estavam presos, as duas pontinhas foram amarradas passando pela forma bucal, o que uniu os maxilares superior e inferior.

Se todos esses truques falhassem e os olhos ou a boca insistissem em se abrir, sempre havia a arma secreta: supercola. Nós usávamos aqueles tubinhos de magia líquida para tudo. Mesmo se, por algum milagre, as tampas oculares e a pistola injetora funcionassem direitinho, era sempre bom reforçar.

Olhos azuis leitosos e gengivas expostas não eram o que a família queria, mas eram menos apavorantes do que ter um vislumbre indesejado de plástico cheio de pinos da cor da pele ou dos fios grossos que agora deixavam o rosto do ente querido delas intacto.

Quando a família Ionescu se resignou a pagar a taxa daquela "última vez", eles voltaram à Westwind com roupas para que pudéssemos vestir Elena para a visita. Além de o edema da idosa ter feito com que ela inchasse para o dobro do tamanho normal, sua família — assim como muitas outras —, levou roupas do passado elegante e esbelto dela. Existe um motivo para as páginas dos obituário dos jornais estarem cobertas de fotos glamourosas, de casamentos e de retratos de bailes de debutantes antigos. Nós queremos que as pessoas fiquem para sempre na sua melhor forma, como uma bela Kate Winslet de bochechas rosadas conhecendo Leonardo DiCaprio no Paraíso do *Titanic* décadas após o navio ter afundado.

Mike teve que me ajudar a espremer Elena dentro do vestido europeu opulento da época da Glasnost. Ele tinha uma série de truques úteis na manga, como envolver os braços em filme de PVC como uma múmia de filme B dos anos 1950. Porém, a odisseia ainda não estava completa. Como regra geral, se qualquer pessoa pedir a você para colocar meia-calça em uma romena de 90 anos morta e com edema, sua resposta deve ser não.

"Mike", falei com um suspiro, "nós sabemos que a parte de baixo do corpo vai estar coberta com o lençol durante a visita. Odeio dizer isso, mas podemos deixar a meia-calça de lado."

Meu colega, querendo aumentar seu valor como profissional, não aceitou.

"Não, cara, a família pagou pela arrumação e pela visita. A gente consegue colocar isso."

Como negócio, a indústria funerária se desenvolveu vendendo um certo tipo de "dignidade". Dignidade é ter um momento final bem-orquestrado para a família, completo com um cadáver também bem-orquestrado. Os diretores funerários se tornam diretores de palco, organizando a apresentação da vez. O cadáver é a estrela do show, e há um grande esforço para garantir que a quarta parede não seja derrubada, para que o cadáver não interaja com a plateia e estrague a ilusão.

A Service Corporation International, a maior agência funerária e corporação de cemitérios dos Estados Unidos, com base em Houston, no Texas, até conseguiu transformar a dignidade em marca registrada. Se você for a qualquer estabelecimento deles, chamados "Memorial da Dignidade®", aquele ® irritante logo aparece, avisando sutilmente que eles monopolizam o mercado da elegância pós-morte.

Durante a visitação a Elena na manhã seguinte, a filha puxou o cabelo e gritou de sofrimento. Foi um som genuíno e assustador que eu quis absorver e apreciar na sua profundidade. Entretanto, eu só conseguia me concentrar no medo corrosivo de um olho se abrir ou de um braço envolto em plástico começar a vazar. Considerando tudo, Elena estava com a aparência ótima. Mesmo assim, a farsa da experiência me afetou. Dizem que você pode passar batom em um porco, mas ele vai continuar sendo um porco. O mesmo acontece com um cadáver. Se você passa batom em um cadáver, está apenas brincando de arrumar um cadáver.

Na segunda-feira seguinte à visitação a Elena Ionescu, fui trabalhar e descobri que, durante o fim de semana, os dois fornos crematórios ganharam um novo piso glorioso, liso como bumbum de bebê. Joe, o dono do crematório, fez uma breve aparição para entrar na retorta com concreto, vergalhões e proverbiais colhões de aço para fazer ele mesmo o serviço. Tenho que dizer que eu ainda não o conhecia, e esse pequeno projeto de fim de semana alimentou seu status de lenda na minha mente, pois não conseguia imaginar uma pessoa viva se espremendo (voluntariamente!) para dentro da câmara crematória. Antes da reforma, o piso estava começando a parecer a topografia dos Alpes. Pedaços grandes de concreto foram se desalojando nos anos de uso. Com o piso nesse estado, varrer os ossos e as cinzas se tornara um teste de destreza e força de vontade que superava a descrição do emprego. Com o piso novo, eu podia puxar os ossos com movimentos graciosos e simples sem derramar uma gota de suor.

O primeiro dia das máquinas com piso novo prosseguiu sem problemas. O segundo dia começou com o posicionamento da sra. Greyhound lá dentro. Em contraste com o seu sobrenome delgado, a sra. Greyhound era uma idosa agradavelmente gorducha na casa dos 80 anos. O cabelo branco com permanente e as mãos macias faziam me lembrar minha avó por parte de pai, uma professora de uma escola composta por apenas um cômodo em uma cidade pequena de Iowa que criou sete filhos e fazia rolinhos de canela. Em certo verão, quando eu era criança, fui visitá-la em Iowa. Acordei no meio da noite e a encontrei chorando na sala escura porque ela sabia "que havia pessoas que não conheciam o amor de Jesus". Minha avó morreu quase dez anos antes de eu começar a trabalhar na Westwind, mas só meu pai pôde ir até Iowa para o enterro. Era fácil ver sua própria avó em pessoas... bom, em corpos... como o da sra. Greyhound.

Usando todos os princípios básicos de cremação, a sra. Greyhound entrou no começo do dia, quando as retortas ainda estavam frias. Nós precisávamos de nossas câmaras de cremação frias de manhã para acomodar os homens e as mulheres maiores. Sem uma câmara fria, a carne queimaria rápido demais, subindo pela chaminé em baforadas densas e escuras, com o potencial de atrair o corpo de bombeiros. Pessoas com gordura corporal adicional (como a rechonchuda sra. Greyhound) eram cremadas primeiro, enquanto senhoras idosas menores sem gordura corporal (e bebês) costumavam ficar para o fim do dia.

Coloquei a sra. Greyhound dentro da retorta fria e fui cuidar dos meus afazeres matinais. Quando voltei momentos depois, havia fumaça saindo pela porta. Fumaça preta e ondulante. Fiz meu barulho de "avaliação de situação de emergência", uma mistura de tosse e grito, e corri para chamar Mike no escritório da frente.

"Ah, merda, o piso", disse ele, com olhos de aço.

Mike e eu voltamos correndo para o crematório. No mesmo momento, do duto pelo qual os ossos são puxados veio um barulho de *gordura derretida jorrando*. Mike puxou o recipiente que coleta os ossos, que tem mais ou menos o tamanho de uma caixa de sapatos, e encontrou uma poça do que poderia ser uns três ou quatro litros de lama opaca. E não parava de sair. Nós dois substituímos recipiente atrás de recipiente embaixo do duto dos ossos como se estivéssemos tirando água de um barco furado.

Mike levou os recipientes para a sala de preparação e jogou a gordura no mesmo ralo do sangue do processo de embalsamamento. Enquanto isso, me ajoelhei no chão com uma pilha de panos, puxando e recolhendo a gordura.

Mike ficou pedindo desculpas — a primeira vez que Mike pediu desculpas por qualquer coisa em todo o tempo que passei no crematório. Até ele estava quase vomitando depois da décima rodada de fumaça, calor, esfregação, limpeza e repetição.

"É o piso", disse ele, derrotado.

"O piso? O lindo e novo piso da retorta?"

"O piso antigo tinha crateras. A gordura se acumulava ali e era queimada depois na cremação. Agora, a gordura não tem anteparo, então está escorrendo pela porta da frente."

Quando a situação foi finalmente controlada, olhei para baixo e vi meu vestido manchado de gordura humana quente. ("Você chamaria essa cor de siena queimada ou está mais para calêndula?", eu me perguntei.) Estava suada, exausta e encharcada de gordura, mas me sentia viva.

A cremação era para ser a opção "limpa", com corpos sendo higienizados pelo fogo até virarem uma pilha de cinzas inofensivas, mas, como disse Dylan Thomas, a sra. Greyhound não queria ir com delicadeza para essa boa noite. Nós não conseguimos fazer o descarte dela ser limpo, apesar de todas as ferramentas da indústria moderna da morte, das centenas de milhares de dólares de maquinário industrial. Eu não sabia se devíamos estar nos esforçando tanto pela morte perfeita. Afinal, "sucesso" significava usar um monte de plástico e fios para apresentar o cadáver idealizado de Elena Ionescu. "Sucesso" significava cadáveres sendo retirados das famílias por profissionais cujo emprego não era ritual, mas pura ofuscação para esconder a verdade do que os corpos são e o que os corpos fazem. Para mim, a sra. Greyhound exibiu a verdade do assunto de forma escancarada: a morte devia ser *conhecida*. Conhecida como um árduo processo mental, físico e emocional, respeitada e temida pelo que é.

"Meu Deus, você precisa de dinheiro para a tinturaria ou alguma coisa assim?", disse Mike, de pé na minha frente.

Eu ri com impotência, sentada no chão do crematório com o vestido manchado de gordura, com as pernas espalhadas na frente do corpo, cercada de panos. Foi um momento de total e absoluta liberação.

"Acho que esse vestido já era, cara. Você pode me pagar um almoço, sei lá. Que porra."

Fiquei horrorizada de isso acontecer com a sra. Greyhound, mas seria mentira descrever a experiência como qualquer coisa que não fosse empolgante, com o repulsivo andando de mãos dadas com o fantástico.

Meu trabalho na Westwind me deu acesso a emoções das quais eu não sabia que era capaz de produzir. Eu começava a rir ou chorar num piscar de olhos — podia ser por causa de um pôr do sol particularmente bonito ou por causa de um parquímetro particularmente bonito, não importava.

Parecia que minha vida até aquele momento foi passada dentro de um âmbito restrito de sensações, rolando de um lado para o outro como uma bolinha de pinball. Na Westwind, esse âmbito foi destruído e abriu espaço para o êxtase e o desespero como eu nunca os tinha vivenciado.

Eu queria gritar dos telhados tudo que eu estava aprendendo na Westwind. Os lembretes diários de morte davam tons mais vívidos a cada dia. Às vezes, em grupos variados, eu contava a história da gordura derretida ou algum outro caso arrepiante do crematório. As pessoas reagiam de forma escandalizada, mas eu me sentia cada vez menos ligada à repulsa delas. As histórias mais absurdas (ossos moídos em um liquidificador de metal ou tampas para olhos com protuberâncias como espetos de tortura) tinham o poder de destruir a complacência educada das pessoas em relação à morte. Em vez de negar a verdade, era uma revelação para abraçá-la, por mais nojenta que pudesse ser às vezes.

CONFISSÕES DO CREMATÓRIO
LIÇÕES PARA TODA A VIDA

HÉLAS, POBRE YORICK

Há muitas palavras que uma mulher apaixonada deseja ouvir. "Vou amá-la para sempre, querida" e "Este ano vai ser um diamante?" são dois bons exemplos. Porém, jovens amantes, tomem nota: acima de tudo, o que todas as garotas *realmente* querem ouvir é "Oi, aqui é Amy do Science Support; vou passar aí para deixar umas cabeças".

A Westwind tinha contratos contínuos de cremação com duas entidades de doações anatômicas, sendo que o Science Support era uma. Várias dezenas de californianos sortudos que doavam seus corpos para serem cutucados e perfurados pelo bem da ciência terminavam sua jornada aos meus ardentes cuidados.

Depois da ligação de Amy, um caminhão entrou pelo portão da Westwind e parou ao lado da entrada dos fundos, onde Chris descarregava a leva diária de corpos. A porta de trás se abriu. Dois jovens colocaram a cabeça pela abertura e olharam ao redor com desconfiança. "Hã... sim, boa tarde, madame, somos do Science Support e viemos com, hã, bem, as suas, hã... cabeças."

Não importava quantas vezes o caminhão de transporte fosse à Westwind; os motoristas do Science Support sempre pareciam extremamente desconfortáveis. Eles se apressavam para deixar a carga e fugir do crematório o mais rápido possível. Senti orgulho de saber que os motoristas do Velho Caminhão das Partes Ambulantes de Corpos ficavam intimidados com o *meu* local de trabalho.

O Science Support é essencialmente um agente de corpos, que recebe cadáveres inteiros por doação e os divide para revender as partes, como os ferros-velhos fazem com carros obsoletos. O Science Support não é o único nome no jogo do agenciamento de corpos. Várias empresas grandes trabalham nesse campo macabro (mas totalmente legal).

Há muitas coisas positivas em doar seu corpo para a ciência. No cenário moderno da indústria funerária, a doação de corpos é a única forma de garantir que a morte sairá de graça. O Science Support recolhe seu corpo morto, transporta até suas instalações, usa você para curar câncer (observação: os resultados podem variar) e paga pela sua cremação na Westwind.

É verdade que seu corpo pode ser usado nas linhas de frente de pesquisas médicas. Meu avô morreu depois de uma longa e debilitante luta contra o mal de Alzheimer, inclusive com uma véspera de Natal memorável em que ele conseguiu roubar a chave do carro no meio da noite e desapareceu durante sete horas no centro de Honolulu. Foi uma manhã de Natal ho-ho-horrível para toda a família. Se as cabeças doadas de pacientes de Alzheimer, com cérebros contendo as placas e nós que transformaram meu avô em um estranho, pudessem fazer diferença para outras famílias, que cortem-lhes as cabeças, eu diria.

Infelizmente, nem todo corpo vai para o que pode ser considerado um "fim nobre". Existe uma pequena possibilidade de que a sua cabeça seja *a* cabeça, a que carrega a chave para todos os mistérios da grande epidemia do século XXI. No entanto, é igualmente possível que seu corpo acabe sendo usado para treinar uma nova leva de cirurgiões plásticos de Beverly Hills na arte do *facelift*. Ou que seja jogada de um avião para testar tecnologia de paraquedas. Seu corpo é doado para a ciência de uma forma muito... geral. Para onde suas partes vão não é uma decisão sua.

O uso de cadáveres para avanços na ciência se desenvolveu muito ao longo dos últimos quatrocentos anos. No século XVI, a medicina era praticada com uma compreensão medíocre de como o corpo humano realmente funcionava. Textos médicos erravam em tudo, desde como o sangue corria pelo corpo até a localização de órgãos vitais e ao que fazia as doenças se desenvolverem (respostas aceitáveis: desequilíbrios nos quatro "humores" do corpo — muco, sangue, bile preta e bile amarela). O artista da Renascença Andreas Vesalius, incomodado porque os estudantes de medicina estavam aprendendo a anatomia humana dissecando cachorros, pegava escondido cadáveres de criminosos nas forcas. Apenas nos séculos XVIII e XIX as escolas de treinamento cirúrgico passaram a oferecer consistentemente dissecações anatômicas humanas para ensino e pesquisa. A demanda de cadáveres era tanta que os professores passaram a roubar túmulos recentes para pegar os corpos. Ou, no caso de William Burke e William Hare na Escócia do século XIX, assassinar pessoas vivas (dezesseis no total) e vender os corpos para serem dissecados por um professor de anatomia.

Os dois homens do Science Support tiraram uma caixa grande da parte de trás do caminhão. Lá dentro havia duas cabeças humanas cercadas de sacos de gelo cheios de bolinhas de gel que pareciam sorvete Dippin' Dots. Assim que assinei o recebimento, os cavalheiros fecharam o caminhão e saíram do estacionamento cantando pneus. Essa interação era típica. O pessoal do Science Support costumava levar regularmente troncos, cabeças e outras vísceras variadas. Nós também recebemos uma única perna certa vez, mas não foi do Science Support.

"Ei, Caitlin, você viu aquela perna no frigorífico?", perguntou Mike. Depois de seis meses como sua colega de profissão, eu conseguia discernir a diferença sutil entre o Mike puramente profissional, que estaria perguntando de forma genuína se vi a citada perna, e o Mike sarcástico e irônico, prestes a abrir o mais minúsculo dos sorrisos.

"Não, Mike, não vi a perna da qual está falando. É do Science Support?"

"Não, cara, a mulher está viva", disse ele. "Teve que ser amputada ontem. Diabetes, acho. Ela ligou para ver se a gente podia cremar só a perna. Foi a ligação mais esquisita do mundo. Chris pegou a perna no hospital hoje de manhã."

"Ela vai mandar cremar *só* a perna? Então você está me dizendo que isso é uma... premação?", respondi. Minha piada foi recompensada com uma indicação de gargalhada.

"Pré-cremação... premação... essa foi boa. Como aquele cara que recebemos de San Jose semana passada. O que botou fogo em si mesmo com o cigarro. Premação." Ele balançou a cabeça e voltou a atenção para o computador.

Um ponto por humor mórbido no momento adequado. Eu passei meses tentando impressionar Mike com meu entusiasmo positivo em relação à morte, mas só agora ele estava começando a confiar em mim com uma piada.

As cabeças dessa caixa do Science Support pertenciam, respectivamente, a um cavalheiro de 80 anos e a uma senhora de 78. Cada uma veio com formulários detalhados de identificação. Os formulários não forneciam seus nomes e nem de onde eram, mas ofereciam uma lista de fatos supérfluos e divertidos, como: "A cabeça nº 1 é alérgica a frutos do mar, tomate, morfina e morango" e "A cabeça nº 2 tem câncer no cérebro e tendência à febre do feno".

As chances das minhas duas cabeças terem se conhecido na vida real eram muito pequenas, mas eu queria imaginar que eles foram amantes separados pela guerra. As Cruzadas, talvez. As Cruzadas pareciam um pano de fundo romântico e cheio de violência para esse tipo de coisa. Talvez os dois tivessem sido vítimas de uma única guilhotina durante a Revolução Francesa. Ou talvez nas fronteiras dos primórdios da América... teriam sido escalpelados? Puxei as bolsas de gelo para espiar. Não, não, aquelas cabeças tinham os escalpos intactos. Independente disso, elas estavam aqui, juntas, a caminho da pira eterna.

Hesitante, espiei dentro da caixa de cabeças. Brinquei com a ideia de não as desembrulhar. Elas poderiam ir direto para o forno crematório, certo? Mike apareceu atrás dos meus ombros, sempre espiando. "Você tem que tirar essas bolsas de gelo; elas não vão bem na retorta."

"Eu não vou ter que tirar as cabeças daí para fazer isso, vou?", perguntei.

"Ah, bem, vamos ver que tipo de mulher você é", respondeu ele, cruzando os braços.

Chris parou o que estava fazendo, montando uma caixa de papelão de cadáver com fita adesiva, para olhar. Todas as atenções estavam em mim. Caixas de cabeças realmente uniam as pessoas na Westwind.

Tirei com cuidado a cabeça do homem (nº 1, alérgico a frutos do mar, tomate, morfina e morango). Estava encharcada, mais pesada do que eu esperava. Tinha aproximadamente o peso de uma bola de boliche, mas de forma mal distribuída, pois o cérebro espalhava a massa de forma irregular. Era preciso usar as duas mãos para segurar.

"*Hélas*, pobre Yorick!", proclamei para a minha cabeça.

"Isso mesmo, Queequeg", respondeu Chris. Nossas referências literárias às cabeças decapitadas de *Hamlet* e *Moby Dick* estavam na ponta da língua, numa espécie de jogo de improvisação da indústria funerária.

Mike terminou com uma história sobre Joel-Peter Witkin, o artista de vanguarda que obtinha cabeças em necrotérios mexicanos e as fotografava em arranjos elaborados junto a hermafroditas e anões com fantasias míticas. Witkin disse que seu desejo de criar essas imagens sombrias vinha de ter testemunhado um acidente de carro horrível quando era criança, em que uma garotinha foi decapitada e a cabeça sem vida rolou até parar aos pés dele. Mike sempre tinha que levar o prêmio de história mais bizarra.

Eu admirava pessoas, como a cabeça nº 1 e a cabeça nº 2, que abriam mão de um funeral tradicional e da ideia de "dignidade" após a morte pelo bem da pesquisa. Era *très moderne*. Isso significava que eu estava pensando em um fim similar para mim mesma? *Au contraire*. Eu tinha uma reação violenta à ideia de ser fragmentada daquela forma. Parecia uma perda séria de controle que minha cabeça ficasse em uma caixa em algum lugar, no anonimato total, só com um número e minha alergia a frutos do mar para me definir. Minha mãe sempre me disse que não se importava com o que fizéssemos com o corpo dela: "Por mim, podem me colocar em um saco de lixo no meio-fio para o pessoal da coleta recolher". Não, mãe. Doar seu corpo para a ciência era uma causa nobre, mas eu me revoltava com a ideia de porções, seções e parte anônimas espalhadas pela cidade.

Autocontrole sempre foi uma coisa importante para mim. Meu avô (o homem que saiu em um passeio induzido pelo Alzheimer na manhã de Natal) foi coronel do Exército dos Estados Unidos. Ele comandou os carros antitanques na Guerra da Coreia, aprendeu persa, bebeu com o xá do Irã e passou os anos seguintes cuidando da base do Exército no Havaí. Era um homem rigoroso com ideias claras sobre como homens, mulheres e crianças (ou seja, eu) deviam se comportar. Todas essas ideias foram para o ralo no final da vida dele, quando a doença o deixou confuso, triste e socialmente inadequado.

A pior parte da doença foi a forma como seu autocontrole erodiu, e, como o mal de Alzheimer é em parte genético, me oferecia lembretes diários de que eu, algum dia, podia perder meu autocontrole também. Por outro lado, a morte traz uma perda *inevitável* de controle. Parecia injusto eu poder passar uma vida tomando o cuidado de me vestir bem e de dizer as coisas certas para acabar morta e sem poder nenhum no final.

Nua em uma mesa branca e fria, com os peitos caídos para os lados, sangue escorrendo pelo lado da boca, com um funcionário qualquer de funerária me lavando.

Eu, dentre todas as pessoas, não tinha motivos racionais para ser contra as doações científicas, contra a fragmentação do corpo. Parte do medo é cultural. O desmembramento do corpo antes de um sepultamento celestial no Tibete é difícil de aceitar apesar de, racionalmente, a cremação ser só outro tipo de fragmentação. O primo de um amigo meu morreu no Afeganistão. Houve um breve período depois da morte em que a mãe dele recebeu relatos perturbadores de que a bomba de estrada que o matou jogou os membros dele em todas as direções. Ela ficou aliviada ao descobrir que o corpo estava intacto, apesar de ter seguido de avião para casa para ser colocado diretamente na câmara crematória, transformado por fogo em milhares e milhares de pedacinhos anônimos de osso inorgânico.

Gostando ou não, partes desses ossos vão ser impossíveis de retirar das rachaduras no chão e nas paredes do forno crematório. A autorização oficial de cremação do estado da Califórnia reconhece esse fenômeno com a seguinte explanação:

> A câmara é composta de cerâmica ou outro material que se desintegra levemente durante cada cremação, e o produto dessa desintegração se mescla com os restos crematórios. [...] Alguns resíduos permanecem nas rachaduras e pontos irregulares da câmara.

Em termos leigos: quando você é tirado do forno depois da cremação, um pouco do forno vêm junto, e parte dos seus ossos ficam para trás. "Mesclar" é o termo que eles usam.

Por mais que eu arrastasse a minivassoura da retorta pelos vãos na superfície de cerâmica, fragmentos de todos os corpos se perdiam. Não que eu não tentasse. Eu me esforçava para pegar cada pedacinho. O ar quente queimava meu rosto quando eu colocava o corpo perto demais da máquina, desalojando ossos entalados com a minivassoura até as cerdas derreterem.

Uma vez, enquanto varria o forno, um fragmento quente de osso pulou na minha direção. Pisei nele sem querer, e um buraco fundo se abriu na sola de borracha da minha bota. "Merda!", gritei, e com um movimento involuntário do joelho, chutei o osso em um arco alto pelo crematório. Ele caiu em algum lugar atrás de uma fila de macas. Depois de cinco minutos engatinhando, encontrei a brasa e vi que encaixava com o buraco em forma de osso na minha bota. Ah, você vai ser fragmentado.

Claro, há perspectivas diferentes de fragmentação. Um mês depois, Mike me deu dois dias de férias (não remuneradas, veja bem) para ir ao casamento da minha prima em Nashville. Como era moda em casamentos, foi marcado um dia no spa para as moças na tarde anterior à cerimônia. Fui levada até a sala de massagem, um recanto sem janelas, com incenso e meditação Muzak. A massagista loura, com voz suave e sotaque sulista, começou a dança paradisíaca pelas minhas costas, puxando conversa enquanto fazia a massagem.

"O que você faz, querida?", disse ela acima do som dos alto-falantes.

Eu me perguntei se deveria contar a ela o que eu faço. Deveria contar que os dedos mágicos dela estão soltando nós musculares causados por levantar cadáveres e raspar ossos de fornos gigantes?

Decidi contar.

A favor dela, tenho que dizer que ela nem mesmo hesitou. "Bem... confesso que tenho um monte de parentes em West Virginia que consideram esse negócio de cremação como coisa do diabo."

"E o que você acha?", questionei.

Ela pensou por um segundo, apoiando as mãos nas minhas costas. "Sabe, eu nasci de novo."

Felizmente, eu estava de bruços na mesa de massagem, então ela não pôde ver meus olhos se revirando. Eu não sabia se devia fazer alguma pergunta.

Houve uma longa pausa antes de ela prosseguir. "Acredito que Jesus vai vir no arrebatamento para levar os abençoados para o Céu. Mas o problema é o seguinte. Sei que vamos precisar dos nossos corpos, mas e se eu estiver nadando no mar e for comida por um tubarão? Meu corpo vai estar flutuando na água e na barriga do tubarão, mas você está me dizendo que nosso Salvador não vai poder me tornar inteira de novo? Se o poder dele puder curar um ataque de tubarão, pode curar uma cremação."

"Curar uma cremação", repeti. Eu nunca tinha pensado nisso. "Bom, hipoteticamente, se Deus pode reconfigurar corpos em decomposição que passaram pelos tratos digestivos de larvas, acho que Ele poderia curar uma cremação."

Ela pareceu satisfeita com a minha resposta, e passamos o resto do tempo em silêncio, pensando no grau em que seríamos fragmentadas. O corpo dela esperaria o arrebatamento. O meu, eu temia, não apreciaria esse tipo de transcendência.

Não era só a inevitabilidade da fragmentação que me incomodava, era a forma como era impossível escapar da morte, levando tudo que tinha no caminho. Como Públio Siro escreveu no primeiro século da Era Comum: "Como homens, somos todos iguais na presença da morte".

No final da Idade Média, a *danse macabre*, ou dança dos mortos, era um assunto popular na arte. As pinturas exibiam corpos em decomposição com sorrisos enormes, que voltam para pegar os vivos, alheios a tudo. Os corpos exultantes, anônimos pela putrefação, acenam e batem os pés enquanto puxam papas e pobres, reis e ferreiros em sua dança animada. As imagens lembravam os espectadores que a morte era certa: ninguém escapa. O anonimato aguarda.

A ponte Golden Gate se estende para o norte da ponta de São Francisco, pelo estuário de Golden Gate até o distrito de

Marin. A obra de arte arquitetônica polida vermelho-laranja é a ponte mais fotografada do mundo. Pode-se passar por ela a qualquer hora, em qualquer dia do ano, e vai haver casais felizes se abraçando e tirando fotos. A ponte também tem a fama distinta de ser um dos destinos de suicídio mais populares do mundo, rivalizando com a ponte do rio Nanjing Yangtze, na China, e com a floresta Aokigahara, no Japão, em uma competição que nenhum departamento de turismo quer vencer.

Um homem ou uma mulher que pule da lateral da Golden Gate pode esperar cair na água a 120 km/h e tem 98% de chance de morrer. O trauma por si só mata a maioria dos suicidas — suas costelas se estilhaçam e perfuram órgãos internos frágeis. Quem consegue sobreviver à queda se afoga ou sofre de hipotermia, a não ser que seja visto por alguém. Os corpos costumam ser encontrados depois de terem sido atacados por tubarões ou infestados de caranguejos. Alguns corpos nunca são encontrados. Apesar da alta taxa de mortalidade (ou, tragicamente, *por causa* dela), pessoas de todo o mundo vão até lá para pular da Golden Gate. Os turistas que passeiam pela ponte para ver o pôr do sol na baía encontram placas que dizem:

ACONSELHAMENTO
EM MOMENTOS DE CRISE
HÁ ESPERANÇA
FAÇA A LIGAÇÃO
AS CONSEQUÊNCIAS
DE PULAR DESTA PONTE
SÃO FATAIS E TRÁGICAS

A ponte Golden Gate cria um novo cadáver desta forma a cada duas semanas. Um dia, depois que eu estava trabalhando na Westwind havia uns sete meses sem me deparar com nenhum suicida saltador, recebemos dois. A morte como o grande igualador não precisa de exemplo melhor do que os dois homens levados para a Westwind: um sem-teto de 21 anos e um antigo executivo de engenharia aeroespacial de 45.

Onde os corpos dos suicidas da ponte Golden Gate vão parar depois que eles mergulham na baía depende da direção em que a corrente os carrega. Se as águas levam o corpo para o sul, o distrito de São Francisco toma posse e envia o cadáver para o lotado Instituto Médico Legal da cidade. Se as correntes o levam para o norte, o corpo pertence ao rico distrito de Marin, que tinha um Departamento Legista separado. O engenheiro aeroespacial, um cientista de foguetes de verdade, teria recursos para uma mansão no distrito de Marin, mas acabou indo para o sul. O cavalheiro sem-teto — que, de acordo com sua irmã, nunca teve emprego —, foi flutuando até os ricos subúrbios de Marin. A corrente embaixo da ponte não reconheceu o status relativo deles; não ligava para que tipo de problema os levou para a ponte. A corrente da baía cumpriu o lamento da feminista Camille Paglia: "Os seres humanos não são os favoritos da natureza. Somos apenas um de uma variedade de espécies nas quais a natureza exerce sua força de forma indiscriminada".

Em uma tarde, Chris e eu saímos do crematório na van branca e fomos até Berkeley pegar Therese Vaughn. Therese morreu na cama aos 102 anos. Ela nasceu quando ainda faltavam anos para a Primeira Guerra Mundial — a *Primeira* Guerra Mundial! Depois de voltar à Westwind e colocar o corpo dela no refrigerador, cremei um bebê recém-nascido que viveu apenas três horas e seis minutos. Depois da cremação, as cinzas de Therese e as cinzas do bebê eram idênticas em aparência, ainda que não em quantidade.

Corpos completamente cremados, cabeças doadas para a ciência, bebês e a perna amputada de uma mulher saem todos com a mesma aparência no final. Ao mexer em uma urna de restos cremados, você não tem como saber se a pessoa teve sucessos, fracassos, netos ou crimes. "Pois você é pó, e ao pó retornarás." Como humano adulto, seu pó é igual ao meu, entre dois e três quilos de cinzas e ossos.

Fala-se muito na indústria funerária moderna sobre "personalização". Essa narrativa de marketing mira nos talões de cheques dos *baby boomers* e garante que, pelo preço certo, cada morte pode ter seus adicionais: caixões do Baltimore Ravens, urnas em forma de tacos de golfe, mortalhas para corpos com cenas de caça a patos. A *Mortuary Management* (a principal revista da indústria da morte) proclamava a chegada de jazigos de Thomas Kinkade pintados com aerógrafo, com cenas pastorais nos tons do arco-íris, como se fossem a segunda vinda de Cristo. Esses produtos oferecem toques adicionais que dizem: "Eu não sou o meu vizinho, não sou como um morto qualquer, eu sou eu, sou único, sou lembrado!". Para mim, esses montes de detalhes oferecidos pela agência funerária geram um horror que envergonharia os cadáveres dançarinos da *danse macabre*.

Eu entendia o impulso da personalização. Na verdade, cedi a esse impulso quando cheguei à Westwind com a ideia ingênua de um dia abrir La Belle Mort, uma casa funerária para a morte única e personalizada. Porém, o que precisávamos não eram mais acréscimos à lista infinita de opções de mercadoria. Não quando faltavam rituais de significado verdadeiro, rituais envolvendo o corpo, a família, as emoções. Rituais que não podiam ser substituídos pelo poder de compra.

Ao longo dos meses em que trabalhei na Westwind, sacos de restos cremados se empilhavam na prateleira de metal acima das ferramentas. Eram bebês, adultos, partes anatômicas do Science Support e pedaços "adicionais" dos fornos — uma mistura remanescente de todo mundo que passou pelas nossas portas. Certa tarde, quando havia sacos suficientes para compensar o trajeto, preparamos os pequenos guerreiros cinzentos para espalharmos suas cinzas no mar sem testemunhas. Os sacos de ossos, falecidos com nomes como Yuri Hirakawa, Glendora Jones e Timothy Rabinowitz, foram empilhados em caixas, com os arames que amarravam as pontas eretos em atenção estoica. Familiares, parentes e o Science Support pagavam ao nosso necrotério para levar as cinzas dos seus entes queridos para a baía de São Francisco e jogá-las ao vento.

A preparação me tomou um tempo. Na Califórnia, há leis e procedimentos para espalhar restos no mar. É preciso verificar duas vezes cada falecido, cada Autorização de Descarte, cada contrato com a Westwind, comparar os numerozinhos em um formulário com os numerozinhos em outro. No final, eu tinha três caixas cheias com os restos indistinguíveis de 38 antigos adultos, doze antigos bebês e nove antigas partes anatômicas. Eu era a condutora da minha própria *danse macabre*.

As caixas estavam prontas para serem levadas pelo barco espalhador de cinzas da Westwind na manhã seguinte. Sugeri a Mike que eu devia ir. Eu queria ser quem acompanharia aquelas pessoas em toda a jornada final, desde recolhê-las onde faleceram até colocá-las no fogo e espalhá-las no mar. *Hélas*, Mike ficou com o serviço. Ele estava ansioso pela aventura matinal no mar. Alguém tinha que ficar no crematório, atendendo ao telefone e queimando corpos. Esse alguém era a operadora dos fornos, a mulher na posição mais inferior da hierarquia da morte: eu.

CONFISSÕES DO CREMATÓRIO
LIÇÕES PARA TODA A VIDA

EROS E TÂNATOS

A casa da minha infância, em Punalei Place, tinha uma piscina onde passei muitas horas quando criança. Durante meus anos da adolescência, a bomba de limpeza da piscina quebrou, e meu local preferido da infância foi ficando cada vez mais verde, desenvolveu uma camada densa de vegetação e virou o habitat de sapos e patos. A flora e a fauna adoraram encontrar um brejo totalmente desenvolvido no meio de uma rua normal de subúrbio.

Tenho certeza de que nossos vizinhos não ficaram impressionados pelos esforços de preservação de espécie que estavam acontecendo na velha propriedade dos Doughty. Os sapos do brejo coachavam em volumes inimagináveis por toda a noite, e não era segredo que os Kitasaki, os vizinhos da frente, odiavam o casal de patos-reais que às vezes seguia da nossa piscina até o gramado deles para defecar. Quando os dois patos apareceram mortos, deitados lado a lado na rua (depois de ingirerem veneno de rato, minha teoria não confirmada), tirei o retrato deles após a morte e lancei uma maldição silenciosa sobre a família Kitasaki. Eles se mudaram no ano seguinte, provavelmente enlouquecidos por seu pecado e pela qualidade da minha maldição.

Quando meus pais finalmente consertaram a piscina quase quinze anos depois, os homens que a esvaziaram encontraram uma camada fina de ossos no fundo: de pássaros, de sapos, de ratos. No entanto, nenhum dos ossos era humano, o que significa que meu pai ganhou uma aposta. Eu achava que havia uma boa chance de encontrarmos pelo menos dois ou três dos nossos antigos vizinhos.

Na minha infância, quando nossa piscina ainda se parecia com qualquer outra, a brincadeira preferida da gangue das meninas de 7 anos do bairro era baseada em *A Pequena Sereia*. O filme da Disney saiu em 1989 e era tudo para nós. Nenhuma brincadeira de faz de conta que merecesse respeito podia começar sem parâmetros rigorosos. "Sou uma sereia com sutiã roxo brilhante, cabelo verde comprido e cauda rosa com brilho. Meu melhor amigo é um polvo cantor", anunciava uma de nós. Se você escolhesse cabelo verde e cauda rosa, ninguém podia escolher uma combinação similar de cores, senão seria excluída do grupo e acabaria chorando atrás da bananeira.

O conjunto das obras da Disney, *A Pequena Sereia* em particular, me deu uma compreensão terrivelmente distorcida do amor. Para os que não viram, me permitam resumir a história (que é consideravelmente diferente da versão de Hans Christian Andersen — voltaremos a isso depois): Ariel é uma bela e jovem sereia com uma voz ainda mais bela. Ela é obcecada por virar humana por causa do amor profundo que sente pelo príncipe Eric (um humano que a sereia viu apenas uma vez) e por detritos da civilização humana (que ela coleciona em uma caverna submarina cheia de tralhas). Uma bruxa malvada do mar diz para Ariel que pode transformá-la em humana se ela abrir mão da voz e ficar muda. Ela aceita, e a bruxa abre a cauda de sereia e a transforma em duas pernas. Felizmente, mesmo sem a voz, o príncipe Eric ainda se apaixona por Ariel porque ela é bonita, e mulheres bonitas não precisam de voz. A bruxa malvada tenta separá-los, mas o amor prevalece, e Ariel se casa com o príncipe e vira humana de forma permanente. Fim.

Eu esperava que minha vida fosse ser assim, mas sem a bruxa malvada do mar e o caranguejo cantor sábio e sarcástico. Minha adolescência me desiludiu dessa ideia.

Quando eu era uma adolescente com tendências mórbidas, meus únicos escapes sociais no Havaí eram as festas góticas e de sadomasoquismo que aconteciam nas noites de sábado, em clubes com nomes como "Carne" e "A Masmorra" localizados em armazéns perto do aeroporto. Minhas amigas e eu, todas portadoras de uniformes de escolas particulares durante o dia, dizíamos para nossos pais que íamos dormir na casa das outras. Mas o que fazíamos era colocar os vestidos de vinil que comprávamos pela internet e sair para os clubes onde éramos amarradas em cruzes de ferro e chicoteadas publicamente em meio a máquinas de fumaça. Quando os clubes fechavam, às duas da madrugada, nós íamos para uma lanchonete 24 horas chamada Zippy's. Algum cliente confuso sempre acabava nos chamando de "bruxas" antes que tirássemos a maquiagem no banheiro para depois dormir algumas horas no carro dos meus pais. Como eu também fazia parte da equipe de canoagem de competição da minha escola, na manhã seguinte eu tinha que tirar o vestido de vinil e remar em mar aberto por duas horas, enquanto golfinhos saltavam majestosamente ao lado do nosso barco. O Havaí é um lugar interessante para se passar a infância e a adolescência.

Como criança americana (bem, meio que americana) no final do século XX, eu não fazia ideia de que as histórias dos meus amados filmes da Disney foram roubadas de contos de fadas europeus brutais e macabros dos Irmãos Grimm e de Hans Christian Andersen. Contos de fadas que não se encerravam com o familiar "e foram felizes para sempre", mas com conclusões como esta, de "A Guardadora de Gansos", dos Irmãos Grimm: "Ela não merece destino melhor do que ser despida e ficar totalmente nua, ser colocada em um barril cheio de pregos pontudos dentro [...] dois cavalos brancos serão presos ao barril para arrastá-la por rua após rua, até ela estar morta".

O enredo de "A Pequena Sereia" — ou seja, da história original de 1836 do autor dinamarquês Hans Christian Andersen — não apresenta nenhum animal marinho cantor. Na história de Andersen, a jovem sereia se apaixona por um príncipe e procura a bruxa do mar em busca de ajuda (até aqui, estamos de acordo com a versão da Disney). A sereia ganha pernas humanas, mas cada passo dá a sensação de facas afiadas cortando seus pés. A bruxa, exigindo pagamento pelos seus serviços, "corta a língua da sereia para ela ficar muda e jamais voltar a falar e cantar". O acordo é que, se nossa sereia não conseguir convencer o príncipe a amá-la, ela vai morrer, se transformando em espuma na água e perdendo a chance de ter uma alma imortal. Por sorte, o príncipe parece interessado nela, "e ela recebeu permissão de dormir à porta dele, em uma almofada de veludo" — porque nada demonstra mais amor do que dormir na porta de um homem em uma caminha de cachorro.

O príncipe, não convencido pela mulher muda que dorme à sua porta, se casa com uma princesa de outro reino. Por não ter conseguido conquistar o amor do humano, a sereia sabe que vai morrer na manhã seguinte ao casamento. No último minuto, suas irmãs aparecem e cortam todo o cabelo dela e trocam com a bruxa por uma faca. Elas a entregam para a sereia e dizem: "Antes de o sol nascer, você precisa enfiar isso no coração do príncipe; quando o sangue quente escorrer até os seus pés, eles vão se unir novamente e vão virar uma cauda de peixe, e você vai voltar a ser sereia". No entanto, a sereia não consegue matar o amado príncipe, então pula pela lateral do barco para a morte. Fim. Tente vender *isso* como uma animação infantil.

Essa é a versão da história que eu queria que tivesse informado minha infância. Expor uma criança pequena às realidades do amor e da morte é bem menos perigoso do que expô-la à mentira do final feliz. As crianças da era das princesas Disney cresceram com uma versão amenizada da realidade, cheia de animais falantes e de expectativas nada realistas. O mitologista Joseph Campbell nos diz sabiamente para desprezar o final feliz, "pois o mundo que conhecemos, que vimos, só oferece um final: a morte, a desintegração, o desmembramento e a crucificação do nosso coração com o fim daqueles que amamos".

A desintegração e a morte nunca foram os finais mais populares para o público em geral. É bem mais fácil engolir uma boa e antiquada história de amor. Então, é com grande emoção que conto minha própria história de amor, a que começou no dia em que entrei e vi Bruce preparando um corpo que passou por uma autópsia.

"Ei, Bruce, você recebeu as roupas que a família trouxe para a sra. Gutierrez ontem?", perguntei.

"Ah, cara, você *viu* aquela calcinha?" Ele suspirou. "Família, veja bem, sua avó não é Bettie Page. Não tragam um fio dental."

"Por que eles fariam isso? É tão bizarro."

"As pessoas fazem merdas assim o tempo todo. Esse tipo de fio dental não é para passar nos dentes, pessoal."

Bruce indicou o jovem deitado na mesa à frente dele. "Esse é o cara que Chris pegou com o legista hoje. Foi overdose, acho."

Foi nessa hora que reparei que o homem deitado na mesa não tinha rosto. Ele não foi decapitado, só não tinha *rosto*. A pele do alto da cabeça até a ponta do queixo foi removida como uma casca de tangerina, revelando veias e músculos embaixo.

"Bruce, por que ele está assim? O que aconteceu?", perguntei, esperando que ele me desse uma aula sobre algum tipo de doença que corroía a pele e fazia sumir o rosto.

No fim das contas, abrir o rosto como a tampa de uma lata de sardinha é bem comum. Quando um médico legista faz uma autópsia, ele ou ela costuma remover o cérebro. Uma incisão é feita na linha do couro cabeludo, e a pele é puxada para o médico poder abrir o crânio com uma serra oscilatória. A técnica do escalpo é surpreendentemente parecida com a dos antigos guerreiros citas, que levavam as cabeças dos inimigos para o rei para provar a vitória antes de remover o escalpo. Um bom guerreiro (ou legista) podia ter uma grande coleção de escalpos no cinto.

Depois de remover o cérebro, o médico coloca a tampa do crânio de volta na cabeça do morto ou da morta, mas um pouco torto, como uma boina, e puxa o rosto de volta ao lugar. É tarefa da casa funerária montar Humpty Dumpty de volta. Bruce estava tendo dificuldade naquele dia.

"Olha, Caitlin, eu digo para a família que sou *embalsamador*, não *mágico*, entendeu?", disse ele, recontando sua piada favorita.

Bruce estava tentando corajosamente fazer o crânio encaixar no lugar, cortando tiras de uma toalha para apoiar a testa do homem. Ele estava frustrado porque o armário de provisões da sala de preparação da Westwind nunca tinha os materiais adequados para consertos de testa.

"Do que você precisa, Bruce?", perguntei.

"De creme de amendoim."

Ele não precisava de creme de amendoim de verdade. Precisava de um tipo de massa restauradora que os mais antigos na indústria funerária *chamam* de creme de amendoim. Eu não sabia dessa distinção, e passei as semanas seguintes contando para quem quisesse ouvir que os embalsamadores passavam creme de amendoim dentro da cabeça da gente como conserto estético pós-morte. Os embalsamadores mais exigentes preferiam a marca Jif.

A remoção do rosto do jovem revelou o sorriso largo e ameaçador do crânio. Era incômodo pensar que esse mesmo sorriso perturbado se esconde debaixo da pele do rosto de todo mundo, de quem tem cara feia, de quem chora, até de quem é moribundo. O crânio parecia saber que Bruce não precisava de creme de amendoim, tipo, você entendeu, creme de amendoim *de verdade*. Ficou vendo meu rosto se enrugar de confusão e riu da minha ignorância. Bruce puxou delicadamente a pele como uma máscara de Halloween. *Voilà*, lá estava ele. Meu estômago despencou até os joelhos. Com o rosto de volta ao lugar, eu o reconheci. O corpo com o cabelo castanho espesso sujo de sangue pertencia a Luke, um dos meus melhores amigos.

Quando soube que havia conseguido o emprego na Westwind, Luke, que nunca achou que meu relacionamento com a morte fosse estranho, foi a primeira pessoa para quem contei. Na presença dele, eu me sentia segura para contar minhas apreensões sobre a vida e a morte. Nossas conversas iam facilmente das maiores questões existenciais a piadas pastelão das comédias britânicas que víamos na internet (hum, ilegalmente). Luke era hilário, mas também era um bom ouvinte, um homem versado na arte da pergunta bem colocada. E o mais importante: conforme os meses na Westwind foram passando e tudo que eu sabia sobre a morte mudou, ele entendia minhas dúvidas e meus tão frequentes fracassos e nunca me criticou por isso.

Depois de um momento excruciante, eu me dei conta de que não era o Luke *de verdade*. "Creme de amendoim" não era creme de amendoim de verdade, e aquele viciado em drogas morto não era o Luke de verdade, que morava centenas de quilômetros ao sul, em Los Angeles. Mas aquele homem era parecido demais com ele, e, depois de vista, a imagem não podia ser apagada.

Depois que Bruce embalsamou o pseudo-Luke e foi para casa, Mike me pediu para limpar o corpo. Ele estava deitado na sala de preparação embaixo de um lençol branco, todo costurado, como uma colcha de retalhos. Puxei o lençol para deixar o corpo à mostra e usei um pano e água quente para limpar o sangue do cabelo, das pálpebras e das costas das mãos delicadas. O verdadeiro Luke não estava morto, mas agora eu entendia que ele podia morrer, e eu lamentaria profundamente se meu amado amigo morresse sem saber o quanto era importante para mim.

O psicanalista Otto Rank declarou o amor moderno como sendo um problema religioso. Conforme vamos ficando cada vez mais seculares e nos afastamos das cidades em que nascemos, não podemos mais usar a religião ou a comunidade para confirmar nosso significado no mundo, então nos agarramos a um parceiro amoroso, alguém que nos distraia da certeza da nossa existência animal. O existencialista francês Albert Camus disse melhor: "Ah, *mon cher*, para qualquer pessoa que esteja sozinha, sem Deus e sem mestre, o peso dos dias é terrível".

No dia que vi o Falso Luke no crematório, eu estava sozinha, depois de ter me mudado para São Francisco sem conhecer ninguém. Na manhã do meu vigésimo quarto aniversário, andei até o meu carro e encontrei uma flor presa debaixo do limpador de para-brisa. Passei por um momento de euforia, pensando que alguém tinha lembrado. Em seguida, veio uma tristeza profunda, quando me dei conta de que não era possível; não havia ninguém em São Francisco que pudesse saber. Talvez tivesse sido o vento.

Depois que cheguei em casa naquela noite, comprei uma pizza enorme e comi sozinha. Minha mãe ligou para me desejar feliz aniversário.

As únicas outras pessoas que eu via regularmente além de Mike, Chris e Bruce eram um grupo de adolescentes. Além do meu dia de trabalho na funerária, eu fazia um bico de professora particular de inglês e história de estudantes ricos de ensino médio no distrito de Marin (recentemente descrito pelo *New York Times* como sendo "o lugar mais lindo, bucólico, privilegiado, liberal e hippie do mundo"). Meus alunos eram crianças inocentes com gramados bem-cuidados e pais bem-intencionados e presentes até demais, que faziam piruetas para não terem que ouvir os detalhes do meu emprego diurno. Era comum que eu fosse direto da Westwind, em

Oakland, pela ponte San Rafael para várias mansões com vista da baía. Era a única forma que encontrei de sobreviver com meu salário de queimadora de corpos em São Francisco.

Eu levava uma vida dupla, indo do mundo dos vivos para o dos mortos. A transição era tão abrupta que eu às vezes me perguntava se eles conseguiam vê-la nos meus olhos. "Boa tarde, aqui estou eu, na sua casa de vários milhões de dólares, coberta de pó de gente e cheirando um pouco a apodrecimento. Me pague um alto valor em dinheiro para que eu molde a mente impressionável do seu adolescente." Se os pais reparavam no pó que cobria meu corpo, eram gentis o bastante para não mencionarem nada. Pessoas! É feito de pessoas.

Quando se sabe que a morte está chegando, o pensamento inspira que você seja ambicioso, que peça desculpas a seus inimigos, que ligue para seus avós, que trabalhe menos, que viaje mais, que aprenda russo, que comece a tricotar. Que se apaixone. No momento que vi o sósia deitado na mesa, eu decidi que o que sentia por Luke era amor. Meus sentimentos eram fortes, mais fortes do que eu sentira antes. Os céus me atingiram com o raio do clichê. Luke se tornou meu ideal, e torci desesperadamente para que ele me oferecesse segurança e alívio das emoções que senti nos meses anteriores. Se eu pudesse estar com ele, não morreria sozinha; alguém planejaria o *meu* funeral e seguraria minha mão e limparia o expurgo sangrento da minha boca moribunda. Eu não seria como Yvette Vickers, a atriz de filmes B e estrela de *O Ataque da Mulher de 15 Metros*, que foi encontrada completamente mumificada na sua casa em Los Angeles mais de um ano após sua morte. Ela era reclusa quando viva; ninguém se deu ao trabalho de ir dar uma olhada nela. Em vez de ficar com medo do meu gato acabar comendo meu cadáver para sobreviver, projetei minha solidão em Luke.

Eu ainda estava pensando em Luke quando cremei Maureen. Ela tinha cinquenta e poucos anos, foi diagnosticada com um câncer fulminante e morreu em pouco mais de um ano.

Maureen deixou um marido, Matthew. Pela ordem natural das coisas, o marido devia ter ido primeiro. Ele estava preso em uma cadeira de rodas e não podia de forma alguma sair de casa; Chris teve que ir até o apartamento dele para acertar os detalhes da cremação de Maureen. Estava escrito no calendário de parede, com letras grandes e trágicas: *"17 de setembro: Maureen morreu"*.

Fui eu que levei os restos cremados de Maureen para o apartamento de Matthew. Ele rolou a cadeira de rodas até o saguão, um homem com cabelo grisalho comprido e uma voz baixa e estranha. Quando entreguei as cinzas para Matthew, ele não se moveu e nem olhou para mim. Só agradeceu com a voz fina e aninhou a caixa marrom no colo, como uma criança.

Adiantando para a manhã de segunda, quem aparece no nosso frigorífico do crematório senão Matthew? Morreu. Desistiu. A irmã passou pela funerária com uma bolsa de itens pessoais que Matthew queria que fossem cremados junto dele.

Os parentes dos mortos pediam para fazermos isso o tempo todo. Desde que não haja nada explosivo dentre os objetos, ficamos felizes em incluí-los; eles simplesmente queimam junto do cadáver. Depois de colocar Matthew na esteira mecânica que o levaria à câmara crematória, abri a bolsa para colocar os seus pertences junto dele. Havia uma mecha de cabelo de Maureen, as alianças de casamento deles e talvez umas quinze fotos. Não fotos do homem maltratado preso a uma cadeira de rodas que conheci, mas de um jovem saudável com sua noiva tímida. Maureen e Matthew: felizes, jovens, lindos, casados por mais de vinte anos. Eles tinham amigos, cachorros, se divertiram de uma forma que parecia impressionante. E tinham um ao outro.

Mais uma coisa caiu de dentro da bolsa. Era a identificação de metal da cremação de Maureen, a que queimei com ela algumas semanas antes. Essas identificações ficam com o corpo durante toda a cremação e saem no meio das cinzas, e é assim que sacos de restos cremados são encontrados em velhos depósitos e ainda podem ser identificados anos depois. A identificação que encontrei era idêntica (exceto pelo número identificador) à que eu estava colocando em Matthew agora. Eu o imaginei enfiando as mãos na pilha cinzenta dos ossos de Maureen e encontrando a plaquinha. Eu o imaginei pegando a identificação e limpando o metal sujo na bochecha. Era uma honra bizarra fazer parte do último momento particular deles juntos, do último ato da história de amor entre aquelas duas pessoas.

Chorei (de soluçar, para ser sincera) de pé junto ao corpo de Matthew, momentos antes de ele ser colocado na câmara. Mesmo sabendo que tudo que amamos vai morrer, eu ainda desejava um amor como o deles, ser idolatrada de forma tão completa. A Disney não prometeu um final com esse para todos nós?

No século XIV, dom Pedro, o herdeiro do trono português, se apaixonou por uma nobre, Inês Pérez de Castro. Infelizmente, dom Pedro já tinha uma esposa, o que queria dizer que seu relacionamento com Inês aconteceu em segredo. Vários anos depois, a primeira esposa de dom Pedro morreu, libertando-o para finalmente ficar com Inês. Dom Pedro e Inês tiveram vários filhos juntos, crianças que foram vistas como ameaça ao reinado do pai de Pedro. Enquanto Pedro estava longe, o rei mandou executar Inês e os filhos dela.

Furioso, Pedro se revoltou contra o pai. Por fim, ele acabou ficando com o trono. Ele mandou que os executores de Inês fossem trazidos de Castela e que os corações fossem arrancados do peito deles enquanto ele olhava. Declarou que Inês era sua esposa legítima e ordenou que fosse desenterrada seis anos após a morte dela. Aqui a lenda se mistura com a realidade, mas dizem que o corpo de Inês foi colocado no trono, uma coroa foi posta acima do crânio, e a corte do rei foi obrigada a beijar a mão de esqueleto da rainha por direito.

O rei dom Pedro queria Inês. Eu queria Luke. A língua portuguesa tem uma palavra sem equivalente em inglês, *saudade*, que indica um sentimento de falta permeado de nostalgia, loucura e mal-estar por uma coisa que se perdeu. A imagem cadavérica do rosto de Luke solto do crânio foi uma prévia da morte dele; a qualquer momento, ele podia desaparecer. Eu precisava de Luke agora, pois o amanhã não é garantido. Mas estava disposta a entrar no jogo mais demorado. Não importava o tempo que demorasse, eu tinha que encontrar um jeito de ficar com ele.

CONFISSÕES DO CREMATÓRIO
LIÇÕES PARA TODA A VIDA

BOLHAR

O dia começou de forma bastante inocente. "Caitlin!", gritou Mike da sala de preparação. "Venha me ajudar a colocar esse sujeito grande na mesa."

Na verdade, eu me lembro de ele ter dito: "Venha me ajudar a colocar esse *mexicano* grande na mesa". Mas isso não pode estar certo. Mike era sempre politicamente correto nas escolhas de palavras. (Ele uma vez se referiu às vítimas da violência de gangues de Oakland como "jovens urbanos de cor".) Tenho dificuldade em acreditar que "esse mexicano grande" não seja só um truque da minha memória. Independente disso, o homem que transferimos da maca para a mesa não era grande e nem mexicano. Era enorme e salvadorenho, um vendedor de seguros que pesava mais de duzentos quilos. Quem quiser entender a expressão "peso morto" em toda a sua glória gravitacional deve tentar levantar o corpo de um homem obeso mórbido de cima de uma maca bamba e insegura.

Juan Santos morreu de overdose de cocaína. O corpo ficou dois dias no apartamento em East Bay antes de ser descoberto. Ele passou por uma autópsia feita pelo legista, e o peito foi costurado de volta, deixando uma marca feita de pontos em forma de Y das clavículas até a barriga. "Você pegou o saco com as vísceras desse cara nos fundos do frigorífico?", perguntou Mike.

"Vísceras? Todos os órgãos dele, essas coisa?"

"É, o legista tira os órgãos e empilha naqueles sacos vermelhos de materiais tóxicos. Vem para a funerária com o corpo."

"Tipo juntinho do corpo?", perguntei.

Mike sorriu. "Não, Chris carrega por cima do ombro como o saco do Papai Noel."

"Sério?"

"Não, cara, não. Caramba, que nojento", disse Mike.

Ah, Mike com espírito jovial. Tentei acompanhar o humor dele dos órgãos natalinos. "Então é daí que vem a lenda de 'Chris' Kringle? São as crianças boas ou as malvadas que recebem vísceras de Natal?"

"Acho que depende do quanto a criança é mórbida."

"Eles são recolocados no corpo?"

"Em algum momento. Quando Bruce voltar esta tarde para embalsamá-lo. Tem uma cerimônia amanhã, então ele vai encharcar tudo de líquido embalsamante e enfiar tudo de volta", explicou ele.

Depois de colocar Juan na mesa com um movimento teatral, Mike pegou uma fita métrica. "A família comprou um caixão. Vou medi-lo. Espero que caiba, porque não quero *mesmo* ter que ligar e dizer que eles precisam de um caixão extragrande. Talvez eu faça você ligar", disse Mike, sorrindo com a ideia.

A Organização Mundial de Saúde (junto com qualquer um dos 45 programas de perda de peso que passam na televisão) nos diz que os Estados Unidos têm mais adultos acima do peso do que qualquer outro país do mundo. Não é surpresa o mercado de caixões extragrandes estar explodindo.

O site da Goliath Casket, Inc. apresenta essa encantadora e delicada história:

> Nos anos 1970 e 1980, os caixões maiores eram difíceis de obter, além de serem malfeitos.

Em 1985, o pai de Keith, Forrest Davis (Pee Wee) largou o emprego de soldador em uma fábrica de caixões e disse: "Pessoal, vou para casa construir caixões extragrandes nos quais vocês sentiriam orgulho de colocar a própria mãe". [...] A empresa nasceu em um antigo celeiro de porcos convertido na fazenda deles e oferecia só dois tamanhos e uma cor.

A engenhosidade de Pee Wee teria sido útil para nós, porque não tinha como Juan caber em um caixão de tamanho normal. O homem, abençoada seja sua falecida alma, tinha quase a mesma largura que altura. "Vai, cruza os braços dele, como se estivesse no caixão", instruiu Mike.

Eu me estiquei por cima do corpo de Juan para alcançar os dois braços. "Não, cruze mais, mais, mais", insistiu Mike, esticando a fita métrica pelos ombros dele. Agora, eu estava totalmente esticada por cima do corpo. "Continue, continue... pronto! Agora sim. Vai caber."

"Ah, para com isso, não vai mesmo!", repliquei.

"A gente vai fazer caber. A família já está pagando mais do que pode. Não vou cobrar mais trezentos dólares por um caixão maior se puder evitar. Dizer para os pais que o filho *precisa* de um caixão extragrande já é bem difícil."

Mais tarde, quando o Cremulador estava girando com o acúmulo de ossos, Bruce chegou para embalsamar Juan. Depois de vê-lo deitado, Bruce, sempre cheio de tato, gritou para o crematório: "Caitlin! Caitlin, tem mexicano demais aqui. Vai feder. As pessoas maiores sempre fedem".

"Por que todo mundo fica chamando ele de mexicano?", gritei acima do ronco dos fornos crematórios.

Bruce estava enganado sobre o país de origem de Juan e certamente estava errado sobre gente gorda feder. Contudo, emanando da sala de preparação, senti o aroma mais agressivo que minhas narinas já tinham detectado. Era de se pensar que um odor desses me repeliria, mas, por algum motivo, despertou um desejo em mim de encontrar o pote de ouro no final desse arco-íris olfativo.

Eu já tinha visto Bruce embalsamar corpos, mas não estava intelectual e emocionalmente preparada para ver duzentos quilos à minha frente. Os embalsamadores precisam abrir a incisão em forma de Y dos corpos que passaram por autópsia, como Mike falou, para tratar quimicamente os órgãos internos do falecido que estavam no saco de substâncias tóxicas do Chris Noel. Bruce tinha acabado de começar essa parte da preparação quando entrei.

Descrever a cena como um "atoleiro lodoso" não a faria justiça. Havia mais entranhas, sangue, órgãos e gordura do que eu podia imaginar existir em um único corpo. Bruce, que estava tirando os órgãos do saco, iniciou uma narrativa na mesma hora: "Eu falei que ia feder, Caitlin. As pessoas maiores se decompõem mais rápido. É pura ciência, garota. É a gordura; as bactérias *amam* gordura. Quando elas chegam aqui depois da autópsia, já era".

A favor de Bruce, devo dizer que isso era mesmo verdade. O comentário de que "as pessoas maiores sempre fedem" não era baseado em preconceito — era fato.

"Aquela coisa toda está bolhando naquele corpo. Eu chamo de bolhar. Pelo menos esse cara não morreu na banheira. É sempre o pior lugar. O *pior*. Você vai tirar o corpo da banheira e a pele se solta toda. O gás dos tecidos forma bolhas e fica tudo oleoso, e *o cheiro*." Bruce assobiou para fazer um efeito dramático. "Psicologicamente falando, você vai ficar sentindo esse cheiro pelo resto do dia — às vezes, pelo resto da vida."

Ele continuou falando. "Olha esse cara. Overdose de cocaína? É mais provável que tenha tido um ataque cardíaco. Olha isto", disse Bruce enquanto enfiava a mão na cavidade peitoral de Juan, pegava o coração e mostrava para mim. "Olha só o coração dele! Toda essa gordura ao redor. Dá para saber que ele estava sentado com os amigos no bar comendo um hambúrguer e cheirando umas carreirinhas de coca. Todos esses motivos", afastou as mãos enluvadas e exibiu os depósitos amarelados, "é por isso que você não pode ser gordo!" Eu devo ter parecido insultada com a acusação, porque ele acrescentou: "Não, não estou falando especificamente que *você* não pode ser gorda, garota, você tem uma boa silhueta. Mas sei que deve ter amigos gordos. Fale isso para os seus amigos gordos".

Eu não tinha resposta para dar.

Para Bruce, o antigo professor, essa demonstração não foi feita a fim de provocar choque, mas pelo benefício do meu aprendizado. As pessoas obesas têm um cheiro particularmente ruim depois de uma autópsia por causa da taxa mais rápida de decomposição. É fato. Não que fôssemos compartilhar esses fatos com a família de um falecido. Nenhuma quantia de dinheiro me faria explicar para a mãe de Juan a verdade sobre o motivo de o filho dela ter o cheiro que tinha. Esses fatos eram só para os ouvidos dos funcionários da indústria da morte, para os iniciados nos bastidores.

Boa parte da nossa reação negativa a um cadáver em decomposição como o de Juan é puro instinto. Nós evoluímos e passamos a sentir nojo das coisas que nos fariam mal se comêssemos, e a carne animal em putrefação está no topo dessa categoria. Alguns animais, como os abutres, podem consumir com segurança carne podre por causa do ácido estomacal altamente corrosivo. No entanto, os humanos preferem evitar comida estragada a ter que lutar com os efeitos de depois que a carne entra nos nossos corpos. Lembrem-se dos Wari', que ingerem seus irmãos em decomposição e são obrigados a abandonar o ritual, dar uma vomitadinha e voltar para comer de novo.

"Bruce, falando sério, Bruce", eu disse. "Esse talvez seja o pior cheiro que já senti."

Para quem não teve o privilégio de sentir os odores de *Eau de Décomposition* [Água de Colônia da Decomposição], a primeira nota de um corpo humano em putrefação é de alcaçuz com um subtom cítrico forte. Não cítrico fresco, de verão, veja bem — está mais para uma lata de spray industrial de banheiro com aroma de laranja disparado diretamente no seu nariz. Acrescente a isso uma taça de vinho branco do dia anterior que começou a atrair moscas. Complete com um balde de peixes deixados no sol. Isso, meus amigos, é o cheiro da decomposição humana.

Bruce parecia arrependido. "É, eu diria para você não cheirar, mas seria como dizer para uma criança: 'Filho, não ouse apertar o botão grande e vermelho!'."

Exceto pelos raros falecidos como Juan Santos, que escapam do sistema por algum motivo, a decomposição e a putrefação desapareceram da forma como lidamos com a morte. O cadáver moderno tem duas opções: enterro com embalsamamento conservante, que suspende a decomposição para sempre (ou pelo menos até o corpo começar a endurecer e murchar como uma múmia); e a cremação, que transforma o corpo em cinzas e pó. De qualquer uma dessas formas, ninguém nunca vê um corpo se decompondo.

Como nós nunca encontramos um corpo em decomposição, só podemos supor que eles querem nos pegar. Não é surpresa que exista uma fascinação cultural por zumbis. Eles são o inimigo público número um, um tabu ao extremo, a coisa mais repugnante que existe: um cadáver em decomposição reanimado.

Existe um conceito equivocado de que um "enterro" envolve colocar um corpo diretamente na terra, nos deixando vulneráveis se o apocalipse zumbi chegar. Como no vídeo da música "Thriller", de Michael Jackson, uma mão em decomposição atravessa a terra e o corpo pula com facilidade para fora do túmulo. Os enterros *eram* daquele jeito, mas, no mundo desenvolvido, esse paradigma não existe mais. Em vez disso, os corpos são quimicamente embalsamados, depois colocados em um caixão selado, que em seguida é posto em uma tumba pesada de concreto ou metal embaixo da terra, cercando o corpo de várias camadas de envoltório artificial, separando-o do mundo acima. Uma pedra com a lápide é colocada por cima, como a cereja no topo do sundae da negação da morte.

As tumbas e os caixões não são obrigados por lei; apenas fazem parte da política de cemitérios individuais. As tumbas impedem o assentamento da terra ao redor do corpo, o que torna a paisagem mais eficiente e de baixo custo. Como bônus adicional, elas podem ser personalizadas e vendidas com um bom lucro. Imitação de mármore? Bronze? É só escolher, família.

Em vez de deixar o escritor e ambientalista Edward Abbey ser enterrado em um cemitério tradicional, seus amigos roubaram o corpo, o enrolaram em um saco de dormir e levaram na caçamba da picape dele para o deserto Cabeza Prieta no Arizona. Eles seguiram por uma estrada comprida de terra e cavaram um buraco quando chegaram no final, escreveram o nome de Abbey em uma pedra próxima e derramaram uísque no túmulo. Foi um tributo adequado para ele, que passou a carreira avisando a humanidade do mal de nos afastarmos da natureza. "Se minha carcaça em decomposição ajudar a nutrir as raízes de um juníparo ou as asas de um abutre — isso é imortalidade suficiente para mim. E é o que qualquer pessoa merece", disse ele certa vez.

Se deixados em paz, os corpos humanos apodrecem, se decompõem, se desintegram e afundam gloriosamente na terra, de onde vieram. Usar o embalsamamento e os caixões pesados de proteção para impedir esse processo é uma tentativa desesperada de adiar o inevitável e demonstra nosso pavor óbvio da decomposição. A indústria da morte faz caixões e embalsamamentos com a justificativa de ajudar nossos corpos a parecerem "naturais", mas nossos costumes relacionados à morte são tão naturais quanto treinar criaturas majestosas como os ursos e os elefantes para dançarem com roupinhas fofas ou erguer réplicas da Torre Eiffel e dos canais de Veneza no meio do árido deserto norte-americano.

A cultura ocidental nem sempre teve essa aversão à decomposição. Na verdade, nosso relacionamento com o apodrecimento era muito íntimo. Nos primórdios do cristianismo, quando a religião ainda era uma pequena dissidência do judaísmo lutando pela sobrevivência, os que idolatravam o novo messias precisavam enfrentar perseguições implacáveis e às vezes morriam pela fé. Esses mártires tinham finais horrendos. Eram decapitados, apedrejados, esfolados, crucificados, enforcados, cozidos em óleo, devorados por leões, e assim por diante. Como recompensa, os mártires iam direto para o Paraíso. Nada de Purgatório, nada de Julgamento Final: só um caminho direto para o Reino dos Céus.

Para os cristãos medievais, esses mártires-e-santos eram celebridades. Quando o imperador Constantino declarou o cristianismo legal no ano 324 da Era Comum, os corpos dos santos martirizados se tornaram grandes atrações. Ter o corpo de um mártir famoso na sua igreja — ou mesmo só um coração, osso ou frasco com sangue — atraía hordas de adoradores. Acreditava-se que as almas dos santos ficavam rondando os corpos, oferecendo milagres e santidade generalizada para os que fossem homenageá-los.

Doenças eram curadas! Secas acabavam! Inimigos eram derrotados! Mas por que parar em apenas visitar um santo morto quando você podia ser enterrado na mesma igreja? Fazia sentido que ser enterrado por toda a eternidade *ad sanctos* (literalmente "nos santos") fizesse a pessoa cair nas graças do santo em questão na vida após a morte, garantindo proteção para a alma imortal.

Conforme a fé cristã foi crescendo, mais e mais integrantes da congregação insistiam em serem enterrados dentro e ao redor da igreja, para colherem os benefícios da proximidade com os santos. Essa prática de enterros se espalhou por todo o império, de Roma a Bizâncio e até lugares que hoje em dia formam os territórios da Inglaterra e da França. Cidades inteiras cresceram ao redor dessas igrejas de cadáveres.

A demanda aumentou, e as igrejas a atenderam, mediante uma quantia, claro. Seus patronos mais ricos queriam os melhores lugares, mais perto dos santos. Se houvesse um cantinho na igreja onde coubesse um cadáver, com certeza haveria um corpo ali. Havia, sem exagero, corpos por todo o lado. Os locais de preferência eram o semicírculo ao redor da abside e o vestíbulo da entrada. Fora essas posições-chave, não havia restrições: cadáveres eram colocados embaixo de tábuas no chão, no telhado, embaixo de beirais, até empilhados nas paredes. Ir à igreja queria dizer que os cadáveres nas paredes estavam em maior número do que os paroquianos vivos.

Sem refrigeração e no calor dos meses de verão, o fedor nauseante de decomposição humana nessas igrejas devia ser inimaginável. O médico italiano Bernardino Ramazzini reclamava que "há tantas tumbas na igreja e elas são abertas com tanta frequência que esse cheiro abominável costuma ser inconfundível. Por mais que desinfetem os edifícios sagrados com incenso, mirra e outros odores aromáticos, obviamente incomoda muito os presentes".

Se você não fosse rico ou influente o bastante para conseguir um lugarzinho dentro da igreja, acabaria ficando em um dos muitos túmulos no pátio. Alguns túmulos eram covas de dez metros de profundidade com até 1.500 corpos. Essa prática refletia uma mudança sísmica da crença pré-medieval romana e judaica de que os corpos mortos eram impuros e deviam ficar nos arredores distantes da cidade. O pátio da igreja medieval transformado em cemitério era o *lugar* para ver e ser visto. Era o centro da vida na cidade, um local de socialização e comércio. Vendedores forneciam cerveja e vinho para as pessoas e instalavam fornos gigantescos para assar pão fresco. Jovens amantes faziam passeios noturnos; discursos eram dados para grupos reunidos. O Concílio de Rouen, em 1231, baniu danças no cemitério e na igreja, sob pena de excomunhão. Para exigir um banimento tão radical, deve ter sido um passatempo popular. O cemitério era o local onde os vivos e os mortos se misturavam em harmonia social.

O historiador Philippe Ariès, autor de um estudo brilhante e arrebatador sobre a morte entre as sociedades ocidentais ao longo de um milênio, intitulado *O Homem Diante da Morte*, declarou que "de agora em diante e por um longo tempo, os mortos deixaram completamente de inspirar medo". Ariès podia estar exagerando, mas mesmo que os europeus da Idade Média tivessem medo da morte, eles o superavam, porque os benefícios sublimes de estar perto dos santos eram maiores do que as desvantagens de viver com vista e cheiro desagradáveis.

A morte medieval foi meu primeiro amor (acadêmico). Fiquei cativada pelos esqueletos dançantes, pela decoração de tumbas com larvas, pelos ossários, pelos corpos em putrefação nas paredes de igreja. A aceitação descarada da decomposição humana no final da Idade Média era tão diferente do que vi durante a infância. Os dois únicos funerais a que fui quando pequena foram o do vovô Aquino, com o corpo embalsamado e maquiado olhando torto no caixão, e o memorial da mãe de uma amiga de infância. O corpo dela não estava presente na cerimônia, e em vez de falar diretamente da morte dela, o pastor que conduziu a cerimônia só falou em eufemismos: "A alma dela era uma tenda, e os ventos cruéis da vida passaram pelas palmeiras e derrubaram a tenda da nossa irmã!".

A decomposição era rara até nos bastidores da Westwind. No velho armazém da morte moderna secular, a maioria dos nossos clientes morria em ambientes médicos controlados, como casas de repouso ou hospitais, antes de serem levados rapidamente para nosso freezer de armazenamento, que, embora não congelante, mantinha uma temperatura regular abaixo de cinco graus. Mesmo se os corpos tivessem que ficar lá por um tempinho, enquanto as licenças estaduais eram providenciadas, a maioria era cremada *bem* antes de chegarem às partes mais fedorentas da decomposição. Certa manhã eu cheguei, abri a porta do freezer, empurrei as tiras plásticas e fui atingida pelo odor inconfundível e inesquecível de decomposição humana.

"Chris, meu Deus, cara, por quê? Quem está fedendo assim?", perguntei.

"O nome dele é Royce, acho. Fui buscar ontem. Não está bom lá dentro, Cat", respondeu ele, balançando a cabeça com uma seriedade que apreciei. Aquele cheiro horrível e corrosivo não era coisa para brincadeira.

Então é você, Royce, a fonte do fedor horrível e infernal que emana do freezer. Trabalhei com afinco para registrar a certidão de óbito dele na cidade a fim de poder cremá-lo o mais rapidamente possível. Quando abri o contêiner de cremação, encontrei um homem que só pode ser descrito como "pantanoso". Royce estava verde, da cor de um Cadillac dos anos 1950. Ele era um "boiador", o termo infeliz para corpos encontrados mortos na água — no caso de Royce, a baía de São Francisco. Eu o mandei para o fogo, satisfeita de meu dia de decomposição ter chegado ao fim.

Entretanto, o cheiro não passou. Royce não existia mais — porém, o odor persistia. Essa questão exigia uma investigação. Uma investigação do pior tipo possível: mexer nas caixas de papelão com corpos, cheirando até... *Você!* Ellen! A mulher do Instituto Médico Legal. Na verdade, é *você* que fede de forma mais pútrida do que a coisa mais fedida que já cheirei. Você, com a pele descamando. O que aconteceu? Você tinha 56 anos e sua certidão de óbito diz que trabalhava com "vendas de roupa".

Diferentemente de Royce, que flutuou pela baía de São Francisco durante vários dias, nunca descobri o que aconteceu com Ellen. Quando enfim pude mandar a pobre mulher para a pira, eu me sentei e li um capítulo de *O Jardim dos Suplícios*, de Octave Mirbeau, um livro que descobri durante minha fase de literatura francesa decadentista. Na terceira linha do capítulo, uma personagem foi descrita como "uma ardente diletante que apreciava o fedor de decomposição". Minha primeira reação foi "Que lindo, igual a mim!". Mas, sério? Não. *Não* igual a mim, não igual a ninguém que trabalhasse na Westwind. Podia ser um interesse acadêmico, mas isso não queria dizer que eu tinha um prazer perverso e maníaco na decomposição. Eu não entrava no refrigerador todos os dias, inspirava fundo e ria de prazer, dançando nua no frio, transgredindo com prazer obsceno. Em vez disso, eu franzia o nariz, tremia e lavava as mãos doze vezes por dia. A decomposição era só mais uma realidade da morte, um lembrete visual (e aromático) necessário de que nossos corpos são falíveis, meros apitos no radar do amplo universo. Esse lembrete da nossa falibilidade é benéfico, e há muito a se ganhar com o retorno da exposição responsável à decomposição. Historicamente, monges budistas com esperanças de se desligarem da luxúria e de reprimirem o desejo de permanência meditavam sobre a forma de um cadáver apodrecendo. Conhecida como as nove contemplações do cemitério, a meditação se concentrava nos diferentes estágios de decomposição: "(1) distensão (*choso*); (2) ruptura (*kaiso*); (3) exsudação de sangue (*ketsuzuso*); (4) putrefação (*noranso*); (5) descoloração e dissecação (*seioso*); (6) consumo por animais e pássaros (*lanso*); (7) desmembramento (*sanso*); (8) ossos (*kosso*); e (9) ressequido até o pó (*shoso*)".

A meditação podia ser interna, mas era comum que os monges usassem imagens dos estágios da decomposição ou fossem aos campos de corpos para meditar junto a um corpo real em decomposição. Não há nada como a exposição consistente a corpos para eliminar o temor vinculado a eles.

Se corpos em decomposição desapareceram da cultura (o que realmente aconteceu), mas os mesmos corpos em decomposição são necessários para aliviar o medo da morte (e realmente são), o que acontece com a cultura em que toda a decomposição é escondida? Não precisamos criar hipóteses: nós vivemos nessa cultura. Uma cultura de negação da morte.

Essa negação assume muitas formas. Nossa obsessão pela juventude, os cremes, os produtos químicos e as dietas desintoxicantes oferecidos por aqueles que querem vender a ideia de que a idade natural dos nossos corpos é grotesca. O gasto de mais de 100 bilhões de dólares por ano em produtos anti-idade enquanto 3,1 milhões de crianças de menos de 5 anos morrem de fome. Os manifestos de negação na nossa tecnologia e nas nossas construções, que criam a ilusão de que temos menos em comum com animais atropelados do que com as linhas graciosas de um MacBook.

O jeito de quebrar o ciclo e evitar o embalsamamento, o caixão e a tumba é uma coisa chamada enterro verde ou natural. Só está disponível em certos cemitérios, mas a popularidade vem crescendo conforme a sociedade continua a exigir. O enterro natural foi o que foi feito com os restos de Edward Abbey, mas sem a história de roubar o cadáver e levar correndo para o deserto. O corpo vai direto para a terra em uma simples mortalha biodegradável, com uma pedra para marcar a localização. Segue alegremente pela decomposição, disparando os átomos de volta ao universo para criar novas vidas. Além de o enterro natural ser a forma mais ecologicamente salutar de perecer, ele trabalha no medo da fragmentação e da perda de controle. Fazer a escolha de ter um enterro natural diz: "Estou ciente de que sou um amontoado de matéria orgânica impotente e fragmentada — e celebro isso. *Vive la* decomposição!".

A essa altura do meu tempo na Westwind, eu já tinha decidido que queria um enterro verde para o meu corpo. Eu entendia que recebi meus átomos, os que compunham meu coração e unhas dos pés e rins e cérebro, em uma espécie de programa de empréstimo universal. Chegaria a hora em que eu teria que devolver os átomos, e eu não queria tentar me segurar a eles pela preservação química do meu futuro cadáver. Havia um cemitério de enterros naturais em Marin, do outro lado da ponte a partir da Westwind. Lá, eu podia me sentar nas colinas do cemitério e olhar para os túmulos e contemplar minha data de decomposição. Os monges encontravam libertação no desconforto, e de certa forma eu estava fazendo o mesmo. Estava olhando diretamente no coração do meu medo, uma coisa que jamais poderia ter feito quando criança, e, muito gradualmente, começava a me livrar dele.

CONFISSÕES DO CREMATÓRIO
LIÇÕES PARA TODA A VIDA

GHUSL

Buda (famoso por causa do budismo) nasceu Sidarta Gautama no lugar que hoje é o Nepal. O jovem Sidarta não nasceu iluminado; ele passou os primeiros 29 anos da sua vida abrigado em meio a luxos palacianos. O pai de Sidarta, o rei, tinha sido avisado que o filho se transformaria em um grande pensador espiritual se tivesse contato com o sofrimento ou a morte. Naturalmente, o pai preferia ver o filho coroado, rei como ele, em vez de um mero pensador, então baniu qualquer tipo de morte do interior do palácio.

Quando Sidarta chegou aos 29 anos, anunciou seu desejo de explorar a cidade em torno do palácio. O pai concordou, mas planejou as coisas de forma que o filho só visse pessoas jovens e saudáveis envolvidas em atividades de pessoas jovens e saudáveis. Os deuses, no entanto, não queriam saber disso: eles enviaram um homem idoso com cabelo grisalho, banguela e coxo para surpreender Sidarta, que nunca tinha visto o envelhecimento. Em seguida, ele viu um homem infectado por peste e, finalmente, a *pièce de résistance*, um cadáver sendo queimado numa tábua de madeira. Depois de encarar a velhice, a doença, a morte e o nada em um único passeio, Sidarta renunciou à vida no palácio e se tornou monge. O resto, como dizem, é história religiosa.

Na história de Sidarta, a realidade brutal do cadáver em chamas não é uma força negativa mas positiva. Isso catalisou a transformação dele. Encontrar um cadáver obrigou o homem que viria a ser Buda a ver a vida como um processo de mudança imprevisível e constante. Foi a vida *sem* cadáveres, presa por trás dos muros do palácio, que o impediu de chegar à iluminação.

A Westwind Cremation & Burial mudou minha compreensão da morte. Menos de um ano depois de tirar meus óculos que viam o mundo da cor de cadáver, eu mudei de pensar que era estranho não vermos mais cadáveres a acreditar que a ausência deles era a causa fundamental dos maiores problemas do mundo moderno.

Os cadáveres mantêm os vivos presos à realidade. Eu tinha vivido toda a minha existência até começar a trabalhar na Westwind relativamente distante de mortos. Agora, eu tinha acesso a montes deles, empilhados no freezer do crematório. Eles me obrigavam a encarar minha própria morte e a morte dos meus entes queridos. Por mais que a tecnologia possa ter se tornado nossa mestra, precisamos apenas de um cadáver humano para puxar a âncora do barco e nos levar de volta para o conhecimento firme de que somos animais glorificados que comem, cagam e estão fadados a morrer. Não somos nada mais do que futuros cadáveres.

Jeremy, o corpo na mesa da sala de preparação hoje, era um homem de 53 anos coberto de tatuagens. Metade da vida dele foi passada na prisão. Muitas das tatuagens foram feitas por ele mesmo e tinham desbotado até ficarem de um verde fosco. Números e letras pontuavam os braços, o tronco e as costas. Jeremy também tinha tatuagens novinhas em folha, da época de depois da prisão. Eram imagens coloridas de pássaros, ondas e outras metáforas para a liberdade. Ele saiu da prisão e procurou a liberdade de uma vida nova e diferente.

As tatuagens eram lindíssimas. O conceito de corpo como tela fica ainda mais poderoso quando a tela está morta.

Quando comecei a lavar Jeremy, a campainha do portão da frente da Westwind tocou. Tirei as luvas e fui para o pátio. Antes que eu pudesse dizer um "Oi, pode entrar", uma mulher, que depois se apresentou como irmã de Jeremy, deu um gritinho: "Oi, dois metros!".

"Ah, é, bem, eu sou bem alta, isso mesm…"

"Minha nossa, que garota grande e linda você é!", gritou ela, me envolvendo em um abraço apertado. Agradeci, apesar de "garota grande e linda" ter provocado lembranças de Bruce explicando que os depósitos de gordura ao redor do coração eram o motivo pelo qual eu não devia ser gorda.

Levei a irmã de Jeremy para a sala de atendimento, onde ela pegou um pirulito e começou a mastigá-lo enquanto batia com o pé furiosamente no chão. Não queria fazer suposições, mas se me pressionassem eu diria que ela estava alterada por consumo de algum tipo de anfetamina. Ela não seria a primeira familiar com quem falei nessa condição — ah, o peso de vender serviços funerários de baixo custo em Oakland.

"Querida, vamos fazer o seguinte", disse ela. "Quero um belo funeral para Jeremy em São Francisco, depois ele vai ser enterrado no cemitério dos veteranos em Sacramento Valley. Vou dirigindo atrás de você o caminho todo." A cadência do discurso dela estava sincronizada com as batidas do pé.

"Você está ciente de que esse cemitério fica a duas horas daqui?", perguntei.

"Vocês vão cremar meu irmão se eu não ficar de olho. Não sei nem se já não o cremaram."

"Senhora, o cemitério dos veteranos está esperando que o corpo chegue no caixão para o enterro. Vamos entregá-lo lá na quinta", expliquei.

"Você não está me escutando. Eu estou falando que o corpo dele não está em caixão nenhum, *vocês o cremaram sem a minha permissão*."

Tentei explicar, da forma mais gentil possível, que não fazia sentido logístico ou financeiro para a Westwind cremar Jeremy e levar um caixão vazio para o Cemitério Nacional de Sacramento Valley, mas ela não queria acreditar.

A irmã de Jeremy não foi a única que supôs que nós, trabalhadores da morte, éramos mal-intencionados. As pessoas tinham teorias loucas sobre o que fazíamos com os corpos. Mulheres idosas ligavam para a funerária com vozes trêmulas e meio confusas.

"Westwind Cremation & Burial, aqui é Caitlin", eu dizia ao atender.

"Oi, querida, meu nome é Estelle", disse uma mulher. "Você vai me cremar quando eu morrer. Minha papelada está com a sua empresa e já paguei tudo. Mas vi uma coisa no noticiário hoje de manhã sobre vocês cremarem os corpos todos juntos, querida. Isso é verdade?"

"Não, senhora, todo mundo aqui é cremado individualmente", falei com firmeza.

"Disseram que vocês colocam um monte de corpos em uma fogueira e que fica uma pilha de cinzas depois, aí vocês recolhem um pouco dessa pilha", disse Estelle.

"Senhora, não sei quem disse isso."

"O pessoal do noticiário", explicou ela.

"Bom, eu juro que eles não estavam falando de nós aqui da Westwind. Todo mundo recebe um número de série e é cremado sozinho", garanti a ela.

Ela suspirou. "Ah, tudo bem, querida. É que vivi tanto tempo e estou com medo de morrer e ser deixada em uma pilha de corpos."

Estelle não estava sozinha nos seus temores. Uma mulher ligou para perguntar se os corpos eram guardados pendurados em ganchos no refrigerador, como cortes de carne. Um cavalheiro furioso me informou que não devíamos cobrar por espalhar as cinzas no mar porque isso não passava de "largar" as cinzas na privada com um pacote de sal e dar descarga.

Eu ficava de coração partido ao ouvir essas pessoas, até as que gritavam comigo. Puta merda, você *acha* mesmo isso?, eu pensava. Você acha que vai morrer e ser pendurado em um gancho de carne para depois ser jogado em uma fogueira de corpos e ser descartado na privada? Ouvir esses temores me fazia voltar aos 8 anos de idade, quando eu acreditava que cuspir na blusa era o que mantinha minha mãe viva. Comecei a fazer experiências com a honestidade absoluta. Todo mundo que fazia esse tipo de pergunta recebia respostas brutalmente claras. Se me perguntavam como os ossos viravam cinzas, eu dizia: "Bom, tem uma máquina chamada Cremulador..." Se me perguntavam se o corpo apodrecia antes da cremação, eu falava: "Sabe, as bactérias começam a consumir o interior do corpo assim que a pessoa morre, mas a refrigeração impede isso". O mais estranho era que, quanto mais honestidade tinha na minha resposta, mais satisfeitas e agradecidas as pessoas ficavam.

Apesar de me dar palpitações, fazer uma cremação com testemunhas resolvia muitos desses problemas. As pessoas viam o que estava acontecendo, viam o corpo, viam quando deslizava para a retorta sozinho, até faziam parte do processo, ainda que de forma simbólica, ao apertar o botão para acender as chamas. A retorta podia ser uma máquina enorme abrindo a boca para comer sua mãe morta, mas apertar o botão oferecia um ritual participativo mesmo assim.

Senti uma compulsão crescente de fazer mais, de mudar como o público entendia a morte e a indústria funerária. Havia um grupo admirável de mulheres na Bay Area trabalhando para fazer essa mudança, que executava funerais na casa da pessoa falecida e se referia a si mesmo como Parteiras da Morte ou Doulas da Morte. Elas não foram treinadas e nem licenciadas pela indústria funerária, mas se viam como vestígios new age de uma era passada, quando a família cuidava do corpo.

Antes da Guerra de Secessão, como mencionado anteriormente, a morte e o ato de morrer eram amplamente associados ao lar. "O lar é onde o cadáver está", diriam. (Eles *não* diziam isso, eu que inventei, mas as pessoas da época podiam muito bem falar algo assim.) Como os cadáveres eram tarefa doméstica, o dever de cuidar deles era das mulheres. As mulheres faziam as tortas de carne, lavavam as roupas, limpavam os cadáveres. De muitas formas, as mulheres são companheiras naturais da morte. Cada vez que uma mulher dá à luz, ela está criando não só uma vida, mas também uma morte. Samuel Beckett escreveu [em *Esperando Godot*] que as mulheres "dão a luz do útero para o túmulo, o dia brilha por um instante, volta a escurecer." A Mãe Natureza é de fato uma *mãe*, que cria e destrói em um ciclo constante.

Se a matriarca da família não quisesse lavar e embrulhar o corpo ela mesma, a família podia contratar "encaminhadoras dos mortos". No começo do século XIX, a maior parte da força de trabalho dessa função era formada por mulheres, uma tradição levada para as colônias americanas da Inglaterra, onde era uma prática aceita havia muito tempo. Havia parteiras para os bebês e encaminhadoras para os cadáveres; mulheres que traziam as pessoas ao mundo e mulheres que as levavam dele.

A maioria dos clientes da Westwind não se dava conta de que o cadáver pertencia a eles e que podiam cuidar do assunto como quisessem. Eles não precisavam entregar o papai para uma funerária ou contratar uma parteira da morte. Aquele corpo, para o bem ou para o mal, era deles. Além de cuidar dos seus estar previsto pela lei da Califórnia, os cadáveres não são as criaturas abomináveis que a indústria moderna da morte fez com que parecessem ser. Nas comunidades muçulmanas, é considerado um "feito digno" lavar e embrulhar a pessoa falecida em um banho ritual conhecido como *Ghusl*. A pessoa que executa o *Ghusl* é escolhida pelo moribundo ou pela moribunda. Os homens são lavados por homens e as mulheres são lavadas por mulheres. A escolha é uma honra e uma obrigação sagrada a ser cumprida.

Nos séculos passados — antes de a sociedade entender completamente as bactérias e os germes —, as epidemias de doenças como a cólera e a Peste Negra eram atribuídas ao "ar ruim" que fluía como uma névoa dos cadáveres. Cidades maiores passaram a enterrar seus mortos fora dos seus limites. Embora seja verdade que cadáveres criem imagens e cheiros ofensivos, um corpo humano morto oferece bem pouca ameaça a um vivo; as bactérias envolvidas na decomposição não são as mesmas que causam doenças.

Algumas semanas antes do meu encontro com o tatuado Jeremy e sua irmã, a Westwind recebeu uma visita da srta. Nakazawa, uma jovem cuja mãe morrera em casa. Ela queria deixar o corpo da mãe em casa por mais algumas horas depois da morte para se despedir, mas disse: "O detetive da polícia me avisou que eu tinha que ligar para vocês imediatamente, porque ela era diabética e que deixar o corpo em casa por mais tempo poderia fazer mal à minha família".

"Me desculpe, senhora, ele disse o quê?", respondi, com o queixo no chão.

"Ele disse que tínhamos que pedir à funerária para ir buscá-la logo, senão o corpo poderia transmitir doenças."

Apenas para recapitular: um detetive de polícia achava que aquela família seria contaminada por diabetes transmitida por um cadáver. Era a mesma coisa que ter dito que a mulher ia pegar aids se sentasse em um assento de privada. Deixando de lado a ideia errada de que alguém pode "pegar" diabetes de outra pessoa, menos ainda um cadáver, a maioria dos vírus e das bactérias, mesmo os que têm o *potencial* de provocar doenças, só vive durante algumas horas em um corpo morto. Os raros vírus que sobrevivem por mais tempo (por exemplo, o HIV, que vive por até dezesseis dias) não oferecem mais perigo em um cadáver do que em um corpo vivo. É mais perigoso para a sua saúde andar de avião do que estar no mesmo aposento que um corpo morto.

A srta. Nakazawa tinha contratado outra funerária antes da Westwind, mas foi informada que a mãe dela precisava ser embalsamada se a família quisesse vê-la de novo. "Nós não queremos que mamãe seja embalsamada", disse ela. "Ela era budista e não queria isso, mas o diretor funerário me disse que tínhamos que embalsamar o corpo por questão de saúde." Que ótimo. Então dois "profissionais" em um só dia disseram para essa mulher que a mãe morta era uma bomba-relógio de alto perigo mortal que ia infectar toda a família. Os embalsamadores embalsamam porque acham que deixa o cadáver com uma aparência melhor, porque disseram para eles que é o "certo" e o "decente" a se fazer e porque torna mais fácil controlar a visualização do corpo. Além do mais, são pagos para isso. Eles não fazem isso porque os microrganismos presentes em um corpo não embalsamado oferecem qualquer ameaça à família. Agora que temos uma compreensão sofisticada da teoria dos germes e da ciência da morte, os detetives de polícia e os profissionais funerários não têm desculpa para dizer que a proximidade dos mortos vai fazer mal aos vivos.

Por causa de superstição, não questionada até entre os que deviam ter mais conhecimento, aquela mulher não teve a oportunidade de ficar com a mãe até, como um amigo meu colocou, que seu luto "parecesse... estar no fim, de alguma forma". Ela queria a chance de encerrar aquela questão. Um cadáver não precisa que você se lembre dele. Na verdade, não precisa de mais nada — fica mais do que satisfeito de ficar ali, deitado, apodrecendo. É *você* que precisa do cadáver. Ao olhar para o corpo, você entende que a pessoa se foi, que não é mais uma participante ativa do jogo da vida. Ao olhar para o corpo, você se vê nele e sabe que também vai morrer. O contato visual é uma chamada à autopercepção. É o começo da sabedoria.

Quando uma morte acontece na ilha indonésia de Java, a cidade toda é obrigada a comparecer ao funeral. O corpo é desnudado, o maxilar é fechado com um pano amarrado ao redor da cabeça e os braços são cruzados sobre o peito.

Os parentes mais próximos do falecido lavam o corpo, segurando o cadáver no colo, posicionando-o de forma que os vivos também ficam encharcados com a água. A ideia de aninhar os mortos desta forma, de acordo com o antropólogo Clifford Geertz, "se chama ser *tegel* — ou seja, ser capaz de fazer uma coisa detestável, abominável e horrível sem hesitar, seguir em frente apesar do medo e da repulsa interiores". As pessoas de luto executam esse ritual para ficarem *iklas*, distanciadas da dor. Abraçar e lavar o cadáver permite que elas encarem o desconforto de frente e sigam para um lugar em que "seus corações já sejam livres".

Mesmo que não tivesse percebido, esse é o tipo de encerramento que a irmã de Jeremy queria. Depois que foi embora da Westwind, finalmente convencida de que o corpo do seu irmão não tinha sido sorrateiramente cremado, parei junto ao cadáver de Jeremy na sala de preparação. Li a história que as tatuagens contavam e expulsei da minha cabeça a voz desconfortável que narrava meus meses de novata na funerária, sugerindo que talvez a mão dele fosse se levantar e segurar a minha, me deixando eternamente tensa. Também não fiquei com medo de fazer alguma coisa errada ou quebrar o corpo dele. Pensei no que as tatuagens queriam dizer e que algumas pessoas olhariam para aquele homem e o julgariam como um sujo, um criminoso.

Ele *foi* um criminoso, mas também era bonito. Eu não estava ali para julgar, só para deixá-lo limpo e vesti-lo com o terno azul-bebê de poliéster e com a camisa social com babados na frente. Ao segurar o braço dele para lavá-lo, fiz uma pausa: eu estava à vontade. Queria que outras pessoas soubessem que elas também podiam fazer isso. Lavar e ficar à vontade. A sensação de confiança e estabilidade estava disponível para todo mundo se a sociedade conseguisse superar o peso da superstição.

Dez meses depois que comecei a trabalhar na Westwind, eu sabia que a morte era a vida para mim. Eu queria ensinar as pessoas a cuidarem dos seus mortos como nossos ancestrais faziam. A lavar os corpos elas mesmas. A assumir controle dos seus medos. Várias opções se apresentavam. A primeira era fazer as malas e fugir no meio da noite, largar o crematório e me juntar às parteiras da morte. Isso seria abandonar a indústria funerária e a segurança e a legitimidade (merecida ou não) que ela oferecia. Eu não me importava em deixar para trás as partes comerciais e as vendas de supérfluos da indústria. O problema era que, como regra geral, as parteiras eram bem mais, digamos, *espiritualizadas* do que eu. Não faço objeção moral alguma a óleos sagrados, incenso e chacras da morte, porém, por mais que respeitasse aquelas mulheres, não queria fingir que a morte era uma "transição" quando a via como, bem, uma morte. Fim. *Finito*. Secular até o último fio de cabelo.

Minha segunda opção era frequentar uma escola funerária, mas isso significava ir ainda mais fundo na indústria e todas as suas práticas pavorosas.

"Você sabe que não precisa fazer nenhum curso funerário, Caitlin", disse Mike. "Por que se obrigaria a passar por isso?"

Como feliz beneficiário de uma lei estadual da Califórnia que não exige estudo para que alguém se torne um diretor funerário licenciado, o próprio Mike não estudou em uma faculdade funerária. Ter diploma de *qualquer coisa* (estou olhando para você, graduação em tecelagem), ficha limpa na polícia e nota para ser aprovado em um único teste bastava para se entrar para o clube.

No entanto, agora que tinha aceitado minha aptidão como agente funerária, eu queria saber tudo, entender tudo. Eu podia procurar soluções alternativas ou começar a estudar para tirar outro diploma, aprender a embalsamar, ver de perto o que estavam ensinando. Por mais que as práticas das parteiras da morte me atraíssem, eu não queria jogar pedrinhas em uma fortaleza de ferro. Queria estar dentro. Decidi me candidatar à faculdade funerária. Só por garantia.

CONFISSÕES DO CREMATÓRIO
LIÇÕES PARA TODA A VIDA

ÚNICA TESTEMUNHA

Era novembro quando Mike tirou férias de duas semanas para pescar com a esposa e o filho, me deixando (logo eu, como um cervo paralisado à luz de faróis) responsável pelo crematório. Pior ainda, Mike tinha marcado uma cremação com testemunhas para segunda-feira de manhã. Sem ele, eu teria que executar a temida cremação sozinha.

"Meu Deus, Mike, me lembre de todos os procedimentos e administre reforço positivo agora mesmo!", implorei.

Mike usou uma abordagem diferente. "Não se preocupe, é uma família muito bacana. Da Nova Zelândia. Ou seria Austrália? Sei lá, o filho é legal e acho que é hétero. Ele gosta de *A Sete Palmos*, sabe? Tente estar bonita na segunda. Ele vai herdar umas vinte propriedades. Estou tentando arrumar um cara para você."

Era como o começo de um romance de Jane Austen — se o sr. Darcy fosse um filho de luto/entusiasta da HBO da cidade de Perth e Elizabeth fosse uma cremadora inexperiente.

O desastre espreitava o tempo todo durante uma cremação com testemunhas. Algumas semanas antes, a esteira rolante que usamos para levar o corpo até a retorta desenvolvera um problema no sistema elétrico. Vez ou outra, o curto fazia a esteira parar. Isso não era um problema se eu estivesse sozinha; conseguia resolver a questão ligando a esteira um pouco antes e empurrando a caixa de papelão para a retorta. Mas se a esteira parasse com testemunhas, essa opção parecia bem menos viável.

Treinei o que diria se o pior acontecesse: *Ah, sim, essa esteira sempre para exatamente aí. É nessa parte que eu saio correndo pelo crematório e dou um empurrão com toda a minha força na caixa que guarda a sua mãe e a jogo no fogo. É um procedimento comum, senhor. Não se preocupe.*

Na noite anterior à cremação com testemunhas, tive pesadelos com a esteira quebrando ou, pior, com o forno se desligando quando eu colocava o corpo dentro. Aquilo nunca tinha acontecido antes, mas teoricamente *podia* acontecer — e com a minha sorte aconteceria.

Como mais combustível para os meus pesadelos (além de me dizer que queria me juntar com o filho da falecida), a única outra informação que Mike me deu foi: "Vou logo avisando: ela não está com uma aparência muito boa". A família toda estava vindo da Nova Zelândia (ou talvez da Austrália) e a falecida "não está com aparência muito boa". O que isso *queria dizer?*

Na segunda-feira de manhã, descobri que queria dizer que as bochechas da mãe tinham desenvolvido estranhas manchas de apodrecimento cor de laranja e o nariz estava coberto com uma casca marrom grossa. O rosto estava inchado e liso, como um pêssego meio passado. A pele humana se restringe a uma paleta de cores sem graça que varia entre creme, bege, castanho e marrom quando as pessoas estão vivas, mas tudo muda quando a pessoa morre. A decomposição permite que a pele floresça em tons vívidos de pastel e néon. Aquela mulher por acaso estava laranja.

Assim que cheguei no trabalho, comecei a cuidar da maquiagem. Usei o que havia disponível no kit da Westwind, metade maquiagem especial de funerária, metade vidros da farmácia do fim da rua. Tentei ajeitar o cabelo para tirar a atenção da decomposição. Coloquei lençóis brancos ao redor do rosto, que estava do tamanho (e da cor) de uma bola de basquete, em uma tentativa de encontrar um ângulo melhor. Quando a levei para a luz rosada da sala de visitação, ela não parecia tão ruim.

"Até que ficou bom, Cat. Ficou bom", garantiu Chris. "Ela estava... estranha."

"Obrigada, Chris."

"Olhe, eu tenho que buscar o sr. Clemons na casa de repouso em Shattuck. Eles não guardam corpos por nada desse mundo. A enfermeira já ligou berrando três vezes."

"Chris, tem uma cremação com testemunhas agora. Sou a única aqui!"

"Eu sei, eu sei, também não concordo com isso. Mike não devia ter deixado você assim. Ele acha que tudo é fácil. Você precisa de apoio."

Por mais verdadeiro que aquilo fosse, meu antigo reflexo do "Não, pode deixar" entrou em ação. O medo de parecer fraca ou incompetente era pior do que qualquer desastre imaginário envolvendo esteiras paradas e pele laranja.

"Pode ir, Chris. Tudo bem. Eu cuido disso."

Logo depois da saída de Chris, o filho da mulher (par perfeito para esta que vos fala na visão de Mike, a casamenteira) apareceu acompanhado de dez familiares. Eu os acompanhei até a sala de visitação e os levei até o corpo. "Vou deixar vocês sozinhos. Levem o tempo que precisarem", falei, saindo respeitosamente da sala.

Assim que a porta se fechou, coloquei o ouvido nela, ansiosa para ouvir a reação. A primeira coisa que o filho disse — de maneira bastante enfática — foi: "Ela estava melhor antes. Mamãe estava com uma aparência muito melhor antes dessa maquiagem toda".

Meu instinto imediato foi de abrir a porta e gritar: "Você quer dizer quando ela estava visivelmente apodrecendo, amigão?", mas eu sabia que aquele não era o melhor gesto para o relacionamento entre cliente e serviço. Depois que me acalmei e superei o insulto ao meu trabalho, senti vontade de falar com ele de novo, de dizer que também não concordava com o complexo industrial de maquiagem de cadáver, que natural *era* melhor, mas que *talvez*, se ele a tivesse visto antes, fosse concordar que a maquiagem era necessária. Em seguida, eu pediria que esclarecesse o que ele queria dizer com "ela estava melhor antes". "Antes" era quando a mãe ainda estava viva? Fazia sentido. Ou "antes" era quando ele tinha a visto pela última vez e ela ainda não estava da cor de um cone de sinalização de trânsito? O mais perturbador de tudo era a possibilidade de ele ser uma das raras criaturas genuinamente à vontade com corpos que já tinham passado para o estágio da decomposição. Nesse caso, Mike estaria certo, ele seria o homem dos meus sonhos. De qualquer modo, essa conversa nunca aconteceu, e tenho certeza de que nosso relacionamento de comédia romântica estava fadado ao fracasso, apesar da excelente premissa do encontro casual e improvável.

A família passou um tempo com a matriarca antes de ir me chamar para a cremação. Na capela, fiquei alarmada ao ver fumaça emanando das laterais do cadáver. A família tinha vários ramos grossos de sálvia queimando nas dobras do lençol branco. Não costumamos permitir fogo na sala de visitação, mas como Mike não estava presente e mamãe estava parecendo uma peça de equipamento esportivo, deixei isso passar.

Junto com o incenso, a família tinha colocado um picolé Häagen-Dazs sabor café com amêndoas nas mãos dela, como a arma de um guerreiro viking. Esse é o meu sabor favorito. Então, gritei, de forma involuntária: "É o meu sabor favorito!".

Eu tinha conseguido ficar de boca fechada até aquele momento (mesmo depois do insulto às minhas habilidades como maquiadora de cadáveres), mas sorvete se provou ser um assunto sobre o qual eu não conseguia ficar calada. Felizmente, eles só riram. Sorvete de café era o favorito da mãe deles também.

Com a ida de Chris para buscar o sr. Clemons, era eu quem tinha que transferir a mãe para o crematório. Meu primeiro gesto foi bater com a maca com força na moldura da porta, espalhando uma explosão de fumaça de sálvia. Não me lembro exatamente do que eu disse (a vergonha enevoa a memória), mas deve ter sido algo como "Ops!" ou "A primeira porta é sempre a mais complicada!".

Coloquei a mãe na esteira sem incidentes, e então, para o meu alívio, o zumbido tranquilizador acompanhou a senhora até o forno crematório. Deixei o filho apertar o botão para acender o fogo. Como muitos antes, ele ficou emocionado com o poder ritualístico do botão. O incenso e o sorvete mostraram que a família não ignorava rituais. Por um momento, pareceu que ele tinha esquecido a batida na porta e a maquiagem teatral (embora ainda não estivesse encantado o suficiente para me convidar para sair).

Enquanto Mike estava de férias, eu cremei 27 adultos, seis bebês e dois troncos humanos. Três dessas cremações foram com testemunhas e aconteceram sem incidentes.

Na primeira manhã depois das férias, Mike levantou o olhar da papelada e disse: "Estou orgulhoso pra caralho de você".

Eu quase caí em prantos ali mesmo. Senti como se tivesse conquistado uma coisa enorme, como se não fosse mais uma garotinha brincando de me fantasiar nesse trabalho. Não era mais uma diletante. Era uma operadora de crematório. Era uma coisa que eu sabia fazer. Uma habilidade. E eu era boa nisso.

Se Mike tivesse o hábito de me elogiar do jeito que eu queria, me parabenizando por cada pátio bem varrido ou por ter cremado cinco bebês antes das cinco, eu teria me tornado uma funcionária bem menos competente. Só me saí bem porque precisei provar para ele que era boa.

"Você se saiu melhor do que 95% das pessoas que contratamos, cara", prosseguiu Mike.

"Espere aí, quem são os 5% que se saíram melhor do que eu?" Apertei os olhos. "É melhor que seja modo de dizer."

"Nós costumamos contratar pessoas sem experiência. Quando elas têm alguma, são broncos do serviço de remoção. É um serviço meio nojento, né?"

"E que não paga bem", acrescentei.

"Não", disse ele com uma gargalhada. "Não paga bem. Nós enganamos você para que aceitasse."

Minha empolgação por finalmente estar arrancando elogios verdadeiros de Mike durou pouco e logo se transformou em culpa. Eu tinha me candidatado à faculdade funerária e fui aceita.

O fato de ter sido aceita não queria dizer que eu precisava estudar lá. Era o final de 2008, o começo da crise econômica, uma época idiota para se abandonar um emprego estável, mesmo um tão bizarro como o de operadora de crematório. Contudo, minha vida em São Francisco ainda era sem graça e solitária, e o Cypress College of Mortuary Science (uma das duas faculdades funerárias da Califórnia) ficava em Orange County, a terra das maravilhas suburbanas ao sul de Los Angeles, lar do programa *The Real Housewives* e da Disneylândia. Eu não queria ser embalsamadora, o ofício ensinado em faculdades funerárias como a Cypress, mas queria descobrir pessoalmente como nossa rede nacional de mortalidade treinava seus futuros membros. Onde exatamente as coisas davam tão errado: com as pessoas que mandavam na indústria, com as pessoas que as ensinavam ou com a indústria em si?

Além disso, tinha Luke, mais importante do que eu admitiria na época, que morava no sul da Califórnia havia vários anos. No final da faculdade, nós planejamos ir morar juntos em Los Angeles, alugar um apartamento e viver como artistas pobres mas realizados. Porém, acabei indo para o norte, para São Francisco, e saí na minha caçada louca atrás da minha obsessão pela morte. Foi uma decisão egoísta na época, mas as coisas eram diferentes agora. Sabia quem eu era, minha vida tinha um propósito, e estava pronta para estar com ele.

"Então você vai se mudar pra L.A., Doughty? De verdade desta vez?", perguntou Luke, duvidando.
"Não fique se achando, cara. Não é que eu queira me mudar para Los Angeles, só tenho que ir para longe de todos esses cadáveres. Você já leu *O Século das Luzes* [do escritor cubano Alejo Carpentier]?"

Estou cansado de ficar entre os mortos [...] Tudo tem cheiro de cadáver aqui. Quero voltar para o mundo dos vivos, onde as pessoas acreditam em alguma coisa.

Ele riu. "Tudo tem cheiro de cadáver, é? O que quer dizer com isso? O crematório é feito de cadáveres?"

"Sim, mas é incrivelmente difícil construir algo com eles", eu expliquei.

"Achei que os mortos eram bem rígidos."

"Certo, é bom para uma estrutura inicial. Mas a decomposição constante é ruim para a segurança da base. Imprevisível, sabe?"

"Caitlin, acho que você devia sair daí antes que os cadáveres caiam em cima de você."

Luke fez a diferença. Eu ia para o sul no inverno.

Contei a Mike uma semana depois. Ele fez cara de paisagem e disse: "Bom, se essa é a sua decisão".

Ficou mais óbvio que Chris não queria que eu fosse. Nós tínhamos lembranças juntos, como a ocasião em que fomos buscar uma acumuladora idosa caída em uma poça do próprio sangue no chão da cozinha, com a bancada cheia de potes abertos de creme de amendoim e de Nutella infestados de baratas. Muitas das nossas lembranças eram nojentas, mas, ainda assim, eram as nossas lembranças.

Quando a data da minha partida foi se aproximando, postamos sobre a vaga para o meu cargo na internet, e as pessoas se candidataram aos montes. O mercado devia estar péssimo, porque todos pareciam ansiosos para trabalhar em uma funerária. Tinha muita gente se candidatando para o emprego, mas isso não queria dizer que tinha gente *boa* se candidatando. Em uma carta de apresentação: "Vocês podem confiar em mim porque eu sou muçulmano. Não fraudo nada. Mesmo se houvesse uma nota de cem dólares no chão, não a pegaria. O que me motiva é o incentivo: se eu correr cinco quilômetros por dia, o que vou conseguir?".

Havia uma série de candidatos com erros de ortografia/terminologia/gramática: "Objetivo: adquirir experiência e conquistar *opurtunidades* de trabalhar no campo das funerárias".

As verdadeiras pérolas vieram quando selecionamos várias pessoas para preencherem um questionário adicional. Achei que isso era um pouco demais, num estilo "se você fosse uma árvore, que tipo de árvore seria?", mas é preciso separar o joio do trigo.

Q: Em aproximadamente trezentas palavras, explique por que você está interessado em trabalhar em uma funerária.
R: Eu amo a morte.
Q: Você conhece ou já participou de algum ritual religioso/espiritual relacionado à morte? Descreva esses eventos.
R: Brinquei com o tabuleiro uijy [*sic*] certa vez.
Q: Você é capaz de sentir empatia pelas pessoas sem se envolver pessoalmente? Descreva uma situação em que conseguiu fazer isso.
R: Eu matei um monte de gente uma vez.
Q: Você consegue ser flexível em relação aos deveres e delimitações do emprego?
R: Claro, porra.

Deixando de lado as qualificações desses candidatos, Mike acabou contratando Jerry, um afro-americano alto e bonito. Ironicamente, Jerry já tinha trabalhado antes com um serviço de remoção. Ele era um dos "broncos" da remoção que, apenas algumas semanas antes, Mike jurara de pés juntos que nunca ia contratar. Acho que quando a experiência dos seus outros candidatos é ter usado "o tabuleiro uiji certa vez", sua perspectiva muda.

Na semana anterior à minha despedida, a lata-velha que era a van branca de Chris estava na oficina. Cometi o erro de me referir à amada van dele assim. "Lata-velha? Mocinha, não insulte a integridade dela. Ela está comigo há vinte anos", disse ele. "É minha Grande Baleia Branca, a fera que arrasta homens descuidados por aí."

Deixei Chris na casa dos pais dele. A casa ficava no alto, em Berkeley Hills, onde a família morava desde os anos 1950.

"Cat, quero mostrar uma coisa para você", disse ele, me levando até a base de uma árvore no meio do quintal. Era uma sequoia com uns quinze metros de altura e uns seis de circunferência.

"Minha mãe morreu quando eu era bem novo, então passei muito tempo com a minha avó. Depois que minha mãe morreu, vovó me deu uma dessas folhas e me disse que, se eu plantasse na terra, uma árvore nasceria. Pareceu ridículo, mas plantei a folha em um recipiente de café Maxwell House e jogava três copos de água todas as manhãs. E aqui está ela", disse Chris, batendo com carinho no tronco da árvore. "Esta é a minha árvore. Se você me perguntar qual é minha maior realização no mundo... bem, aqui está."

Ele prosseguiu: "Claro, ela está tão grande agora que as raízes estão começando a quebrar a entrada da casa da vizinha. Qualquer dia desses, ela vai ligar para a cidade e mandar virem arrancar tudo que está na propriedade dela, e então a árvore vai morrer. Vai apodrecer e cair. Tenho muitos pesadelos com isso".

Que falta de sensibilidade dela.

Para minha surpresa, a equipe da Westwind fez uma festa em homenagem à minha partida. Todo mundo estava lá. Chris, que não gostava muito de reuniões sociais, saiu cedo, mas não sem antes me dar um saco de presente coberto de balões em tons pastel. A única coisa dentro era um coco seco.

"É... um coco? Obrigada, Chris."

"Em 1974, quando eu morava no Havaí, meu amigo jogou esse coco no banco de trás do meu carro laranja. Ele disse: 'É um coco muito importante. Guarde e leve com você para onde for'. Eu fiz isso. E agora, estou dando para você."

Só Chris mesmo para dar significado a um coco de 35 anos em um saco de presente. Fiquei emocionada. Dei um abraço constrangido nele.

"Tchau, Cat", disse ele, e foi embora.

Mais tarde, quando eu estava mais para lá do que para cá, Mike e Bruce começaram a conversar comigo sobre trabalho. (Nenhum de nós tinha muito a falar além desse assunto.) Mas não foi a conversinha habitual sobre o babaca que trabalhava em um crematório da concorrência ou o caso complicado da semana passada, foi existencial, o tipo de coisa sobre a qual eu queria falar havia tanto tempo.

Bruce me contou a história das providências combinadas com uma grávida, ocorrida dez anos antes. Ela disse para ele que o planejamento todo era para o bebê. "Quando ela chegou, falei: 'Que pena sobre o seu bebê, mas você tem sorte de estar grávida, vai ter outro filho'. Só que o bebê para o qual ela estava tomando as providências era o que estava na barriga dela. Ele tinha morrido e ainda não podia ser tirado. A gestação tinha oito meses. Isso deu um nó na minha cabeça. Ela estava sentada na minha frente com um bebê morto dentro dela. Era errado. Tantos anos se passaram, e eu ainda lembro. Até hoje, cara. É por isso que tem tantos alcoólatras e viciados em drogas nas funerárias, para poderem esquecer o que está acontecendo."

Mike encostou a cabeça na parede, sem me olhar diretamente. E então, com sinceridade, como se quisesse mesmo uma resposta, perguntou: "Não tem momentos em que a tristeza pega você de jeito?".

"Bom, eu..."

"Quando a família está muito triste e perdida e você não pode fazer nada para ajudar?"

Acho que vi lágrimas nos olhos dele. Estava escuro. Não posso ter certeza. Mike era humano, afinal das contas, mais uma alma lidando com aquele mundo estranho e escondido da morte, tentando fazer seu trabalho e entender o que tudo aquilo significava.

Por mais desesperada que eu tivesse ficado por ter alguém com que falar sobre essas mesmas coisas, naquele momento só consegui murmurar: "Acho que sim. As coisas são como são, certo?".

"Claro. Boa sorte em Los Angeles", disse ele.

E, com isso, minha carreira na Westwind Cremation & Burial chegou ao fim.

CAITLIN DOUGHTY
CONFISSÕES DO CREMATÓRIO
LIÇÕES PARA TODA A VIDA

AS SEQUOIAS

Na última noite que passei em Rondel Place, nosso senhorio, o ativista vegetariano, gay, católico, filipino (e colecionador de bibelôs de anjinho) que morava no apartamento acima, chamou a polícia por causa de dois cavalheiros que saíram cambaleando do Esta Noche no meio da madrugada. Depois de urinar na parede, eles foram se sentar no degrau do nosso prédio para fumar e se apalpar enquanto sussurravam fervorosas frases em espanhol um para o outro.

Os sussurros viraram gritos de *"¿Por qué no me amas?"*, que viraram tapas e socos. A lei precisou intervir.

Bem cedo na manhã seguinte, depois da minha noite de telenovela ao vivo, fui embora de Rondel Place em um caminhão alugado da U-Haul, levando todas as coisas que eu tinha nesse mundo. Junto com meu gato e meu píton, nossa gangue fez a viagem de seis horas para o sul, de São Francisco a Los Angeles.

Luke me convidou para ficar na casa dele enquanto eu procurava um apartamento. Era doloroso estar na presença dele, de tão sufocante que era meu desejo de revelar o que eu sentia. Com medo de esses sentimentos afetarem o equilíbrio delicado do nosso relacionamento, recusei a oferta e logo me acomodei em Koreatown. Várias pessoas tinham me avisado que aquele era um "bairro ruim", mas, depois de morar em Rondel Place, parecia o paraíso. Eu podia andar pela rua sem encontrar um sujeito nu defecando atrás do meu carro ou uma mulher com fantasia completa de palhaço espacial intergaláctico fumando crack. Podia haver um certo tráfico de drogas e um pouco de violência de gangues na Catalina Street, mas, em comparação a Rondel Place, era um oásis verdejante.

Em Los Angeles, mergulhei de cabeça na pesquisa sobre morte e cultura — não só como ela afetava nosso comportamento, mas *por quê*. O trabalho com a morte era uma vocação, e eu a segui com uma sinceridade que minha natureza cínica jamais teria permitido. Ter um propósito era estimulante.

Porém, para cada pedacinho de estímulo, minhas emoções também se viravam para o lado oposto do espectro. Eu acreditava tão intensamente na importância de rituais de morte que tinha medo de que aquilo parecesse mórbido ou patológico. Pior ainda era o medo de isolamento — eu era uma líder no culto ao cadáver, mas até o momento não havia mais ninguém no templo. Um líder de culto sozinho em suas crenças é só um sujeito maluco de barba.

Mas eu tinha Luke. Ele representava o lugar confortável para onde eu podia ir na fuga dos grilhões da morte e me entregar às alegres distrações do amor. Ou era o que eu pensava.

Eu finalmente estava morando na mesma cidade que Luke, mas ainda não conseguia falar diretamente com ele — minhas palavras eram pesadas demais. Quando não consegui mais suportar, escrevi uma carta contando o quanto eu precisava dele, o quanto seu apoio era a única coisa que me mantinha de pé em um mundo onde era fácil demais se entregar ao desespero. A carta era igualmente melosa e niilista — o que era adequado, pensei, pois Luke e eu éramos igualmente melosos e niilistas. Deixei a carta na caixa de correio dele no meio da noite. Eu tinha certeza de que ele estava esperando isso e que sua reação seria tão ardente quanto a minha declaração.

Mas então... silêncio.

Depois de vários dias, recebi um e-mail de apenas uma linha de Luke:

Não me peça isso. Não posso ver você de novo.

Em algum lugar no mundo, Luke estava tecnicamente vivo. Porém, o relacionamento que eu conhecia, a amizade que apreciava, virou pó bem na minha cara. Era um tipo de morte, e a dor foi intensa. Não demorou para minha mente iniciar a antiga conversa, meu diálogo interno constante. Algumas partes são similares à voz da minha infância: *As pessoas aí no mundo estão passando fome, morrendo de verdade. Esse cara não quer você, se deu mal, vaca burra.* E um material novo foi acrescentado ao roteiro: *Você achou que podia escapar, não achou? Bem, não pode. Você pertence à morte agora, e ninguém consegue amar alguém assim. Tudo tem cheiro de cadáver aqui.*

Meu emprego na Westwind durou até o final de novembro, e a faculdade funerária só começava em janeiro; nesse meio-tempo, me senti sem objetivos. Fui de carro até o norte da Califórnia para fazer trilha em meio às gigantescas sequoias, pretendendo afastar os pensamentos do que aconteceu com Luke. Escrevi para os meus amigos (e para a minha mãe) um e-mail jovial dizendo o que eu queria que fosse feito com o meu corpo (e com o meu gato) se porventura eu falecesse nas sinuosas estradas das montanhas.

Eu me registrei no Redwoods Hostel, uma casa antiga na costa irregular do norte da Califórnia. No dia seguinte, saí para procurar a trilha Cathedral Trees, onde tinha feito caminhada vários anos antes. No entanto, por algum motivo, não conseguia encontrá-la. Dirigi para cima e para baixo na estrada, e nada de localizar a entrada. De repente, minha frustração deu espaço para a fúria, e enfiei o pé com tudo no acelerador e dirigi a toda na direção de um penhasco, virando o volante no último momento para evitar a queda. Quando parei no acostamento para recuperar o fôlego, me impressionei com a fúria que senti. Eu não tinha tendência para explosões de violência. E nunca tentara dirigir para um penhasco.

Depois de me acalmar, parei para pedir instruções para um guarda florestal, que me encaminhou até a entrada que levava à trilha Cathedral Trees. Não havia ninguém para caminhar comigo quando desci para baixo da copa das árvores enormes e sagradas, algumas com mais de mil anos de idade. Eu conseguia sentir a sabedoria antiga delas enquanto descia a colina. Foi quando cheguei embaixo que me dei conta de que tinha ido lá para morrer. Não tinha planejado isso de forma consciente, mas escrevi meus últimos e-mails, declarei o que queria que fosse feito com meu corpo e coloquei na mochila o agente do meu fim. Vinte minutos antes, disparei na direção de um penhasco porque fiquei com raiva de mim mesma por estar perdida de forma tão patética, estragando a santidade do meu último dia.

Eu me sentia traída para caralho. A cultura existe para oferecer respostas às grandes questões humanas: amor e morte. Quando eu ainda era uma garotinha, minha cultura me fez duas promessas. A primeira foi que a sociedade sabe o que é melhor para nós, e o melhor para nós é que a morte seja escondida. Essa promessa foi destruída na Westwind, que descobri que fazia seu papel em uma ampla dissimulação da mortalidade. Agora que tinha visto a negação estrutural da morte na nossa sociedade, era difícil parar de pensar nela. Eu queria sossegar meu cérebro, fazer com que ele parasse as ruminações incessantes dos "porquês" e "comos" da mortalidade. Eu me sentia como Muchukunda, o mítico rei hindu que, quando um deus perguntou a ele que recompensa desejava pelos anos de luta contra demônios (no sentido literal), disse que não desejava nada mais do que o sono infinito. A morte, para mim, era como um sono infinito. E eu a desejava.

A segunda promessa foi feita pela cultura popular, que divulgava a narrativa que uma garota merece o amor verdadeiro. Eu não me via como escrava de narrativas da cultura popular (spoiler: eu sou). Acreditava que compartilhava com Luke uma ligação racional e apaixonada com outro ser humano. Entretanto, de alguma forma, eu estava enganada sobre aquilo tudo. As duas promessas que a cultura fez para mim foram destruídas, minhas teias de significados foram cortadas. Eu não podia contar mais com nenhuma das suposições privilegiadas que tinha sobre o mundo.

Pelo que pareceram horas, ninguém apareceu. Aquela era uma trilha bastante frequentada, mas não havia uma alma viva lá. Fiquei sentada, debatendo se devia ou não entrar na floresta. Se eu entrasse, seguiria o exemplo do pintor Paul Gauguin, que tentou cometer suicídio tomando arsênico no meio das montanhas do Taiti. Ele tinha acabado de terminar *De onde Viemos? Quem Somos? Para onde Vamos?*, um dos seus quadros mais famosos. Gauguin torcia para que nenhum humano encontrasse seu cadáver, para que as formigas pudessem comer seu corpo. Todavia, o excesso de cuidado fez com que ele ingerisse arsênico *demais*. Seu corpo rejeitou o veneno e ele vomitou tudo. O pintor acordou, saiu das montanhas e viveu mais seis anos.

Como Gauguin, eu queria que animais devorassem meu corpo. Afinal, existe uma diferença mínima entre um corpo e uma carcaça. Eu era tão animal quanto as outras criaturas da floresta de sequoias. Um cervo não precisa de embalsamamento, de caixões fechados ou de lápides. Ele é livre para ficar no lugar em que morrer. Durante toda a minha vida, comi outros animais, e agora me ofereceria a eles. A natureza enfim teria sua oportunidade comigo.

As moscas varejeiras conseguem sentir o cheiro de uma carcaça a dezesseis quilômetros de distância. Havia uma boa chance de que fossem as primeiras a chegar para o banquete. Elas colocariam seus ovos na parte externa do meu cadáver, ovos que só precisariam de um dia para virarem larvas. As novas larvas abririam túneis no meu corpo, alheias ao início da minha putrefação. Uma maravilha da engenharia, suas bocas permitem que respirem e comam ao mesmo tempo.

Para quem estiver interessado nos convidados mais honrados do banquete, posso oferecer a águia-de-cabeça-branca, o símbolo dos Estados Unidos? Elas são predadoras naturais e não desperdiçam a oportunidade de tirar vantagem de carne morta. Os bicos afiados arrancariam pedaços da minha carne que seriam levados para o céu.

Meu corpo na floresta talvez atraísse também um urso-negro. Onívoro, ele pega peixes e até jovens alces, mas não tem problema nenhum em procurar alimento em cadáveres. E era isso que eu me tornaria.

Depois que os animais tivessem consumido minha carne, os besouros dermestes seriam as últimas criaturas a chegar. Esses besouros simples e discretos comem lã, penas, pelo e, no meu caso, pele seca e cabelo. Eles comeriam tudo, exceto meus ossos, deixando meu esqueleto branco deitado anonimamente no chão da floresta.

Desta forma, a decomposição do meu corpo também seria um banquete. Meu cadáver não se transformaria em um amontoado nojento de putrefação, mas uma fonte de vida, distribuindo moléculas e gerando novas criaturas. Seria o melhor reconhecimento de que eu era apenas uma engrenagem na roda do ecossistema, uma insignificância nos trabalhos majestosos do mundo natural.

Todos nós sabemos como essa história terminou. Apesar do meu medo de viver, escolhi não morrer.

Eu tinha me tornado uma criatura solitária no meu tempo na Westwind, mas assim como Chris se agarrava a cocos de 35 anos, eu me agarrava aos amigos. Esses amigos não moravam em São Francisco e nem em Los Angeles, mas estavam por aí, junto com meus pais, que me amavam desesperadamente. Não dei muita importância ao valor da minha vida naquele momento, mas sabia que não queria que eles sentissem a ambiguidade desesperadora que senti anos antes, quando tive que tentar adivinhar o que aconteceu com a garotinha do shopping.

Saí andando da floresta e dei de cara com um campo magnífico de flores selvagens. As cores eram mais intensas do que eu achava que podiam ser.

Quando saí do meio das sequoias e entrei no estacionamento, um tanto atordoada, dei de cara com uma mulher, a primeira pessoa que via em horas. Ela pediu ajuda com o caminho. "Meu marido sempre cuidava dessas coisas", disse ela, se desculpando. "Ele morreu ano passado. Às vezes, eu não sei o que fazer."

Conversamos um pouco sobre a morte, o processo de cremação e o relacionamento negativo da nossa cultura com a mortalidade. A pedido dela, descrevi o que tinha acontecido com o corpo do marido no crematório. "Saber disso tudo me faz sentir melhor", disse ela com um sorriso. "Não sei por quê, mas faz. Estou feliz de ter encontrado você."

O único outro carro no estacionamento era uma van velha e maltratada, cheia até o topo com alimentos enlatados e suprimentos. A dona, uma mulher corpulenta, estava passeando com o pomerânio preto em uma área gramada próxima.

"Que cachorro fofo", disse quando entrei no carro.
"Ah, você acha ele fofo, é?", resmungou ela.

Ela andou até a lateral da van e voltou com dois filhotes, um dourado e outro preto, duas bolinhas de pelo perfeitas. Jogou os dois nos meus braços.

Naquela noite, voltei para o Redwoods Hostel, atordoada e esgotada pelo dia, com baba de pomerânio na bochecha, onde eles me lamberam. Na varanda havia um garoto alto e bonito de 19 anos chamado Casey, que estava viajando de carona pelo Canadá e pela costa oeste dos Estados Unidos.

Dois dias depois, ele estava no meu apartamento em Koreatown, deitado ao meu lado na cama, jovem e descomplicado o bastante para aliviar o tormento na minha mente.

"Cara, um prato de macarrão cairia bem agora", refletiu ele.

"É, isso pode ser feito."

"Falando sério, isso é loucura, né? Eu nunca esperava conhecer uma garota qualquer tão incrível assim."

Bem, Casey, não espere nada. A única coisa certa é que nada é certo.

CAITLIN DOUGHTY
CONFISSÕES DO CREMATÓRIO
LIÇÕES PARA TODA A VIDA

ESCOLA DA MORTE

Uma semana antes das minhas aulas começarem na Cypress College of Mortuary Science, eu fui furada, cutucada e vacinada contra tétano e tuberculose, tudo parte do exame médico de orientação. Eu estava doente, o que o médico da clínica não achou nem um pouco impressionante. "Bem, seus gânglios não estão inchados", disse ele. Obrigada pela opinião, doutor, pensei. Não é você que vai tirar a foto para a carteirinha da faculdade funerária parecendo um monstro do pântano.

Todos esses exames e imunizações contra doenças me pegaram desprevenida. A Westwind Cremation nunca pareceu preocupada com a possibilidade de eu passar sífilis para um cadáver e vice-versa. As únicas vezes que Mike me mandava colocar qualquer proteção contra contaminação além de um par de luvas de borracha era quando achava que eu poderia acabar estragando um vestido bonito. Um ato raro de sensibilidade da parte dele, na verdade.

Na manhã do meu primeiro dia de aula, saí cedo do apartamento em Koreatown e dirigi durante 45 minutos para o sul, até Orange County. Eu não tinha calculado o trânsito parado dentro do estacionamento da faculdade, então é claro que cheguei cinco minutos atrasada. Entrei na sala na hora que o diretor do curso estava explicando que qualquer atraso seria contado como falta.

"E onde exatamente você deveria estar?", perguntou ele na hora que entrei, estabanada.

"Bom, tenho certeza de que deveria estar aqui", respondi, afundando em uma cadeira no fundo da sala.

Houve um encontro para orientação do grupo da faculdade funerária algumas semanas antes, ao qual não compareci para poder me entregar ao meu desespero na floresta de sequoias. Aquela era a primeira vez que eu via as pessoas com quem passaria os próximos dezoito meses. Ao olhar ao redor, fiquei surpresa de ver que as mulheres eram maioria na turma, e mulheres negras, ainda por cima. Nada parecido com o bastião de homens brancos assustadores vestindo terno que eu associava com a indústria funerária americana.

No final do nosso primeiro dia, fomos levados a uma sala grande com os alunos do segundo e do terceiro semestre e recebemos orientação de nos apresentar e contar ao grupo por que fomos para os ilustres corredores de concreto da escola da morte. Eu torcia para que esse exercício de compartilhamento ajudasse a revelar meus colegas revolucionários da morte. Não era possível que eles não se recusassem a dar a mesma resposta brega e pasteurizada: "Eu só quero ajudar as pessoas".

Não tive sorte. Até os alunos com caras de doidos, os que você conseguia perceber que gostavam da proximidade transgressiva dos cadáveres, *tiveram* que falar sobre o desejo de ajudar pessoas. Finalmente, chegou a minha vez. Eu me imaginei gritando "Um novo alvorecer chegou, juntem-se a mim enquanto podem, seus tolos!". Porém, em vez disso, falei qualquer coisa sobre ter trabalhado em um crematório e, você sabe, ver um "bom futuro na indústria da morte". Aí, acabou. Todos pegaram suas bolsas com estampas de *O Estranho Mundo de Jack* e saíram, pensativos.

Éramos uns cinquenta alunos no começo das aulas. Eu logo fiquei amiga de Paola, uma colombiana-americana de primeira geração. Uma mulher com quem não tive o prazer de fazer amizade foi Michelle McGee. Com o apelido de "Bombshell", a imagem dela mais tarde apareceu em toda a imprensa pelo papel que teve no rompimento da queridinha dos Estados Unidos Sandra Bullock com o marido tatuado Jesse James, um sonho de escândalo de traição para qualquer tabloide. Michelle largou a faculdade depois de duas semanas. Pode ter sido pelo fato de o corpo dela ser totalmente coberto de tatuagens, inclusive o rosto (esse não é o visual que a família tradicional espera quando escolhe alguém para cuidar da mãe falecida). Michelle foi a primeira a cair fora, mas outros depois a seguiram em um ritmo alarmante.

Uma coisa que logo ficou clara sobre os professores da Cypress College of Mortuary Science era que eles *acreditavam* no trabalho que faziam. A professora Diaz, uma mulher loura e baixa, era a pessoa mais agressivamente alegre que já conheci na vida. O entusiasmo dela por embalsamamento, caixões e todo o repertório disponível na indústria funerária moderna beirava uma ameaça. Nas aulas, ela descrevia o embalsamamento como uma arte antiga e dizia coisas como: "Nós temos que embalsamar nossos corpos? Não, mas embalsamamos. É quem somos".

Em uma aula, a professora Diaz nos mostrou várias apresentações de slides de caixões diferentes e se gabou da própria compra de um caixão Batesville Gold Protection de 25 mil dólares com interior verde-floresta, o mesmo modelo no qual o cantor James Brown foi enterrado. Quando ela morresse, o caixão e seu corpo seriam colocados em um mausoléu já pago. A retórica exagerada dela parecia se referir a alguma coisa bem diferente dos caixões que eu vira na Westwind, com travesseiros de papel crepom e leitos irregulares preenchidos com restos de papéis destruídos na fragmentadora do escritório, como meu gato usava na caixa de areia.

No final da apresentação de slides sobre os caixões, a professora Diaz nos mostrou rapidamente uma foto da retorta de cremação mais suja e manchada de fuligem que eu já tinha visto. Paola chegou perto de mim e sussurrou: "Por que aquela câmara de cremação parece ser do Holocausto?".

"Acho que é um aviso velado", sussurrei para ela. "É, tipo: 'Alguém aqui por acaso quer ser cremado em vez de enterrado? Olha só, é aqui que vocês vão parar. Muahaha'."

No segundo semestre, começamos o laboratório de embalsamamento, a aula que eu mais temia. Eu já testemunhara diversos embalsamamentos, mas não tinha muito interesse em fazer um eu mesma. Nosso instrutor usava uma gravata com a estampa de diversos exemplares da Bíblia e nos abençoava com o sinal da cruz no final da aula. Ele acreditava que, como futuros embalsamadores, nós estávamos fazendo o trabalho de Deus.

Ficou evidente que não havia lugar para mim no serviço funerário "tradicional". Eu odiava o laboratório e o equipamento de proteção da cabeça aos pés que éramos obrigados a usar. O equipamento de proteção pessoal, ou EPP, só existia em um tom doentio de azul-claro, fazendo os alunos parecerem um cruzamento entre as estrelas de um filme de epidemia de doença mortal e Smurfs acima do peso. Mais do que as roupas (que admito ser uma preocupação frívola), eu também odiava o fato de que os corpos do laboratório eram os mortos indigentes e sem-teto do condado de Los Angeles.

Dependendo do ano, o distrito de Los Angeles tinha por volta de 80 mil homens e mulheres sem-teto morando em sua área. Havia mais cidadãos vivendo nas ruas de L.A. do que em Nova York, Chicago e São Francisco *juntas*. A meros dez minutos da estreia de filmes de orçamento astronômico fica uma área do centro conhecida como Skid Row, uma cidade de barracas com homens e mulheres sem-teto, muitos com perturbações mentais e dependentes de drogas. Em Los Angeles, a diferença entre quem tem tudo e quem não tem nada parece um abismo.

Quando uma celebridade morre em Los Angeles, a notícia é recebida com muito alarde. O corpo de Michael Jackson fez uso de uma escolta de helicóptero particular até o legista do distrito de Los Angeles, e centenas de milhares de pessoas acompanharam o funeral pessoalmente e pela internet. O corpo dele, como o dos santos medievais, era uma relíquia, um objeto de adoração pública.

Com os corpos dos sem-teto, não é assim. Eles são um peso podre que precisa ser descartado com o dinheiro do governo. Conheço bem esses corpos. Era com eles que praticávamos o embalsamamento.

A cada semana, um voluntário de Cypress College ia buscar os corpos no Necrotério do Distrito de Los Angeles. Buscávamos nossas vítimas em um refrigerador especial (na verdade, uma câmara) cheia de cadáveres abandonados. O atendente do necrotério abria a unidade de refrigeração e exibia *centenas* de sacos brancos para corpos, empilhados em cinco prateleiras. Eles são o que o agente funerário Thomas Lynch chama de "espermatozoides de tamanho memorável" por causa da forma como os hospitais e legistas amarram os sacos apertado ao redor dos pés dos falecidos. É uma cidade inteira de cadáveres, uma necrópole de esperma congelado.

Esse refrigerador é onde os mortos esperam. Semanas viram meses enquanto o distrito tenta encontrar alguém para ir identificar e buscar o corpo. Quando a trilha de busca termina sem resultados, uma cremação providenciada pela cidade é executada. Isso começa logo cedo. Enquanto alguma aspirante a estrela cambaleia bêbada para fora de uma casa noturna de Hollywood, já tem corpos sendo queimados. Depois de serem reduzidos a cinzas, eles são colocados em uma caixa, ganham uma etiqueta e são acomodados em uma prateleira. Essa prateleira também é uma necrópole em constante crescimento, e os restos vão esperar lá por ainda mais tempo. Vão esperar até que os canais burocráticos se esgotem, e o governo finalmente aceite que ninguém vai buscar a lata de cinzas anônimas.

Em períodos econômicos ruins, a maioria das cidades vê um aumento drástico de corpos abandonados, nem todos sem-teto e nem todos sem família. Um filho podia amar a mãe, mas se a casa estiver em execução de hipoteca e o carro estiver sendo tomado, o corpo dela pode passar de relíquia a um peso com uma rapidez impressionante.

O Evergreen Cemetery é o cemitério mais antigo de Los Angeles, aberto em 1877. Lá são encontrados os túmulos de antigos prefeitos da cidade, de congressistas e até estrelas de cinema. Uma vez por ano, em uma pequena área em que a grama é marrom e os identificadores estão quase imperceptíveis, os funcionários do distrito de Los Angeles cavam um buraco grande. Lá eles vão jogar, uma atrás da outra, quase duas mil caixas com restos cremados abandonados, uma nuvem densa e cinzenta de poeira que sobe acima da retroescavadeira. Eles recolocam uma camada fina do solo e marcam a área com uma placa que declara o ano em que os restos foram enterrados.

Alguns corpos tem a "sorte" de passar pelo Cypress College antes dessa cerimônia anônima, onde são colocados em mesas de embalsamamento e cercados de todos os lados por alunos da brigada Smurf, com as roupas protetoras. Passamos o primeiro semestre de laboratório aprendendo onde ficavam as veias e as artérias, quase sempre por tentativa e erro. Alguém cortava a parte de cima da coxa no local errado e dizia: "Dã! A artéria femoral fica aqui embaixo, na verdade". Se você não conseguir de primeira, é só cortar de novo e de novo.

Do lado de fora do laboratório de embalsamamento, havia uma pilha de revistas sobre o assunto, da Dodge Company (sem relação alguma com automóveis), que vende produtos químicos de embalsamamento e restauração. A revista deles é cheia de dicas para se usar com os produtos.

"Preenche! Encorpa! Firma!"

"Dryene! Creme resistente! Parece um sonho!"

Havia produtos para selar a pele, hidratar a pele, desidratar a pele, firmar a pele e clarear a pele. Produtos que impediam o corpo de vazar, feder e adquirir tons estranhos de laranja (não esquecer). Produtos para encaracolar cabelo, corar bochechas e hidratar lábios.

Meu favorito era o artigo de Tim Collison, "Considerações Cosméticas sobre Morte Infantil" — um jeito elaborado de dizer "Maquiagem para Bebês Mortos". As três imagens que acompanhavam o artigo eram de um bebê vivo lindo, do próprio sr. Collison, e uma foto bastante iluminada do kit de luxo de cosméticos com aerógrafo, presumivelmente perfeito para ser usado com bebês.

Se você for como eu, sua primeira reação pode ser "Caramba, não acho que bebês mortos precisem de maquiagem". O sr. Collison discorda. Ele quer garantir que os profissionais funerários coloquem "o corpinho no caixão parecendo o mais natural possível".

As faculdades funerárias não ensinam mais aos alunos que eles estão embalsamando para fazer os corpos parecerem "como vivos". Isso faz as pessoas pensarem que os mortos podem de fato voltar à vida. A palavra usada pela indústria agora é "natural". Os embalsamadores "restauram o corpo a uma aparência natural".

De acordo com o sr. Collison, o primeiro passo ao se aplicar maquiagem "natural" em bebês é para preservar ao máximo o bebê em questão: "O uso de um produtor químico arterial cosmético com base umectante como o Plasdopake ou o Chromatech, junto com quantidades suficientes de produtos auxiliares, vai oferecer a conservação necessária".

Plasdopake ou Chromatech podem oferecer uma base excelente para a cosmética, mas a penugem que cobre o rosto de um recém-nascido pode ser um impedimento. É melhor primeiro raspar os pelos do bebê. Mas com bastante cautela, pois "raspar os pelos de um bebê exige cuidados especiais".

Finalmente, esteja ciente de que os poros faciais de um bebê são bem menores do que os dos adultos. Você pode achar que pode usar o mesmo creme cosmético com base de óleo ou parafina que usa em adultos, mas não pode. Isso faria o bebê parecer de cera e não "produziria uma aparência natural". Aí está o *natural* de novo.

Muitas vezes, nossas pesquisas nos obrigavam a consultar e entrevistar "profissionais da indústria funerária". Mike e Bruce foram meus profissionais funerários. Os telefonemas para falar com eles me faziam pensar que talvez eu tivesse saído da Westwind cedo demais. Depois de um ano lá, eu ainda estava aprendendo tanto. Foi imprudente da minha parte pular fora. O que eu mais sentia falta era da conversa direta dos dois. Quando perguntei a Bruce se um corpo vai "estragar" se não for embalsamado rapidamente, ele riu com desprezo, apesar de ser embalsamador com experiência, além de professor. "Essa coisa de 'o corpo estragar' realmente foi além das proporções. É verdade que se você estiver a mais de quarenta graus sem ar-condicionado, tipo no meio da floresta amazônica, é melhor cuidar mesmo disso. Se não estiver, o corpo não apodrece em uma hora. É loucura como as agências funerárias acham isso."

A faculdade funerária me deixou tensa a ponto de eu ficar doente. Quanto mais tempo se passa fazendo uma coisa em que não se acredita, mais os sistemas do corpo se rebelam. Os meses se arrastaram e fui atormentada por gargantas infeccionadas, espasmos musculares e estomatite. Como o dr. Frankenstein refletia enquanto trabalhava na criação do seu monstro, "meu coração muitas vezes adoecia pelo trabalho das minhas mãos". Era um ambiente estressante, e ir para lá foi, financeiramente falando, uma decisão tola. Porém, eu entregaria minhas economias de vida para qualquer pessoa que me permitisse pular o laboratório de embalsamamento sem repetir na matéria.

Era verdade que eu não era a única aluna que se mostrava tensa na faculdade funerária. Tinha uma mulher na turma que ficava do lado de fora do prédio fumando um cigarro atrás do outro, com as mãos tremendo. Ela costumava cair no choro durante exames, e isso também aconteceu duas vezes no laboratório: uma vez quando estava enfiando com força um tubo de sucção no pé de um homem e outra quando estava fazendo cachos em uma cabeça de plástico. Eu tinha batizado minha cabeça de plástico de Maude. Minha colega *não* tratava a dela pelo primeiro nome. Cada vez mais fui gostando da ideia do funeral caseiro. Eu nunca esqueci meu sonho original de ter uma agência funerária. O sonho de La Belle Mort se transformou no sonho da Undertaking L.A. Lá, as famílias poderiam retomar o processo da morte, lavando, vestindo e cuidando do corpo como os humanos fizeram por milhares de anos. Os familiares ficariam com o corpo e teriam liberdade de passar pelo período de luto e cuidar do ente querido em um ambiente encorajador e realista. Uma ideia assim era tabu na faculdade funerária, onde a sabedoria dizia que embalsamar mantinha um corpo "higiênico". Não era surpresa Bruce ter me contado que diretores funerários diziam para as famílias que os cadáveres eram uma ameaça à saúde pública, pois *eles estavam aprendendo que os cadáveres eram uma ameaça à saúde pública.*

Fui me aproximando da formatura e passei pelas provas para me tornar uma diretora funerária licenciada pelo estado da Califórnia. Meus sonhos de galopar na direção do pôr do sol e abrir a Undertaking L.A. foram sufocados pela realidade financeira. Eu tinha adquirido uma dívida para estudar na escola da morte e, dessa forma, não tinha capital, além de talvez também a experiência, para abrir minha própria agência funerária. Eu precisava conseguir um outro emprego na indústria da morte.
    Uma opção era me mudar para o Japão, onde estavam desesperados para contratar embalsamadores treinados vindos dos Estados Unidos e do Canadá. O embalsamamento é um desenvolvimento recente no Japão, onde chamam de

"remédio da morte". Um embalsamador canadense que se mudou para o Japão para trabalhar descreveu a colocação de curativos no corpo embalsamado para fazer parecer um procedimento médico. Por mais atraente que pudesse ser morar em outro país, eu não queria agir como a portadora colonialista de procedimentos funerários desaconselháveis.

A professora Diaz me disse que seria difícil eu ser contratada por um crematório no sul da Califórnia. Para esse tipo de trabalho físico, "eles pegam um imigrante para fazer". Embora insensível, ela estava sendo sincera; era aquilo que os donos dos crematórios falavam para ela.

No lado oposto do espectro da morte havia lugares como o Forest Lawn Memorial Park, o arqui-inimigo de Jessica Mitford, a "Disneylândia da Morte". Forest Lawn tinha se expandido para vários locais por todo o sul da Califórnia. Todo mundo conhecia o Forest Lawn. Os outdoors com propagandas estavam espalhados no alto de toda a cidade, mostrando um casal idoso de doze metros de altura vestindo linho branco. Com as cabeças viradas para trás em uma gargalhada, o casal está de mãos dadas andando pela praia no pôr do sol. Eles estão relembrando os anos dourados, sorrindo um para o outro, ali só para lembrar a você (com letrinhas pequenas na parte de baixo do outdoor) que existe um memorial disponível caso você queira deixar seu funeral pago.

Um grupo de representantes de Forest Lawn ocupava o saguão de Cypress College. O evento foi chamado de feira de empregos, embora o elemento de "feira" fosse um tanto falho, considerando que Forest Lawn era o único empregador representado. Uma das funcionárias fez um discurso para nossa turma de formandos.

"Nosso fundador, Hubert Eaton, foi um revolucionário!", disse ela com orgulho. "Vocês devem ter ouvido falar das coisas maravilhosas que ele fez pela indústria da morte. E é um lugar maravilhoso de se trabalhar. São tantos benefícios que as pessoas se aposentam ainda na nossa empresa."

Em Cypress, o exército completamente formado por mulheres parecia exatamente o que Evelyn Waugh descreveu, "aquela nova raça de jovens primorosas, simpáticas e eficientes", que ele viu em todas as partes dos Estados Unidos. Elas usavam terninhos cinza iguais e tinham olhares vazios que remetiam à família Manson. A família Eaton, por assim dizer, estava ali para conquistar recrutas para a bela brigada da morte.

Preenchi a enorme ficha de candidatura ao emprego e me obriguei a entregá-la. Tive que esperar minha vez enquanto entrevistavam vários alunos homens do programa, por quem não faziam esforço nenhum de esconder a preferência.

"Bem, estou procurando emprego como orientadora de planejamento. Tenho experiência nessa área", comecei.

"Nós chamamos essa função de 'orientadores de memorial' e não temos nada assim disponível", disse a representante. "Não quer ser uma embalsamadora?"

"Hum, não."

"Bem, talvez você se interesse pelo nosso programa estudantil, no qual permitimos que estudantes selecionados trabalhem em meio-período nas cerimônias, dando instruções para as famílias e coisas assim. Ah! Mas aqui diz que você se forma este ano, não vai querer isso."

"Ah, não, claro que quero. Gostaria muito de trabalhar na sua empresa!", falei com o máximo de vigor possível, forçando a bile de volta garganta abaixo. Eu me senti enojada pelo restante do dia.

Ao longo do mês seguinte, me candidatei a todos os tipos de emprego, sabendo que queria mesmo estar de volta às trincheiras, com os cadáveres, com dor de verdade e morte de verdade. Tive resposta de dois lugares: uma combinação muito elegante de necrotério e cemitério e um crematório. Decidi ir bem arrumada às duas entrevistas e deixar que o destino decidisse.

CONFISSÕES DO CREMATÓRIO
LIÇÕES PARA TODA A VIDA

VAN DE CORPOS

O cemitério era glamouroso no estilo Hollywood antiga. Não era o Forest Lawn, mas chegava perto. Sair da estrada e passar pelos portões decorados era como entrar no Monte Olimpo. Havia uma mansão de colunas brancas no alto de uma colina, com uma fonte de doze camadas cascateando abaixo. Era um país das maravilhas, onde um único túmulo podia chegar na casa das dezenas de milhares de dólares.

Eu ia me encontrar com o gerente geral para uma entrevista de emprego como diretora funerária. Depois de alguns minutos, ele apareceu no saguão com um prato de biscoitos com gotas de chocolate. Ao me indicar para seguir até o elevador, falou: "Tome, são biscoitos. Pegue um". Pareceu grosseria dizer não. Com medo de passar toda a entrevista com chocolate nos dentes, fiquei segurando desajeitada o fardo doce na mão durante nossa conversa.

Saímos do elevador e ele me levou até o escritório, que tinha janelas do chão ao teto com vista para a sua utopia da morte. Ele fez um monólogo de trinta minutos sobre os prós e os contras do estabelecimento dele. Eu seria contratada para tomar providências relacionadas aos funerais, mas, ele avisou: "Não fique surpresa se a família tratá-la como a um mordomo, esse é o tipo de gente que essas pessoas são. Aqui, você é uma serviçal". Eu cuidaria das providências de todo mundo, *exceto* das celebridades. Ele era o responsável pelos atendimentos a celebridades. "Olha", disse ele, tentando explicar, "mês passado, quando [omitido] morreu, a hora da cerimônia vazou para a imprensa. Claro que todos os paparazzi se amontoaram nos portões. Preciso desse tipo de publicidade da mesma forma que preciso que enfiem uma *mão fechada no meu cu*, se é que você me entende. Eu cuido das celebridades agora."

Não era minha situação ideal de emprego, mas ao menos o cemitério não pertencia a uma das grandes corporações funerárias. Melhor ainda, ele jurou de pés juntos que eu não teria que vender nada a mais para as famílias: caixões mais caros, serviços extras, urnas de ouro. Falas como "Tem certeza de que a mamãe não ia querer o caixão de jacarandá? Ela não merece uma despedida digna?" não eram exigidas para que eu ganhasse meu bônus. Parecia um bom lugar para me recuperar por um tempo, lambendo minhas feridas da faculdade funerária.

Depois de me dizer que eu estava contratada, de me fazer preencher meu formulário do imposto de renda e de me mostrar minha nova sala, eu não tive notícias dele por um mês. Interpretei errado o seu discurso sobre a "mão fechada no cu" como querendo dizer que eu fazia parte da equipe. Aparentemente, havia degraus mais íntimos na escada do serviço funerário, porque acabei recebendo um e-mail breve da secretária dele me informando que decidiram "contratar alguém de dentro".

Minha segunda entrevista foi em um crematório, um Westwind de proporções magníficas, uma verdadeira fábrica de descarte. Cremava milhares de corpos por ano em um armazém enorme em Orange County. Era gerenciado por Cliff, um homem que falava no mesmo tom sem inflexão de Mike, o que me fez pensar que o padrão na fala é uma exigência do emprego. Ele também levava o lugar bastante a sério e desenvolveu o negócio a um tamanho suficiente para sustentar sua verdadeira paixão, cavalos andaluzes espanhóis de competição. Eu consegui o emprego.

Minha função não seria de operadora de crematório, mas de motorista de transporte de corpos. A maioria dos crematórios recebe cadáveres em entregas de um a quatro de uma vez, dependendo da fonte de origem. Minha van de corpos, uma Dodge Sprinter enorme, movida a diesel e com prateleiras embutidas, transportava onze corpos de uma vez. Doze em caso de necessidade, com um cadáver inclinado de leve.

Com meus onze cadáveres a reboque, eu dirigia de um lado para o outro pelo sul da Califórnia — San Diego, Palm Springs, Santa Barbara — para buscar os mortos e levá-los para o crematório. Levantar, empurrar e dirigir ocupavam minha rotina diária.

No meu novo trabalho, eu não era mais a dama do meu pequeno baile como fui na Westwind. Eu era uma mera peça do quebra-cabeça, uma trabalhadora especializada. Meu cargo era produto da influência de Jessica Mitford, resultado da visão dela da cremação direta atingir a onipresença, a caminho da suprema popularidade. A Califórnia era mais uma vez a líder nessa nova forma de morte, como foi com Forest Lawn, como foi com a própria Mitford, como foi com o Bayside Cremation.

O crematório era operado por três jovens latinos do leste de Los Angeles, que trabalhavam em turnos 24 horas por dia (e sete dias por semana) para executar cremações nos fornos colossais cujas chamas ficavam sempre acesas. Havia o bom — o doce Manuel, que sempre me ajudava a descarregar os corpos das vans no final do dia —; o mau — o tatuado Emiliano, que fez questão de me contar que estava querendo engravidar uma garota branca —; e o feio — Ricky, que me encurralou e me ameaçou em um dos refrigeradores por empilhar os corpos de uma forma que não o agradava.

Havia um fluxo infinito de falecidos que precisavam ser buscados. Na véspera de Natal, recebi uma ligação da mulher que cuidava da unidade de San Diego: "Caitlin, tem corpos demais aqui, precisamos de você hoje". Dessa forma, no meio da noite, enquanto os outros se aconchegavam na cama, tendo sonhos doces, minha van seguiu de Los Angeles até San Diego e voltou como um Papai Noel deprimente, com uma carga ainda mais deprimente. "Os cadáveres estavam empilhados no refrigerador com cuidado, na esperança de que a van dos corpos logo chegasse lá..."

Se eu tinha um luxo como capitã da Van de Corpos Bom Navio era tempo para pensar. Dirigir mais de quinhentos quilômetros por dia como transportadora de cadáveres oferece bastante tempo para refletir. Em alguns dias, eu ouvia audiolivros (*Moby Dick* em dezoito CDs com o texto integral, muito obrigada). Em outros dias, era o programa cristão de rádio que começa a ser captado com clareza pelo aparelho assim que o carro saía da área metropolitana da Los Angeles. Porém, na maior parte do tempo, eu pensava na morte.

Todas as culturas têm valores de morte. Esses valores são transmitidos na forma de histórias e mitos, contados para as crianças antes de elas terem idade suficiente para guardar lembranças. As crenças com as quais as crianças crescem dão a elas uma base para que suas vidas façam sentido e para que elas as controlem. Essa necessidade de significado é o motivo pelo qual alguns acreditarem em um sistema intrincado de vidas após a morte, de outros acreditarem que sacrificar um determinado animal em um determinado dia leva a colheitas saudáveis e a outros acreditarem que o mundo vai acabar quando um navio construído com as unhas não cortadas dos mortos chegar carregando um exército de cadáveres para lutar com os deuses no fim dos dias (a mitologia nórdica sempre vai ser a mais radical, desculpem).

No entanto, há algo de profundamente perturbador — ou profundamente emocionante, dependendo de como você enxerga — no que está acontecendo com nossos valores sobre a morte. *Nunca* houve um momento na história do mundo em que uma cultura rompeu de maneira tão completa com os métodos tradicionais de descarte de corpos e de crenças relacionadas à mortalidade. Houve momentos em que os humanos foram levados a romper com a tradição por necessidade; por exemplo, mortes em um campo de batalhas estrangeiro. Contudo, quase sempre, quando uma pessoa morre, ela é descartada como a sua mãe e o seu pai foram, e como as mães e os pais *deles* também foram. Os hindus eram cremados, os egípcios da elite eram colocados em tumbas com os órgãos em potes, os guerreiros vikings eram deitados em barcos. E agora, a norma cultural é que os norte-americanos ou são embalsamados e enterrados, ou são cremados. Porém, a cultura não dita mais que *temos* que fazer essas coisas, por crença ou obrigação.

Historicamente, os rituais da morte sempre foram, sem dúvida alguma, ligados a crenças religiosas. Entretanto, nosso mundo está ficando cada vez mais laico. A religião que cresce mais rapidamente nos Estados Unidos é a "religião nenhuma", um grupo que abrange quase 20% da população do país. Mesmo os que se identificam como tendo fortes crenças religiosas costumam sentir que os rituais da morte — outrora poderosos — foram transformados em *commodity* e oferecem menos significado. Em tempos assim, não há limites à criatividade humana ao elaborarmos rituais relevantes às nossas vidas modernas. A liberdade é empolgante, mas também é um peso. Nós não podemos viver sem um relacionamento com a nossa mortalidade, e desenvolver métodos seculares de abordagem da morte vai ser algo mais crítico a cada ano que passa.

Comecei a colocar ensaios e manifestos na internet sob o nome "The Order of the Good Death" [A Ordem da Boa Morte], procurando pessoas que compartilhassem meu desejo de mudança. Uma dessas pessoas era Jae Rhim Lee, uma designer e artista formada pelo MIT que criou uma roupa de corpo inteiro para um humano usar ao ser enterrado. O "Traje de Enterro Infinito", que pode ser descrito como uma roupa ninja de alta-costura, apresenta um padrão dendrítico de fios brancos se espalhando pelo tecido preto. Lee criou o fio a partir de esporos de cogumelos, que ela projetou especificamente para consumir partes do corpo humano usando a pele, o cabelo e as unhas. Isso pode parecer um futuro no estilo do filme *No Mundo de 2020*, mas Lee na verdade está treinando os cogumelos para removerem as toxinas dos nossos corpos enquanto decompõem o corpo.

Depois de ver uma demonstração do trabalho dela no MAK Center for Art and Architecture em Los Angeles, nós nos encontramos em um food truck de tacos e conversamos durante horas em um banco de ponto de ônibus na esquina da Olympic com a La Brea. Fiquei grata de poder conversar com uma pessoa interessada em forçar os limites do descarte de corpos; ela ficou grata de alguém da indústria funerária tradicional estar disposta a ouvir suas ideias. Nós duas concordamos que inspirar as pessoas a se comprometerem com a realidade da decomposição inevitável era um propósito nobre. Ela me deu um balde do protótipo dos cogumelos consumidores de carne, que tentei (sem sucesso) manter vivos na minha garagem. Não alimentei com carne suficiente, acho.

Durante anos, enquanto trabalhava na Westwind e estudava na faculdade funerária, tive medo de discutir a cultura da negação da morte em público. A internet nem sempre é o mais gentil dos fóruns, principalmente com mulheres jovens. Escondidos na seção de comentários da minha websérie cafona "Ask a Mortician" [Pergunte a uma agente funerária], há comentários misóginos suficientes para uma vida inteira. Sim, cavalheiros, estou ciente que faço seus pênis ficarem duros como defuntos. Mas não foram só os internautas anônimos que criaram caso comigo. As pessoas da indústria nem sempre ficaram felizes de eu estar compartilhando o que elas viam como conhecimento privilegiado de "atrás da cortina preta". "Tenho certeza de que ela está se divertindo. No entanto, como a diversão não tem lugar na indústria funerária, eu não a procuraria para cuidar dos meus entes queridos." Até hoje, a Associação Nacional do Diretores Funerários, a maior associação profissional da indústria, não tece comentários sobre mim.

Porém, conforme fui ficando mais ousada, as pessoas começaram a aparecer do nada. Saíram de dentro do caixão, se você preferir. Pessoas das mais diferentes áreas — diretores funerários, funcionários de asilos para doentes terminais, pesquisadores, cineastas, artistas — queriam descobrir como a morte funciona nas nossas vidas.

Escrevi muitas mensagens, às vezes do nada. Um destinatário foi o dr. John Troyer, professor do Centro de Morte e Sociedade da Universidade de Bath. O dr. Troyer, cuja tese de doutorado se chamou "Tecnologias do Cadáver Humano", está estudando crematórios que capturam o excesso de calor do processo de cremação e o usam para outra coisa: aquecer outros prédios ou até, como faz em um crematório de Worcestershire, uma piscina local, oferecendo uma economia de 14.500 libras por ano aos contribuintes. É uma forma de transformar o processo de cremação — que gasta tanta energia quanto uma viagem de carro de oitocentos quilômetros por corpo — mais eficiente energeticamente. Por sorte, o dr. Troyer estava disposto a conversar comigo, mesmo com as palavras imaturas que escrevi na linha de assunto do e--mail que mandei: "Sua Fã!".

Foi um alívio encontrar outros indivíduos como eu; acabou com o estigma e a alienação. Eles eram profissionais mudando nosso relacionamento com a morte, tirando a mortalha do nosso jeito de morrer e encarando o trabalho árduo de enfrentar o inevitável.

Eu me sentia motivada e refletia bastante. Todavia, na prática, ainda era apenas a motorista da van de corpos. Três vezes

por semana, eu dirigia a van com meus onze cadáveres pela autoestrada I-5 saindo de San Diego e passava pelo posto de controle de imigração. Minha van branca grande e sem marcas se aproximava devagar ao início da fila de inspeção, com jeito mais suspeito do que os Prius e Volvos das outras filas. Eu me via torcendo para ser parada, nem que fosse só para acabar com a monotonia. Na minha mente, a cena se passaria assim:
"Você não tem nenhum *imigrante* aí atrás, tem, moça?"
"Nada de *imigrantes*, policial. Só onze pessoas", eu responderia, e, tirando os óculos escuros, "antigos cidadãos americanos."
"Antigos?"
"Ah, eles estão mortos, policial. De verdade."
Infelizmente, cada vez que a van se aproximava, e o policial via uma mulher branca e jovem ao volante, ele (ou ela) fazia sinal para passar direto. Eu podia ter contrabandeado centenas de mexicanos para o país em caixas de papelão de cremação. Podia ser transportadora de drogas. Podia ser uma mulher rica.

Com o tempo que eu passava na estrada, meu maior medo era sofrer um acidente. Eu imaginava as portas traseiras da van se abrindo, os onze passageiros caindo para fora. A polícia aparecendo em meio ao caos e à confusão. Onze fatalidades... mas por que aquelas pessoas estavam tão frias, sem sinais de trauma corporal?

Quando a fumaça baixasse e eles descobrissem que as onze fatalidades estavam pré-mortas, eu me tornaria um meme de internet, com a cabecinha fazendo uma careta, recortada por meio de Photoshop, em um tornado de cadáveres no estilo de *O Mágico de Oz*.

Contudo, eu voltava diariamente para o crematório com meus onze corpos. Quando eu estacionava atrás do armazém, Emiliano estava tocando acordeão no estacionamento acompanhando a música nortenha que vinha do aparelho de som do Cadillac dele. A trilha sonora do meu descarregamento de corpos.

Mas o dia em que quase morri não foi na van de corpos. Eu estava dirigindo meu Volkswagen velho pelo lago Salton. O lago Salton é um lago artificial de água salgada no meio do deserto do sul da Califórnia. Houve um projeto nos anos 1960 de replanejá-lo como destino de férias, como uma alternativa a Palm Springs. Agora, em vez de martínis, camisas havaianas e esqui na água, trailers abandonados se acumulam em um lamaçal marrom com um fedor inacreditável. Mortandades enormes cobriam a margem de cadáveres de peixes e de pelicanos. O barulho satisfatório da areia embaixo dos pés é cortesia de milhares de ossos secos. Eu tinha feito a peregrinação de quatro horas de Los Angeles para esse monumento de putrefação apenas para visitá-lo. Alguns consideram deselegante visitar o que pode ser chamado de ruína pornográfica, mas gosto de testemunhar pessoalmente o jeito como a natureza declara guerra contra nossa arrogância, que insiste em construir coisas em locais que não servem para a habitação humana.

Quando eu estava dirigindo para a margem norte do lago Salton, de 56 quilômetros, dei de cara com um coiote morto na lateral da estrada. Não era um dos coiotes pequeninos parecidos com cachorros que às vezes são encontrados na Los Angeles urbana, era uma fera com a língua preta e a barriga distendida. Fiz o retorno e voltei para inspecioná-lo, nada intimidada pelos moradores desconfiados em suas picapes e seus quadriciclos.

Talvez aquele coiote fosse um mau presságio. O coiote e/ou o cemitério de peixes do lago Salton. E/ou as mulheres idosas em carrinhos de golfe com conjuntos de moletom cor-de-rosa da marca Juicy Couture. Tudo isso pode ter sido mau presságio.

A escuridão já tinha caído quando saí para voltar para Los Angeles. As quatro pistas indo para oeste pela autoestrada I-10 passavam por Palm Springs, cheia de pessoas encerrando a diversão de domingo e indo para casa. Eu dirigia meu

Volkswagen na pista à extrema esquerda a 120 km/h constantes. O lado esquerdo de trás do carro começou a tremer, e senti o baque seco de um pneu estourando. Liguei a seta para passar para o canteiro central, impressionada com o meu azar. Entretanto, o problema não era um pneu furado. As bilhas se soltaram e a roda toda saiu girando do eixo. Finalmente, parafusos estouraram e ela se soltou, deixando um buraco onde antes havia uma roda. Com apenas três rodas, o carro girou loucamente, descontrolado. Rodei pelas quatro pistas, deixando um rastro de fagulhas conforme o metal ia raspando no asfalto. O tempo pareceu ir mais devagar enquanto o carro executava sua dança mortal pela autoestrada. Houve um silêncio absoluto e latejante dentro do carro. As luzes do tráfego à frente giraram em uma mancha ao meu redor, com os carros sem bater no meu como se bloqueados por um para-choque milagroso.

Mais do que a perda de controle, mais do que a solidão arrasadora da vida contemporânea, *aquele* era o meu maior medo, o que os budistas e cristãos medievais chamavam de "a morte ruim" — uma morte para a qual não há preparação. Na era moderna, ganha a forma de corpos destruídos em um esmagamento implacável de metal. Nunca se chega a dizer para os entes queridos o quanto eles são amados. Assuntos ficam sem resolução. Os desejos funerários permanecem desconhecidos.

No entanto, enquanto eu girava e minhas mãos puxavam o volante em uma tentativa de controle, minha mente estava a quilômetros de distância. Primeiro, uma voz disse *Ah, aí vamos nós*, e uma paz delicada surgiu. Tocou "Moonlight Sonata" e a câmera lenta começou. Não fiquei com medo. Percebi enquanto o carro girava que não seria uma morte ruim. Meus quatro anos trabalhando com cadáveres e com as famílias ligadas a eles tornaram esse momento uma experiência transcendental. Meu corpo ficou inerte, esperando para aceitar o impacto violento. Que nunca aconteceu.

Bati em uma colina de terra no acostamento da estrada. Virada de frente para o tráfego que se aproximava, ereta e viva, carros e caminhões passaram por mim a uma velocidade estonteante, e qualquer um (ou muitos deles) podia ter me acertado durante o meu trajeto giratório pela estrada. Mas não foi isso que aconteceu.

Antes, eu me apavorava com a ideia do meu corpo ser fragmentado. Já não sentia mais isso. Meu medo de fragmentação nasceu do medo da perda de controle. Essa era a maior perda de controle de todas, eu sendo jogada pela estrada, mas naquele momento só havia calma.

CAITLIN DOUGHTY
CONFISSÕES DO CREMATÓRIO
LIÇÕES PARA TODA A VIDA

A ARTE DE MORRER

Existe uma xilogravura alemã de meados do século xv intitulada *Triunfo sobre a Tentação*, que mostra um homem deitado no seu leito de morte. Os habitantes do Céu e do Inferno o cercam e brigam por sua alma mortal. Demônios com rostos suínos distorcidos, garras e cascos se esticam na direção da cama para arrastá-lo para o ardente mundo inferior; acima dele, uma horda de anjos e um Jesus crucificado flutuando puxam uma versão pequenininha do homem (presumivelmente a alma dele) para o Céu. No meio de toda essa confusão, o homem moribundo parece em estado de êxtase, tomado pelo zen interior. O sorrisinho no rosto dele diz para o espectador o que o homem está pensando: "Ah, sim, a morte. Estou no controle disso".

A pergunta é: como conseguimos ser esse cara? O cara que está encarando a própria morte com calma total, pronto para seguir em frente.

A xilogravura representa um gênero popular do final da Idade Média: *Ars Moriendi*, ou a Arte de Morrer. Os *Ars Moriendi* eram manuais de instruções que ensinavam aos cristãos como ter uma boa morte, arrependendo-se dos pecados mortais e permitindo à alma subir ao céu. Essa visão da morte como "arte" ou "atividade" em vez de um processo biológico sem emoção pode dar uma autonomia extrema.

Não existe manual sobre a Arte de Morrer disponível na nossa sociedade, então decidi escrever o meu. É direcionado não só aos religiosos, mas também ao número crescente de ateus, agnósticos e vagamente "espiritualizados" entre nós. Para mim, a boa morte inclui estar preparada para morrer, com minhas coisas em ordem, os recados bons e ruins que precisam ser entregues resolvidos. A boa morte quer dizer morrer enquanto minha mente ainda está lúcida e ciente; também significa morrer sem ter que enfrentar grandes quantidades de sofrimento e de dor. A boa morte quer dizer aceitar a morte como inevitável e não lutar contra ela quando chegar. Essa é a *minha* boa morte, mas como disse o lendário psicoterapeuta Carl Jung: "Não ajuda em nada saber o que eu acho sobre a morte". Nosso relacionamento com a mortalidade é individual.

Recentemente, me sentei ao lado de um japonês de meia--idade em um voo de Los Angeles até Reno. Ele estava lendo uma revista profissional chamada *Topics in Hemorrhoids* [Tópicos sobre hemorroidas], que continha inclusive uma vista fotográfica em corte em grande escala de um reto na capa. As revistas para gastroenterologistas não ficam fazendo uso de imagens metafóricas nas suas capas, com o sol se pondo e paisagens de montanhas. Eu, por outro lado, estava lendo uma revista profissional que declarava "Edição sobre decomposição!" na capa. Nós olhamos um para o outro e sorrimos, compartilhando uma compreensão tácita de que nossas respectivas publicações não eram para consumo popular.

Ele se apresentou como médico e professor de escola de medicina, e eu disse que era uma agente funerária tentando envolver um público maior em conversas sobre a morte. Quando ele descobriu no que eu estava trabalhando, falou: "Ah, que bom, fico feliz de você estar falando sobre isso. Até 2020 vai haver uma defasagem enorme de médicos e cuidadores, mas ninguém quer conversar sobre o assunto".

Nós sabemos que *media vita in morte sumus*, ou "em meio à vida, nós estamos na morte". Começamos a morrer no dia que nascemos, afinal. Porém, devido aos avanços na ciência médica, a maioria dos americanos vai passar os últimos anos da vida morrendo ativamente. O segmento que cresce mais rápido na população americana está acima dos 85 anos, o que eu chamaria de os agressivamente idosos. Se você chegar a essa idade, além de ter uma boa chance de estar vivendo com algum tipo de demência ou doença terminal, as estatísticas mostram que você tem 50% de chances de acabar em uma casa de repouso, o que gera a pergunta se uma boa vida é medida em qualidade ou quantidade. Esse declínio lento difere radicalmente do tempo passado, quando as pessoas costumavam morrer rápido, muitas vezes em um único dia. Daguerreótipos pós-morte do século XIX mostram cadáveres frescos, jovens e quase como vivos, muitos deles vítimas de escarlatina ou difteria. Em 1899, apenas 4% da população americana tinha mais de 65 anos, e nem se pensava em chegar a 85. Agora, inúmeros indivíduos sabem que a morte está vindo durante meses ou anos de deterioração. A medicina nos deu a "oportunidade" (imprecisamente definida) de estar no nosso próprio velório.

No entanto, essa deterioração gradual tem um custo terrível. Há muitas formas de um cadáver ser perturbador. Corpos decapitados são bastante grotescos, assim como os retirados da água depois de vários dias boiando, com a pele verde se soltando em tiras. Mas as úlceras de decúbito apresentam um horror psicológico único. A palavra "decúbito" vem do latim *decumbere*, ficar deitado. Como regra, pacientes acamados precisam ser movidos em intervalos de poucas horas, virados como panquecas para garantir que o peso do próprio corpo não pressione os ossos no tecido e na pele, interrompendo a circulação sanguínea. Sem o fluxo de sangue, o tecido começa a apodrecer. As escaras ocorrem quando um paciente é deixado deitado na cama por um período longo, como costuma acontecer em casas de repouso com poucos funcionários.

Sem movimento, o paciente vai começar a se decompor enquanto ainda está vivo, sendo comido pelo próprio tecido necrótico. Houve um corpo em particular que chegou à sala de preparação da Westwind do qual vou me lembrar pelo resto da vida. Era uma mulher afro-americana de 90 anos que foi levada de um asilo mal equipado, onde os pacientes que não estavam acamados ficavam em cercadinhos melancólicos olhando para as paredes com expressões vidradas. Quando a virei para lavar as costas, tive a surpresa horrível de encontrar um ferimento aberto e em carne viva do tamanho de uma bola de futebol americano necrosando na lombar dela. Era como a boca aberta do inferno. Quase dá para olhar por um ferimento desses e ver nosso futuro distópico.

Nós não temos (e não vamos ter) os recursos necessários para cuidar de maneira adequada da nossa população cada vez mais idosa, mas insistimos em intervenções médicas para manter as pessoas vivas. Permitir que elas morressem seria sinal de fracasso do nosso supostamente infalível sistema médico moderno.

O cirurgião Atul Gawande escreveu em um artigo arrasador na revista *New Yorker* sobre envelhecimento que "existem dezenas de livros sobre ficar mais velho com excelentes vendas, mas eles costumam ter títulos como *Fique Mais Jovem a Cada Ano*, *The Fountain of Age* [A fonte da idade], *Ageless* [Sem idade], *The Sexy Years* [Os anos sexys]. Contudo, existe um preço se desviamos o olhar da realidade. Por exemplo, nós adiamos mudanças que precisamos fazer como sociedade [...] Em trinta anos, vai haver tanta gente com mais de 80 anos quanto com menos de 5".

Ano após ano, meu vizinho de assento, o gastroenterologista e professor, encontrava um novo grupo de alunos apavorado com a própria mortalidade. Ele luta há anos para implementar mais aulas de geriatria (o estudo das doenças e tratamentos dos idosos), mas sempre vê seu pedido negado, apesar de a população idosa continuar aumentando vertiginosamente. Os estudantes de medicina não querem estudar cuidados geriátricos; o ganho é baixo demais, o trabalho, brutal demais. Isso não é surpresa, pois as escolas de medicina graduam cirurgiões plásticos e radiologistas aos montes.

Gawande novamente: "Perguntei a Chad Boult, o professor geriátrico atual na Johns Hopkins, o que pode ser feito para garantir que haja geriatras suficientes para a população idosa crescente no país. 'Nada', disse ele. 'É tarde demais'".

Fiquei impressionada pelo meu vizinho médico (e um pouco alma gêmea, na verdade) ter uma abordagem tão aberta. Ele falou: "Eu digo para os pacientes que estão morrendo que posso prolongar a vida deles, mas que não posso curá-los. Se eles optarem por prolongar suas vidas, isso vai envolver dor e sofrimento. Não quero ser cruel, mas eles precisam entender o diagnóstico".

"Pelo menos seus alunos estão aprendendo isso com você", falei, esperançosa.

"Ah, pode ser, mas a questão é a seguinte: meus alunos não querem dar um diagnóstico terminal. Eu tenho que perguntar: 'Você explicou tudo para eles?'."

"Mesmo se alguém está morrendo, eles... não dizem?", perguntei, chocada.

Ele assentiu. "*Eles* não querem admitir a *própria* mortalidade. Preferem fazer uma prova de anatomia pela oitava vez a encarar uma pessoa morrendo. E os médicos, os mais velhos, os caras da minha idade, são ainda piores."

Minha avó Lucile Caple tinha 88 anos quando sua mente apagou, apesar de tecnicamente o corpo ter vivido até os 92. Ela foi ao banheiro no meio da noite e caiu, bateu a cabeça na mesa de centro e desenvolveu um hematoma subdural — o termo médico para sangramento ao redor do cérebro. Depois de alguns meses no centro de reabilitação, dividindo quarto com uma mulher chamada Edeltraut Chang (que menciono só porque esse é o melhor nome já criado), minha avó voltou para casa. No entanto, ela nunca mais foi a mesma, transformada pelo dano cerebral em uma pessoa com um parafuso a menos, se posso usar mais um termo médico elaborado.

Sem intervenção médica, Tutu (a palavra havaiana para avó) teria morrido logo depois do dano cerebral traumático. Porém, ela não morreu. Antes que sua mente ficasse alterada, minha vó insistiu: "Pelo amor de Deus, não *me* deixem nunca ficar assim", mas lá estava ela, presa naquele lugar deprimente entre a vida e a morte.

Depois do hematoma subdural, Tutu contava histórias longas e fantásticas para explicar como caiu e se machucou. Minha favorita era que a cidade de Honolulu a encarregou de pintar um mural na entrada da prefeitura. Enquanto liderava a alegre equipe de pintores em uma missão artística subindo uma árvore de manguezal, um galho se rompeu e ela despencou.

Em uma noite memorável, Tutu achou que meu pai, que conhecia havia quarenta anos, era um funcionário de manutenção tentando fugir levando as joias dela. Meu avô, que morrera vários anos antes de Alzheimer, fazia visitas pós-morte para levar para ela informações secretas do além. De acordo com Tutu, o governo assassinou o vovô Dayton para encobrir o fato de que só ele sabia o motivo estrutural para os diques terem falhado depois do furacão Katrina.

Tutu era o que se chamaria de "mulher durona". Ela bebeu martínis e fumou até o dia em que morreu, mas os pulmões continuaram rosados como um bumbum de bebê (um resultado atípico). Ela cresceu no Meio-Oeste durante a Depressão e foi obrigada a usar a mesma saia e a mesma blusa todos os dias durante um ano inteiro. Depois que se casou com meu avô, eles viveram em várias partes do mundo, desde o Japão até o Irã, para se estabelecerem no Havaí nos anos 1970. A casa deles ficava a um quarteirão da minha.

Depois do acidente, Tutu passou os anos restantes vivendo como a Rainha de Sabá em um condomínio de aposentados no centro. Ela tinha cuidados 24 horas por dia e sete dias por semana de uma mulher samoana chamada Valerie, que beirava a santidade. Mesmo perto do final da vida de Tutu, quando minha avó foi se afundando mais e mais na névoa, Valerie a tirava da cama todas as manhãs, dava banho nela, a vestia (sem nunca esquecer o colar de pérolas) e a levava para passear pela cidade. Quando Tutu não estava bem o bastante para sair de casa, Valerie a acomodava com carinho junto aos cigarros e ligava a televisão na CNN.

A verdade infeliz e um dos motivos pelos quais reconhecer a morte é tão crucial é que a maioria das pessoas que chegam à velhice extrema não está nem perto de ter a sorte de Tutu, com um bom plano de aposentadoria, uma cuidadora dedicada e uma cama ajustável com colchão de espuma viscoelástica. Tutu é a exceção que prova a regra trágica. Como esse exército geriátrico sempre crescente nos lembra da nossa própria mortalidade, nós o empurramos para as sombras. A maioria das mulheres idosas (nosso gênero representa a grande maioria dos idosos) acaba em asilos lotados, esperando em uma estagnação agonizante.

Ao não falar sobre a morte com nossos entes queridos, ao não sermos claros por meio de diretivas avançadas, ordens de não ressuscitação e planos funerários, estamos contribuindo diretamente com esse futuro... e com um presente um tanto depressivo, na verdade. Em vez do envolvimento em grandes discussões societárias sobre formas dignas para os terminantemente doentes darem fim à vida, aceitamos casos intoleráveis como o de Angelita, uma viúva em Oakland que cobriu a cabeça com um saco plástico porque a dor artrítica nas juntas retorcidas foi intensa demais para ela aguentar. Ou o de Victor, em Los Angeles, que se enforcou nas vigas do apartamento depois da terceira rodada malsucedida de quimioterapia, fazendo com que o seu filho tivesse que encontrar o corpo. E os incontáveis corpos com úlceras de decúbito, dos quais eu cuidava com mais sofrimento do que os de bebês ou de suicidas. Quando esses corpos chegam na funerária, só posso oferecer solidariedade aos parentes vivos e prometer trabalhar para que mais pessoas não sejam privadas de uma morte digna por causa de uma cultura de silêncio.

Mesmo sabendo que podem ter uma morte lenta e sofrida, muitas pessoas ainda desejam ficar vivas a qualquer custo. Larry Ellison, o terceiro homem mais rico dos Estados Unidos, doou milhões de dólares para pesquisas dedicadas à extensão da vida, porque, segundo ele: "A morte me deixa com muita raiva. Não faz sentido para mim". Ellison transformou a morte na sua inimiga e acredita que devíamos expandir nosso arsenal de tecnologia médica para acabar com ela de uma vez por todas.

Não é surpresa que o grupo de pessoas que tentam tão freneticamente aumentar nosso tempo de vida seja formado basicamente por homens ricos e brancos. Homens que viveram vidas de privilégio sistemático e acreditam que esta deva se estender para sempre. Eu até saí com um cara desses, um candidato a doutorado em biologia computacional na University of Southern California. Isaac começou a estudar física, mas mudou ao descobrir que, biologicamente, o homem não *precisa* envelhecer. Talvez "descobrir" seja uma palavra forte demais. "Eu tive uma ideia de que, usando os princípios da física e da biologia, podemos elaborar e manter um estado de juventude indefinida. Mas quando percebi que já havia outras pessoas trabalhando nisso, eu quase mandei tudo para o caralho", explicou ele enquanto comíamos sanduíches de frango orgânico, sem revelar nenhum sinal de ironia.

Embora tivesse tentado seriamente uma carreira de estrela no rock e também considerado escrever um grande romance, Isaac agora falava de maneira poética de mitocôndrias, de morte celular e da ideia de desacelerar o processo de envelhecimento até um ritmo de lesma. Porém, eu estava pronta para ele. "Já temos uma superpopulação", falei. "Com tanta pobreza e destruição, não temos recursos para cuidar das pessoas que já estão aqui na Terra, então imagine se todo mundo viver para sempre! E sempre vão existir as mortes por acidente. Só vai ser ainda mais trágico para alguém que deveria viver até os trezentos anos morrer aos 22."

Isaac não se deixou abater. "Isso não é para as outras pessoas", explicou ele. "É para mim. Morro de medo de pensar no meu corpo apodrecendo. Não quero morrer. Quero viver para sempre."

A morte pode parecer destruir o sentido das nossas vidas, mas na verdade ela é a fonte da nossa criatividade. Como disse Kafka: "O sentido da vida é que ela termina". A morte é o motor que nos mantém em movimento, que nos dá motivação para realizar, aprender, amar e criar. Os filósofos proclamam isso há milhares de anos com a mesma veemência com que insistimos em ignorar o aviso geração após geração. Isaac estava fazendo doutorado, explorando os limites da ciência e fazendo música *por causa* da inspiração que a morte oferecia. Se ele vivesse para sempre, era provável que acabasse se tornando chato, desanimado e desmotivado, privado da riqueza da vida pela rotina maçante. As grandes conquistas da humanidade nasceram dos prazos impostos pela morte. Ele não parecia perceber que o fogo ardendo embaixo da bunda dele *era* a mortalidade — exatamente o que ele estava tentando derrotar.

Na manhã que recebi a ligação sobre a morte de Tutu, eu estava em Los Angeles em um crematório, identificando caixas de cinzas. Depois de quase um ano dirigindo a van de corpos, eu tinha acabado de mudar para um emprego em um necrotério, cuidando do escritório local. Agora estava trabalhando com famílias, coordenando funerais e cremações com médicos, com o legista e com o departamento de certidões de óbito do distrito.

O telefone tocou e a voz da minha mãe soou do outro lado. "Valerie acabou de ligar. Está histérica. Disse que Tutu não está respirando. Acho que ela está morta. Eu sabia o que fazer, mas agora não sei mais. Não sei mais o que fazer."

O resto da minha manhã foi passado ao telefone com pessoas da família e com a funerária. Era exatamente a mesma coisa que eu fazia no trabalho todos os dias, mas aquela era a minha avó, a mulher que morava a um quarteirão de distância quando eu era pequena, que tinha me visto ir para a primeira faculdade e para a faculdade funerária e que me chamava de Caiti-pie.

Enquanto esperava pelos agentes funerários, Valerie colocou o cadáver de Tutu na cama e vestiu o corpo com um suéter de caxemira verde e um cachecol colorido. Minha mãe me mandou uma foto. "Aqui está Tutu", dizia embaixo. Mesmo pelo telefone, consegui perceber que Tutu parecia mais em paz do que em qualquer momento nos anos passados. O rosto dela não estava mais contorcido em confusão, lutando para entender as regras do mundo ao redor. A boca de Tutu jazia aberta e o rosto estava branco, mas ela era uma casca bonita. Uma relíquia da mulher que já tinha sido. Ainda adoro essa foto.

No meu voo para o Havaí naquela tarde, tive uma daquelas visões que vivem entre o sonho e o pesadelo. Eu estava na casa funerária para ver Tutu e fui levada até uma sala, onde o corpo magro estava deitado em um caixão de vidro. O rosto dela estava decomposto, inchado e preto. Tutu tinha sido embalsamada, mas alguma coisa dera muito errado. "Ela está do seu agrado?", perguntou o diretor funerário. "Meu Deus, *não*! Não está!", gritei, e peguei um lençol para cobri-la. Eu dissera a eles para não a embalsamarem, mas eles a embalsamaram mesmo assim.

Na vida real, meus pais me deixaram cuidar do planejamento funerário, pois, tecnicamente, eu era a profissional. Nós tínhamos decidido fazer uma visitação simples para a nossa família e depois uma cremação com testemunhas. Quando entramos na sala de visitação, entendi o que o homem da Nova Zelândia (ou era Austrália? Acho que nunca vou saber) na Westwind quis dizer com "Mamãe estava melhor antes". Tutu não parecia a mulher na foto que minha mãe me mandou. A boca estava repuxada em uma careta com fios e supercola. Eu conhecia os truques. Ela estava com um batom vermelho de um tom que nunca usava quando estava viva. Eu não conseguia acreditar que deixei o corpo da minha própria avó ser vítima das torturas pós-morte contra as quais eu vinha lutando. Isso só demonstrava o poder que a indústria funerária tinha sobre nossos processos da morte.

Minha família e eu olhamos para o corpo de Tutu no caixão. Um dos meus primos tocou na mão dela, sem jeito. Valerie, a cuidadora, se aproximou do caixão segurando a sobrinha de quatro anos, que muitas vezes ia visitar Tutu com ela. Valerie deixou a sobrinha beijar minha vó várias vezes, e ela mesma começou a chorar, tocando no rosto de Tutu e chorando: "Lucy, Lucy, minha linda senhora" com seu sotaque samoano cantarolado. Vê-la tocar no cadáver com tanta liberdade me deixou com vergonha de ter sido tão desajeitada. Com vergonha por não ter insistido em manter o corpo de Tutu em casa, mesmo com o diretor funerário tendo dito para minha mãe que ficar com o corpo por mais de duas horas era contra a lei estadual do Havaí (não é).

Nunca é cedo demais para começar a pensar na própria morte e na morte das pessoas que você ama. Não quero dizer pensar na morte em ciclos obsessivos, com medo do seu marido ter sofrido um acidente horrível de carro ou do seu avião pegar fogo e despencar do céu. Mas uma interação racional, que termina com você percebendo que vai sobreviver ao pior, seja lá qual for o pior. Aceitar a morte não quer dizer que você não vai ficar arrasado quando alguém que você ama morrer. Quer dizer que você vai ser capaz de se concentrar na sua dor, sem o peso de questões existenciais maiores como "Por que as pessoas morrem?" e "Por que isso está acontecendo comigo?". A morte não está acontecendo com você. Está acontecendo com todo mundo.

Uma cultura que nega a morte é uma barreira para alcançar uma boa morte. Superar nossos medos e conceitos equivocados e loucos sobre esse assunto não vai ser tarefa fácil, mas não devemos esquecer a rapidez com que outros preconceitos culturais — o racismo, o sexismo, a homofobia — começaram a desmoronar no passado recente. Está mais do que na hora da morte ter seu momento da verdade.

Os budistas dizem que pensamentos são como gotas de água no cérebro; quando você reforça o mesmo pensamento, vai gerar um novo fluxo na sua consciência, como água erodindo a lateral de uma montanha. Os cientistas confirmam essa sabedoria popular: nossos neurônios rompem conexões e formam novos caminhos o tempo todo. Mesmo que você tenha sido programado para temer a morte, esse caminho em particular não foi talhado em pedra. Cada um de nós é responsável por procurar novos conhecimentos e criar circuitos mentais inéditos.

Eu não estava fadada a ser para sempre a criança torturada pela visão de uma garota caindo e morrendo em um shopping center havaiano. E também não estava fadada a ser eternamente a mulher na floresta de sequoias, prestes a tirar a própria vida em vez de se sujeitar a uma vida consumida pela morte. Por meio das minhas interações com a arte e a literatura e, crucialmente, pelos meus confrontos com minha própria mortalidade, reprogramei os circuitos do meu cérebro no que Joseph Campbell chamava de "vida totalmente humana mais ousada, mais limpa e mais ampla".

No dia do velório de Tutu, a capela principal da funerária estava sem energia. Eles decidiram resolver o problema levando uma outra família, bem maior do que a nossa, para a sala onde estávamos. Dezenas de pessoas se reuniram do lado de fora, olhando pelo vidro, esperando que eu e meus parentes terminássemos o velório. Ficou claro que éramos uma inconveniência para essa família e para os funcionários da funerária. Pensei pela trecentésima vez naquele dia o quanto tudo seria diferente se eu não tivesse cedido e deixado Tutu em casa.

Quando a multidão finalmente ficou desagradável demais para ser ignorada, nós interrompemos a cerimônia. Nossa família praticamente teve que correr pelo corredor para acompanhar o diretor funerário, que foi empurrando o caixão de Tutu para o crematório. O operador de crematório já a tinha colocado no fogo antes mesmo da minha família ter tempo de se reunir. Eu sentia falta da Westwind, que, apesar da decoração de ambiente industrial, tinha uma certa abertura e calor, com tetos abobadados e claraboias (e com Chris para acender a vela quando a porta do forno se fechava). Eu sentia que tinha falhado com a minha família.

Um dia, eu gostaria de abrir meu próprio crematório. Não um armazém industrial, mas um espaço ao mesmo tempo íntimo e aberto, com janelas do chão ao teto para permitir a entrada do sol e para deixar o estigma de coisa esquisita da morte do lado de fora. Através do alcance da Order of the Good Death, pude trabalhar com dois arquitetos italianos para planejar esse lugar, onde uma família possa testemunhar um corpo sendo colocado no forno crematório com luz entrando pelo vidro, dando a ilusão de que está em um lugar aberto cheio de serenidade e natureza, não de coisas industriais.

Eu também quero leis municipais, estaduais e federais melhores nos Estados Unidos, que permitam não apenas mais sepultamentos naturais, como também piras a céu aberto e terrenos onde os corpos possam ser deixados ao ar livre para serem consumidos pela natureza. Nós não precisamos parar no sepultamento verde ou natural. "Burial" [sepultamento] vem da palavra anglo-saxã *birgan*, "esconder". Nem todo mundo quer ser escondido debaixo da terra. Eu não quero. Desde minha noite de escuridão da alma na floresta de sequoias, acredito que os animais que consumi por toda a minha vida deviam ter a oportunidade de me consumir. Os antigos etíopes colocavam os mortos no lago onde pescavam, para que os peixes tivessem oportunidade de receber os nutrientes de volta. A terra é sabiamente feita para receber de volta o que criou. Corpos deixados como carniça em espaços cercados e regulados poderiam ser a resposta para problemas ambientais de enterros e cremações. Não há limite para onde nosso envolvimento com a morte pode nos levar.

Podemos devanear ainda mais na distopia da morte, negando que vamos morrer e escondendo cadáveres de vista. Fazer essa escolha quer dizer que vamos continuar a morrer de medo e a desconhecer a morte e o papel enorme que ela tem em como vivemos nossas vidas. Que, em vez disso, recuperemos nossa mortalidade, que escrevamos nosso próprio *Ars Moriendi* para o mundo moderno, com movimentos ousados e destemidos.

CAITLIN DOUGHTY
CONFISSÕES DO CREMATÓRIO
LIÇÕES PARA TODA A VIDA

FILHA PRÓDIGA
QUASE UM EPÍLOGO

Quatro anos depois de sair do meu emprego na Westwind Cremation & Burial, eu estava mais uma vez diante do portão. Toquei a campainha, a filha pródiga retornando para casa, para a lareira queimadora de corpos. Depois de alguns momentos, Mike apareceu e abriu a porta para mim.

"Ah, olha só quem é", disse ele com um sorrisinho. "Você fica aparecendo toda hora, que nem uma moeda velha. Entre comigo, estou tirando as digitais de um corpo."

Passamos pelo saguão e entramos no crematório, e ainda senti um pouco da mesma reverência de quando entrei pela primeira vez naquele salão enorme cinco anos antes. No meio do aposento havia uma maca com o corpo de uma mulher idosa. Ela estava cercada de quatro folhas de papel branco, com digitais pretas nas beiradas.

"Ah, então você está literalmente tirando as digitais de um corpo", falei. "Eu estava me perguntando se era uma metáfora. É para um daqueles colares com digital?", perguntei, me lembrando da empresa que entalha a laser as digitais de uma pessoa em colares memoriais. Parecia que nem a Westwind conseguia fugir do canto da sereia da indústria funerária pedindo personalização.

"É, isso mesmo", disse Mike quando levantou a mão da mulher e limpou delicadamente a tinta preta do polegar dela. Ele aplicou uma nova camada e apertou o polegar no papel pela enésima vez. "É com essas coisas que eu fico obcecado, cara. Nenhuma ficou boa. Vou cremar o corpo hoje, eu tenho que conseguir uma impressão digital boa."

Mike foi atender ao telefone, e peguei meu caderninho. Eu tinha ido lá para fazer pesquisa para este livro, perguntar algumas coisas, confirmar histórias. Até tinha marcado um horário, como uma profissional. Mike voltou para a sala e perguntou diretamente: "Você vai passar a tarde aqui? Precisamos que vá fazer uma coleta em Piedmont. Tenho uma cerimônia hoje e não posso fazer isso, e Chris vai precisar de uma segunda pessoa".

Eu estava de volta havia cinco minutos e já estava sendo enviada para buscar um corpo. Parecia que eu nunca tinha ido embora, com a agenda indomável da morte me botando imediatamente para trabalhar.

"Quer saber, tá, eu vou", respondi, tentando parecer indiferente com a perspectiva. Para ser sincera, fiquei bem empolgada de voltar à equipe.

"Que bom. Chris está voltando do legista agora. Aliás, não falei que você vinha. Vai ser uma surpresa."

Quando Chris passou pela porta, uma expressão de descrença surgiu no rosto dele. A expressão sumiu rapidamente. "Eu sabia que você ia voltar, Cat."

Mais tarde, enquanto subíamos as colinas sinuosas para chegar a Piedmont, Chris perguntou onde eu estava hospedada.

"Em Oakland, com amigos", respondi.

"Que bom, isso quer dizer que você não precisa ir para aquela cidade infernal", respondeu ele, apontando vagamente na direção de São Francisco. "Eu soube que você está escrevendo um 'livro'", prosseguiu ele, fazendo aspas no ar com os dedos.

"Bom, é um livro de verdade, Chris. Não é hipotético."

"Por que você escreveria sobre a gente? Nós somos chatos. Você devia nos transformar em personagens fictícios. Tipo nós, mas melhorados."

"Eu diria que vocês são bem interessantes."

"É chato como uma tumba aqui. Que bom que você saiu enquanto podia. Pena que não abandonou a indústria."

Paramos em frente a uma casa grande antiga com uma cerquinha branca coberta de hera.

"Olha, que casa legal. Você teve sorte, Cat. O corpo que peguei ontem estava se decompondo. Me sujou todo. Se bem que aquele cara estava em um apartamento bem bacana também. A gente nunca sabe o que tem na parte de dentro", refletiu Chris, tirando a maca da traseira da van.

Voltamos à Westwind com o corpo da sra. Sherman, uma bela mulher com oitenta e poucos anos e cabelo branco volumoso. O corpo tinha sido lavado pela família e coberto de flores frescas. Antes de colocá-la na maca, eu segurei a mão dela, mais fria do que a de qualquer ser humano vivo, mais quente do que um mero objeto inanimado. Minha reação ao vê-la deitada assim foi um lembrete do quanto eu mudei desde que comecei na Westwind; apesar de antes corpos me assustarem, agora não havia nada mais elegante aos meus olhos do que um cadáver no seu estado natural, preparado com dignidade pela própria família.

Depois de tirar a sra. Sherman da van, Chris saiu novamente para buscar o lote mais recente de bebês. Mike estava no escritório da frente fazendo um planejamento funerário com uma família. Sem ninguém com quem conversar, decidi colocar a sra. Sherman na refrigeração. Quando fechei e identifiquei a caixa crematória, a beirada do papelão provocou o mesmo corte de papel que já tinha acontecido um milhão de vezes no passado. "Ah, mas que... é sério?", falei para mim mesma.

A nova operadora de crematório da Westwind, uma jovem chamada Cheryl, entrou e ficou confusa com a minha presença. Depois de eu explicar quem era, ela apertou minha mão com constrangimento e saiu. Jerry, o homem originalmente contratado para me substituir quando saí da Westwind, morreu de um câncer agressivo alguns meses antes. Ele só tinha 45 anos.

Quando eu estava indo embora no fim do dia, Bruce passou por lá para buscar um cheque referente a vários embalsamamentos que havia feito na semana anterior. "Caitlin! Como você está? Eu vi aqueles vídeos que você coloca na internet. Qual é o seu site?"

"The Order of the Good Death."

"É, é, e os vídeos de Ask a Mortician? São bons, são bons."

"Obrigada, Bruce. Fico feliz de você gostar deles."

"Sabe o que precisa fazer? Tenho um plano para você. Você precisa fazer um programa à noite, com filmes de monstros e coisas assim. Um programa tipo Answer a Mortician... é assim que se chama? Enfim, seria desse jeito. Mas acompanhado de filmes com criaturas assustadoras. Tinha um na TV a cabo nos anos 1970. Tentei fazer meu amigo da KTVU botar o programa no ar novamente. Todo mundo vê esses filmes de monstros aos sábados. Tipo Svengoolie ou aquela mulher... Vampira. Coisa clássica e cult."

"Acho que eu seria uma péssima substituta de Vampira."

"Não! Não se preocupe com isso, você já tem o cabelo certo", garantiu ele. "Vou falar com meu amigo."

Quando estava indo embora de São Francisco, passei de carro pela Rondel Place. Meu antigo prédio não tinha mais a tinta rosa sem graça e foi reformado como uma casa vitoriana elegante, até com detalhes em dourado. Tive a sensação de que meu antigo quarto não devia mais custar 500 dólares por mês. Uma loja de bolsas para bicicletas feitas à mão fora aberta do outro lado da rua, e câmeras modernas no fim do beco ameaçavam expor qualquer pessoa potencialmente mal-intencionada. As calçadas das ruas ao redor foram repavimentadas com purpurina. Purpurina. Era uma mudança chocante em comparação à Rondel que eu conhecia, mas, como se diz na piada: "Qual é a definição de gentrificação? Uma coisa feita por alguém que chegou cinco minutos depois de você".

Na metade do caminho até Los Angeles, parei para passar a noite em uma pensão na cidade litorânea de Cambria. Era um dos meus lugares favoritos na Califórnia, mas eu estava cheia de uma ansiedade e não conseguia saber por quê.

Em 1961, um trabalho publicado no periódico *Journal of Abnormal and Social Psychology* citou os sete motivos para os humanos terem medo da morte:

1. Minha morte provocaria sofrimento aos meus parentes e amigos.
2. Todos os meus planos e projetos seriam encerrados.
3. O processo de morrer pode ser doloroso.
4. Eu não poderia mais ter experiências.
5. Eu não poderia mais cuidar de quem depende de mim.
6. Tenho medo do que pode acontecer comigo se houver vida após a morte.
7. Tenho medo do que pode acontecer com meu corpo após a morte.

A ansiedade que eu sentia não era mais causada pelo medo de uma vida após a morte, nem de dor, nem de um vazio cheio de nada, nem mesmo pelo medo do meu cadáver em decomposição. *Todos os meus planos e projetos seriam encerrados.* A última coisa que me impedia de aceitar a morte era, ironicamente, meu desejo de ajudar as pessoas a aceitarem a morte.

Jantei no único restaurante tailandês de Cambria e voltei andando para a pensão. As ruas estavam silenciosas e vazias. Pela névoa densa, eu mal consegui identificar uma placa acima: cemitério, 1,5 km. Subi a colina, andando bem no meio da rua com passos largos e ousados — mais largos e ousados do que minha saúde cardiovascular devia ter permitido. A lua cheia apareceu entre as nuvens e iluminou os pinheiros, fazendo a névoa ficar em um tom branco sinistro. A rua acabou abruptamente no Cemitério de Cambria, est. 1870. Depois de passar por cima da pequena corrente de metal, um obstáculo um tanto ineficiente contra invasores, andei pelas fileiras de túmulos. À minha esquerda, ouvi barulho de folhas sendo esmagadas, rompendo o silêncio. No caminho à minha frente havia um cervo enorme, com os chifres emoldurados de névoa. Ficamos nos olhando por vários segundos.

O comediante Louis C.K. fala sobre o quanto os cervos *parecem* "misteriosos e lindos" até você viver no campo e eles irem cagar no seu quintal e provocarem acidentes na estrada. Porém, esta noite, emoldurado majestosamente na névoa, era impossível não acreditar que a porcaria do cervo parecia um mensageiro espiritual.

Ele passou pelas lápides e voltou para as árvores. Eu estava exausta. Por mais que meus passos tivessem sido ousados na subida até o cemitério, foi a adrenalina que não podia ser controlada. Eu quase caí no chão, misericordiosamente coberto de agulhas macias dos pinheiros, e me encostei em uma árvore entre Howard J. Flannery (1903-1963) e um túmulo marcado só com um pequeno sinal de metal dizendo UM ESPÍRITO ASCENDENTE, UM CORAÇÃO EM PAZ.

Fiquei sentada tanto tempo ao lado de Howard J. Flannery que a névoa passou. A lua cheia surgiu brilhosa e branca, e milhares de estrelas apareceram no céu preto.

O silêncio era completo, inabalável. Não havia um grilo, não havia um sopro de vento, só a lua e as lápides velhas. Pensei nas coisas que a cultura nos ensina a temer sobre ir a um cemitério à noite. A aparição de um espectro flutuando, com olhos vermelhos demoníacos brilhando. Um zumbi esticando a mão inchada e podre para sair de um túmulo próximo. Música de órgão tocando alto, com corujas piando, portões gemendo. Pareciam truques baratos; qualquer um deles teria destruído a imobilidade e a perfeição da morte. Talvez nós criemos os truques justamente por esse motivo, porque a imobilidade em si é difícil demais de contemplar.

    No momento, eu estava viva e com sangue correndo pelas veias, pairando acima da putrefação que existia abaixo, com muitos amanhãs em potencial na minha mente. Sim, meus projetos ficariam fragmentados e inacabados depois que eu morresse. Como não podia escolher como morreria fisicamente, só podia escolher como morreria mentalmente. Quer minha mortalidade me pegasse aos 28 ou aos 93 anos, fiz a escolha de morrer satisfeita, de seguir para o nada, com meus átomos se tornando a névoa que encobria as árvores. O silêncio da morte, do cemitério, não era uma punição, mas uma recompensa por uma vida bem vivida.

CONFISSÕES DO CREMATÓRIO
LIÇÕES PARA TODA A VIDA

NOTAS SOBRE AS FONTES

A escritora caribenha-americana Audre Lorde escreveu: "Não existem novas ideias. Só há novas formas de fazer com que sejam sentidas". Escrever este livro foi um exercício que durou seis anos colhendo ideias com filósofos e historiadores, misturando-as com minha experiência de quem trabalha com a morte e tentando fazer com que fossem sentidas, de alguma forma.

Muitos dos textos que tiveram uma influência enorme são apenas citados brevemente no livro. Por favor, leiam os textos originais, principalmente os de Ernest Becker, Philippe Ariès, Joseph Campbell, Caroline Walker Bynum e Viktor Frankl. Vai fazer maravilhas para desenvolver seu relacionamento com a morte e a mortalidade.

Enquanto trabalhava no crematório, fiz um blog secreto chamado Salon of Souls, que representava quem eu era em 2008 e não me permitiu revisar a história.

Tive a felicidade de ter o apoio total dos meus colegas do crematório; Michael, Chris e Bruce. Além de me permitirem usar seus verdadeiros nomes, eles aceitaram me dar entrevistas e ter múltiplas conversas posteriores conforme o livro foi sendo escrito. Espero que meu respeito enorme por esses homens e pelo que eles fazem fique claro durante a leitura.

Devido a Order of the Good Death, tenho a sorte de conhecer os melhores acadêmicos da morte e profissionais funerários atuantes no momento. O acesso que eles têm a bibliotecas, às experiências do mundo real e a uma quantidade enorme de conhecimento misterioso e mórbido é valiosíssimo.

NOTA DA AUTORA

BECKER, Ernest. *The Denial of Death*. Nova York: Simon & Schuster, 1973. [Ed. bras.: *A Negação da Morte*. Trad. Luiz Carlos do Nascimento Silva. Rio de Janeiro: Record, 2007.]

WALES, Henry G. "Death Comes to Mata Hari." International News Service, 19 out. 1917.

BARBEAR BYRON

TENNYSON, Lord Alfred. *In Memoriam: An Authoritative Text*. Nova York: W.W. Norton & Company, 2004.

CACHORRINHOS SURPRESA

BALL, Katharine. "Death Benefits." *San Francisco Bay Guardian*, 15 dez. 1993.

GORER, Geoffrey. "The Pornography of Death." *Encounter* 5, nº 4 (1955): 49-52.

ISERSON, Kenneth V. *Death to Dust? What Happens to Dead Bodies*. Galen Press, 1994.

POE, Edgar Allan. "Annabel Lee." In *The Complete Stories and Poems of Edgar Allan Poe*. Nova York: Random House, 2012. [Ed. bras.: "Annabel Lee." Em *Poemas e Ensaios*. Trad. Oscar Mendes e Milton Amado. São Paulo: Editora Globo, 2009.]

SOLNIT, Rebecca. *A Paradise Built in Hell: The Extraordinary Communities That Arise in Disaster*. Nova York: Penguin, 2010.

SUZUKI, Hikaru. *The Price of Death: The Funeral Industry in Contemporary Japan*. Palo Alto, CA: Stanford University Press, 2000.

O BAQUE

CAMPBELL, Joseph. *The Hero with a Thousand Faces*. Princeton: Princeton University Press, 1973. [Ed. bras.: *O Herói de Mil Faces*. Trad. Adail Ubirajara Sobral. São Paulo: Pensamento, 1995.]

DOUGHTY, Caitlin. "Children & Death." *Fortnight* (2011). Disponível em: <fortnightjournal.com/caitlin-doughty/262-children-death.html>. Acesso em: 26 abr. 2016.

LADERMAN, Gary. *The Sacred Remains: American Attitudes Toward Death, 1799-1883*. New Haven: Yale University Press, 1999.

MAY, Trevor. *The Victorian Undertaker*. Oxford, Reino Unido: Shire Publications Ltd., 1996.

PALITOS DE DENTE EM GELATINA

ARIÈS, Philippe. *The Hour of Our Death*. Oxford: Oxford University Press, 1991. [Ed. bras. *O Homem Diante da Morte*. Trad. Luiza Ribeiro. São Paulo: Editora Unesp, 2014.]

CONNOLLY, Ceci. "A Grisly but Essential Issue." *The Washington Post*, 9 de junho, 2006.

DANTE. *The Inferno*. Tradução para o inglês de Robert Hollander e Jean Hollander. Nova York: Anchor Books, 2002. [Ed. bras.: *A Divina Comédia*. Trad. Ítalo Eugênio Mauro. São Paulo: Editora 34, 2010.]

ORENT, Wendy. *Plague: The Mysterious Past and Terrifying Future of the World's Most Dangerous Disease*. Nova York: Simon & Schuster, 2013.

STACKHOUSE, John. "India's Turtles Clean Up the Ganges." *Seattle Times*, 1º out. 1992.

APERTE O BOTÃO

BAR-YOSEF, Ofer. "The Chronology of the Middle Paleolithic of the Levant." Em *Neandertals and Modern Humans in Western Asia*. Nova York: Plenum Press, 1998.

CHRISAFIS, Angelique. "French Judge Closes Body Worlds-style Exhibition of Corpses." *The Guardian*, 21 abr. 2009.

CIORAN, Emil. *A Short Story of Decay*. Arcade Publishing, 1975. [Ed. bras.: *Breviário de Decomposição*. Trad. José Thomaz Brum. Rio de Janeiro: Rocco, 2011.]

GRAINGER, Hilary J. *Death Redesigned: British Crematoria History, Architecture and Landscape*. Spire Books, 2005.

NEWBERG, Andrew e Eugene D'Aquili. *Why God Won't Go Away: Brain Science and the Biology of Belief*. Nova York: Random House, 2008.

NIETZSCHE, Friedrich Wilhelm. *Nietzsche: The Anti-Christ, Ecce Homo, Twilight of the Idols: And Other Writings*. Cambridge: Cambridge University Press, 2005.

PROTHERO, Stephen R. *Purified by Fire: A History of Cremation in America*. Berkeley: University of California Press, 2002.

SCHWARTZ, Vanessa R. *Spectacular Realities: Early Mass Culture in Fin-de-siècle Paris*. Berkeley: University of California Press, 1999.

COQUETEL ROSA

AOKI, Shinmon. *Coffinman: The Journal of a Buddhist Mortician*. Buddhist Education Center, 2004.

ASH, Niema. *Flight of the Wind Horse: A Journal into Tibet*. Londres: Rider, 1992.

BEANE FREEMAN, Laura et al. "Mortality from lymphohematopoietic malignancies among workers in formaldehyde industries: The National Cancer Institute Cohort." *Journal of the National Cancer Institute* 101, nº 10 (2009): 751-61.

CONKLIN, Beth A. *Consuming Grief: Compassionate Cannibalism in an Amazonian Society*. University of Texas Press, 2001.

GEERTZ, Clifford. *The Interpretation of Cultures:*

Selected Essays. Nova York: Basic Books, 1973. [Ed. bras.: *A Interpretação das Culturas.* Rio de Janeiro: LTC, 1989.]

GILPIN FAUST, Drew. *The Republic of Suffering: Death and the American Civil War.* Nova York: Random House, 2009.

HABENSTEIN, Robert W. e William M Lamers. *The History of American Funeral Directing.* National Funeral Directors Association of the United States, 2007.

LADERMAN, Gary. *The Sacred Remains: American Attitudes Toward Death, 1799-1883.* New Haven: Yale University Press, 1996.

O'NEILL, John. *Essaying Montaigne: A Study of the Renaissance Institution of Writing and Reading.* Liverpool: Liverpool University Press, 2001.

TAYLOR, John. *Death and the Afterlife in Ancient Egypt.* Chicago: University of Chicago Press, 2001.

BEBÊS DEMÔNIOS

BAUDELAIRE, Charles. *The Flowers of Evil* [Les fleurs du mal]. Trad. Christopher Thompson. iUniverse, 2000. [Ed. bras.: *As Flores do Mal.* Trad. Ivan Junqueira. Rio de Janeiro: Nova Fronteira, 1985.]

COHAN, Norman. *Europe's Inner Demons: The Demonization of Christians in Medieval Christendom.* Nova York: Penguin, 1977.

KRAMER, Heinrich e James Sprenger. *The Malleus Maleficarum.* Trad. Montague Summers. Courier Dover Publications, 2012. [Ed. bras.: *O Martelo das Feiticeiras.* Trad. Paulo Fróes. Rio de Janeiro: Record, 2004.]

PARÉ, Ambroise. *Des monstres et prodiges.* Librairie Droz, 2003.

Roper, Lyndal. *Witch Craze: Terror and Fantasy in Baroque Germany.* New Haven: Yale University Press, 2006.

SANGER, Carol. "'The Birth of Death': Stillborn Birth Certificates and the Problem for Law." *California Law Review* 100, nº 269 (2012): 269-312.

DESCARTE DIRETO

GORER, Geoffrey. "The Pornography of Death." *Encounter* 5, nº 4 (1955): 49-52.

MITFORD, Jessica. *The American Way of Death: Revisited.* Nova York: Random House, 2011.

_____. Entrevista com Christopher Hitchens. The New York Public Library, 1988.

PROTHERO, Stephen R. *Purified by Fire: A History of Cremation in America.* Berkeley: University of California Press, 2002.

TIME. "The Necropolis: First Step Up to Heaven" *Time,* 30 set. 1966.

Waugh, Evelyn. *The Loved One*. Boston: Back Bay Books, 2012. [Ed. bras.: *O Ente Querido*. Trad. Cid Knipel. São Paulo: Globo Livros, 2003.]

NATURAL ARTIFICIAL

Snyder Sachs, Jessica. *Corpse: Nature, Forensics, and the Struggle to Pinpoint Time of Death*. Da Capo Press, 2002.

HÉLAS, POBRE YORICK

Asma, Stephen T. *Stuffed Animals and Pickled Heads: The Culture and Evolution of Natural History Museums*. Oxford: Oxford University Press, 2003.

Friend, Tad. "Jumpers: The Fatal Grandeur of the Golden Gate Bridge." *The New Yorker*, 13 out. 2003.

Harrison, Ann Tukey (org.) *The Danse Macabre of Women: Ms. Fr. 995 of the Bibliothèque Nationale*. Akron, OH: Kent State University Press, 1994.

Paglia, Camille. *Sexual Personae*. New Haven: Yale University Press, 1990. [Ed. bras.: *Personas Sexuais*. Trad. Marcos Santarrita. São Paulo: Companhia das Letras, 1992.]

Roach, Mary. *Stiff: The Curious Lives of Human Cadavers*. Nova York: W.W. Norton & Company, 2004. [Ed. bras.: *Curiosidade Mórbida: A ciência e a vida secreta dos cadáveres*. Trad. Donaldson M. Garschagen. São Paulo: Paralela, 2015.]

EROS E TÂNATOS

Andersen, Hans Christian. *The Little Mermaid*. Trad. H.B. Paull. Planet, 2012. [Ed. bras.: *A Pequena Sereia*. Trad. Sérgio Marinho. São Paulo: SM Editora, 2015.]

Bynum, Caroline Walker. *Jesus as Mother: Studies in the Spirituality of the High Middle Ages*. Berkeley: University of California Press, 1982.

Campbell, Joseph. *The Hero with a Thousand Faces*. Princeton: Princeton University Press, 1973. [Ed. bras.: *O Herói de Mil Faces*. Trad. Adail Ubirajara Sobral. São Paulo: Pensamento, 1995.]

Doughty, Caitlin. "The Old & the Lonely." *Fortnight* (2011), Disponível em: <fortnightjournal.com/caitlin-doughty/276-the-old-thelonely.html>. Acesso em: 26 abr. 2016.

Irmãos Grimm. *The Grimm Reader: The Classic Tales of the Brothers Grimm*. Trad. Maria Tatar. Nova York: W.W. Norton & Company, 2010. [Ed. bras.: *Contos dos Irmãos Grimm*. Trad. Lia Wyler. Rio de Janeiro: Rocco, 2005.]

Lang, Andrew. *The Red True Story Book*. Longmans, Green, and Company, 1900.

Rank, Otto. *Beyond Psychology*. Courier Dover Publications, 2012.

Sachs, Adam. "Stranger than Paradise." *The New York Times Style Magazine*, 10 maio 2013.

BOLHAR

ARIÈS, Philippe. *The Hour of Our Death.* Oxford: Oxford University Press, 1991. [Ed. bras.: *O Homem Diante da Morte*. Trad. Luiza Ribeiro. São Paulo: Editora Unesp, 2014.]

CAMPOBASSO, Carlo Pietro; Giancarlo Di Vella e Francesco Introna. "Factors affecting decomposition and Diptera colonization." *Forensic Science International* 120 nº 1-2 (2001): 18-27.

DICKEY, Colin. *Afterlives of the Saints.* Unbridled Books, 2012.

EBERWINE, Donna. "Disaster Myths that Just Won't Die." *Perspectives in Health — The Magazine of the Pan American Health Organization* 10, nº 1 (2005).

GEERTZ, Clifford. *The Religion of Java.* Chicago: University of Chicago Press, 1976.

KANDA, Fusae. "Behind the Sensationalism: Images of a Decaying Corpse in Japanese Buddhist Art." *Art Bulletin* 87, nº 1 (2005).

LINDSAY, Suzanne G. *Funerary Arts and Tomb Cult: Living with the Dead in France, 1750-1870.* Ashgate Publishing, 2012.

MIRBEAU, Octave. *Torture Garden.* Trad. Alvah Bessie. powerHouse Books, 2000. [Ed. bras.: *O Jardim dos Suplícios.* Zero Papel, 2012.]

MILLER, William Ian. *The Anatomy of Disgust.* Cambridge, MA: Harvard University Press, 2009.

MONGILLO, John F. e Bibi Booth. *Environmental Activists.* Greenwood Publishing Group, 2001.

NOBLE, Thomas F.X. e Thomas Head. *Soldiers of Christ: Saints and Saints' Lives from Late Antiquity and the Early Middle Ages.* University Park, PA: Penn State Press, 2010.

SHELLEY, Mary. *Frankenstein.* Londres: Palgrave Macmillan, 2000. [Ed. bras.: *Frankenstein.* Tradução de Marcia Paiva. Rio de Janeiro: DarkSide® Books, 2016. (no prelo)]

GHUSL

BECKETT, Samuel. *Waiting for Godot: A Tragicomedy in Two Acts.* Londres: Faber & Faber, 2012. [Ed. bras.: *Esperando Godot.* Trad. Fábio de Souza Andrade. São Paulo: Cosac Naify, 2015. 3. ed.]

BYNUM, Caroline Walker. *Fragmentation and Redemption: Essays on Gender and the Human Body in Medieval Religion.* Zone Books, 1991.

METCALF, Peter e Richard Huntington. *Celebrations of Death: The Anthropology of Mortuary Ritual.* Cambridge: Cambridge University Press, 1991.

NELSON, Walter. *Buddha: His Life and His Teachings.* Nova York: Penguin, 2008.

QUIGLEY, Christine. *The Corpse: A History.* MacFarland, 2005.

AS SEQUOIAS

FRANKL, Viktor Emil. *Man's Search for Meaning: An Introduction to Logotherapy.* Boston: Beacon Press, 1992. [Ed. bras.: *Em Busca de Sentido.* Petrópolis: Vozes, 2015.]

HEINRICH, Bernd. *Life Everlasting: The Animal Way of Death.* Boston: Houghton Milin Harcourt, 2012.

WALTHER, Ingo F. *Gauguin.* Taschen/Paisagem, 2005.

WILSON, Horace Hayman. *The Vishnu Puráńa: A System of Hindu Mythology and Tradition.* J. Murray, 1840.

ESCOLA DA MORTE

COLLISON, Tim. "Cosmetic Considerations for the Infant Death." *Dodge Magazine,* Winter 2009.

LYNCH, Thomas. *The Undertaking: Life Studies from the Dismal Trade.* Nova York: W.W. Norton & Company, 2010.

A ARTE DE MORRER

ATKINSON, David William. *The English Ars Moriendi.* Lang, 1992.

CAMPBELL, Joseph. *The Hero with a Thousand Faces.* Princeton: Princeton University Press, 1973. [Ed. bras.: *O Herói de Mil Faces.*

Trad. Adail Ubirajara Sobral. São Paulo: Pensamento, 1995.]

COLMAN, Penny. *Corpses, Coffins, and Crypts: A History of Burial.* Boston: Macmillan, 1997.

GAWANDE, Atul. "The Way We Age Now." *The New Yorker,* 30 abr. 2007.

GOLLNER, Adam Leith. "The Immortality Financiers: The Billionaires Who Want to Live Forever." *The Daily Beast,* 20 ago. 2013.

HANSON, Rick. *Buddha's Brain: The Practical Neuroscience of Happiness, Love, and Wisdom.* New Harbinger Publications, 2009. [Ed. bras.: *O Cérebro de Buda: Neurociência Prática para a Felicidade.* Trad. Bianca Albert. São Paulo: Alaúde, 2012.]

JACOBY, Susan. *Never Say Die: The Myth and Marketing of the New Old Age.* Nova York: Random House, 2012.

VON FRANZ, Marie-Louise. "Archetypal Experiences Surrounding Death." Lecture, Panarion Conference, C. G. Jung Institute of Los Angeles, 1978.

**FILHA PRÓDIGA
QUASE UM EPÍLOGO**

DIGGORY, James C. e Doreen Z Rothman. "Values Destroyed by Death." *The Journal of Abnormal and Social Psychology* 63, nº 1(1961): 205-10.

LOUIS C.K. *Chewed Up.* Filmado no Berklee Performance Center, Boston, out. 2008.

AGRADECIMENTOS

É preciso uma comunidade inteira para se criar um livro sobre a morte. As pessoas dizem isso? Deveriam. Se você me permite, há algumas pessoas a quem é preciso dar um tremendo crédito.

À equipe maravilhosa da W.W. Norton, tão boa no que faz que fico pouco à vontade. A Ryan Harrington, Steve Colca, Erin Sinesky-Lovett, Elisabeth Kerr e incontáveis outros.

Um agradecimento especial vai para Tom Mayer, meu editor, que nunca me mimou e foi severo com meus advérbios. Que você e os filhos dos seus filhos sejam abençoados, Tom Mayer.

À Ross Yoon Agency, principalmente Anna Sproul-Latimer — essa sim me mimou e segurou minha mão como se eu fosse um bebezinho perdido na floresta durante todas as etapas desse estranho e maluco processo.

Aos meus pais, John & Stephanie Doughty, pessoas íntegras que amam e apoiam a filha mesmo quando ela escolheu a vida na morte. Mãe, acho que não vou ganhar aquele Oscar... então isso é o máximo que vamos ter.

Hesito em pensar na coisa pobre-triste-péssima-patética e sem luz que eu seria sem David Forrest e Mara Zehler.

Sei que este livro passa a impressão de que não tenho amigos. Eu tenho, juro. Eles são pessoas brilhantes e atenciosas espalhadas pelo mundo inteiro, que disseram: "Você vai ser agente funerária? É, faz sentido".

Alguns desses amigos foram os olhos atentos que leram e releram este livro selvagem e inchado ao longo de anos de rascunho: Will C White, Will Slocombe, Sarah Fornace, Alex Frankel e Usha Herold Jenkins.

A Bianca Daalder-van Iersel e a Jillien Kahn, duas pessoas que fizeram coisas incríveis para manter meu cérebro intacto e funcionando. A Paola Caceres, que ofereceu o mesmo serviço na faculdade funerária.

À incrível advogada Evan Hess, por me fazer não me meter em coisas bem ruins.

Aos integrantes da Order of the Good Death e das comunidades alternativas da morte em geral, que me inspiram diariamente a fazer um trabalho melhor.

A Dodai Stewart, do Jezebel, um grande motivo para as pessoas se importarem.

Finalmente, aos homens que me levaram até a indústria da morte e me ensinaram a ser uma diretora funerária ética e trabalhadora: Michael Tom, Chris Reynolds, Bruce Williams e Jason Bruce. Para ser sincera, só quando eu estava no mundo frio e difícil da morte foi que percebi o quanto as coisas eram boas na funerária segura, profissional e bem-gerenciada que chamei de Westwind.

Caitlin Doughty é agente funerária, escritora e mantém um canal no YouTube onde fala com bom humor sobre a morte e as práticas da indústria funerária. É criadora da websérie *Ask a Mortician*, fundadora do grupo The Order of the Good Death (que une profissionais, acadêmicos e artistas para falar sobre a mortalidade) e autora de *Confissões do Crematório*. Saiba mais em orderofthegooddeath.com.

*They said someday you'll find/ All who love are blind
When your heart's on fire/ You must realize
Smoke gets in your eyes*

O AMOR FICARÁ E NOS TORNAREMOS A MESMA POEIRA.

DARKSIDEBOOKS.COM

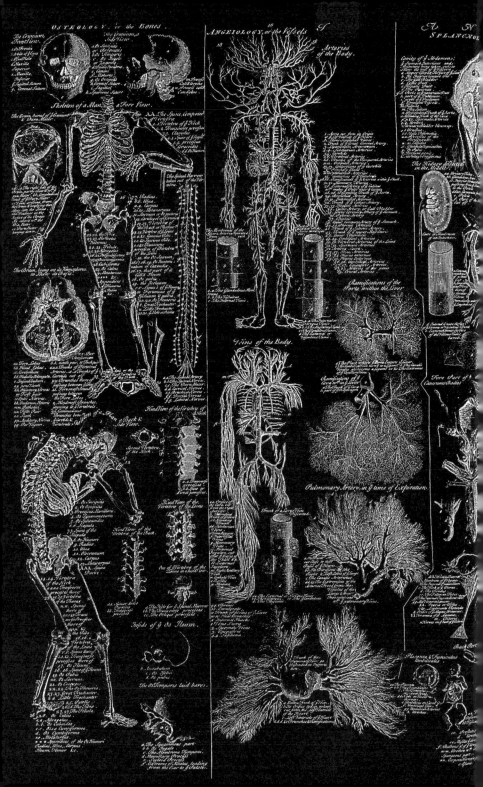